suhrkamp taschenbuch 451

D1353479

ZUVOR

Wie nun? Ich bin. Aber ich habe mich nicht. Darum werden wir erst.

Ernst Bloch, am 8. Juli 1885 in Ludwigshafen geboren, starb am 4. August 1977 in Tübingen.

»Wie nun? Ich bin. Aber ich habe mich nicht. Darum werden wir erst.« Dieses Motto ist das Thema der *Spuren*. Es sind Spuren, die hinführen zu Sinn und Deutung des Daseins, »im Erzählen merkend, im Merken das Erzählte meinend«. Es sind Spuren, die auch von der Geschichte der eigenen Jugend Blochs berichten. Diese Parabeln, die zu den Glücksfällen deutschen Denkens und deutscher Prosa gehören, sind heute so fabelhaft und wahr wie vor mehr als vierzig Jahren, als sie gesammelt, gedacht und geschrieben wurden.

Einige der Texte erschienen in den zwanziger Jahren im *Berliner Tageblatt* und in der *Frankfurter Zeitung*. Die erste Buchausgabe verlegte Paul Cassirer 1930. Die zweite, um sechs Stücke vermehrte Ausgabe erschien 1959 in der Bibliothek Suhrkamp. Von den 87 Texten des vorliegenden Bandes erschienen 21 zum erstenmal in Band 1 der Gesamtausgabe; sie gehören in den Entstehungszeitraum der *Spuren*, einige von ihnen wurden erst 1969 niedergeschrieben. Hans Mayer schrieb über die *Spuren*: »Dann freilich ist man in jenen ureigensten Bereich, den Ernst Bloch mit dem Titel *Spuren* philosophisch von jeher einzukreisen suchte. Er mußte sich für sein Fragen und Erzählen eine eigene – weit geöffnete – Form erst erschaffen. Das hat er getan. Darin vor allem sollte man, in der deutschen Literatur unseres Jahrhunderts, das wichtigste Merkmal von Ernst Blochs poetischer Sendung erblicken.«

Ernst Bloch
Spuren

Suhrkamp Verlag

suhrkamp taschenbuch 451
Zweite Auflage, 11.–20. Tausend 1979
Dieser Band ist text- und seitenidentisch
mit Ernst Bloch Gesamtausgabe Band 1, *Spuren*
© Suhrkamp Verlag Frankfurt am Main 1969
Neue, erweiterte Ausgabe 1969
Erste Ausgabe: Berlin 1930 Paul Cassirer
Zweite Ausgabe: Frankfurt 1959 Bibliothek Suhrkamp
Suhrkamp Taschenbuch Verlag
Druck: Nomos Verlagsgesellschaft, Baden-Baden
Printed in Germany
Umschlag nach Entwürfen
von Willy Fleckhaus und Rolf Staudt

FÜR SIEGFRIED UNSELD

INHALT

LAGE

GESCHICK

DASEIN

DINGE

Texte mit * sind unveröffentlicht und erscheinen hier also zum ersten Mal. Sie gehören in den Entstehungszeitraum der »Spuren« (1910–1929), zu einem kleineren Teil sind sie für diese Ausgabe geschrieben worden.

ZU WENIG

Man ist mit sich allein. Mit den anderen zusammen sind es die meisten auch ohne sich. Aus beidem muß man heraus.

SCHLAFEN

An uns selbst sind wir noch leer. So schlafen wir leicht ein, wenn die äußeren Reize fehlen. Weiche Kissen, Dunkel, Stille lassen uns einschlafen, der Leib verdunkelt sich. Liegt man nachts wach, so ist das gar kein Wachsein, sondern zähes, verzehrendes Schleichen an Ort und Stelle. Man merkt dann, wie ungemütlich es mit nichts als mit sich selber ist.

LANG GEZOGEN

Warten macht gleichfalls öde. Aber es macht auch trunken. Wer lange auf die Tür starrt, durch die er eine, einen erwartet, kann berauscht werden. Wie von eintönigem Singen, das zieht und zieht. Dunkel, wohin es zieht; wahrscheinlich in nichts Gutes. Kommt der Mann, die Frau nicht, die man erwartete, so hebt die klare Enttäuschung den Rausch nicht etwa auf. Sie mischt sich nur mit seiner Folge, einem Kater eigner Art, den es auch hier gibt. Gegen das Warten hilft das Hoffen, an dem man nicht nur zu trinken, sondern auch etwas zu kochen hat.

IMMER DARIN

Wir können nicht lange allein sein. Man langt damit nicht aus, in der allzu eignen Bude ist es nicht geheuer. Trotzdem nimmt man sie überall mit, besonders wenn man jung ist. Viele werden dann sonderbar in sich zurückgeholt, sie machen sich stumm. Das rasselt wie mit Ketten hinunter und gräbt die ein, die nur in sich sind. Grade weil sie nicht aus sich herausgehen können, ängstigen sie sich, nämlich in der Enge, wo sie sind. In die sie getrieben werden, auch ohne daß sie etwas andres dahin brächte. Es gibt auch sonst nur vor dem Angst, was man nicht sieht. Was uns sichtbar bedrängt, vor dem gibt es Fürchten, sofern man schwächer ist, oder man tritt an. Aber gegen die Angst, weil sie aus uns allein kommt, wenn wir allein sind, hilft nur, sich zu lieben oder sich zu vergessen. Wer das nicht zulänglich kann, langweilt sich. Wer es kann, nimmt entweder sich wichtig oder das, was er außerhalb seiner tut, gleich wie es ist. Beides ist nicht so weit voneinander weg, wechselt auch bei den meisten ab. Läßt sie morgens aufstehen, auch wenn sie nicht müßten, und tagsüber löst sich beides erst halb.

SICH MISCHEN

Ists gut? fragte ich. Dem Kind schmeckt es bei andern am besten. Sie merken nur bald, was dort auch nicht recht ist. Und wäre es zuhause so schön, dann gingen sie nicht so gern weg. Sie spüren oft früh, hier wie dort könnte viel anders sein.

SINGSANG

Merkwürdig, wie das manche halten, sieht sie niemand. Die einen schneiden morgens Gesichter, noch andre tanzen sich eins, die meisten summen sinnlos vor sich hin. Auch in Pausen, beim Zahlen etwa, summen manche etwas, das man nicht versteht, das sie selber nicht hören, in dem aber viel darin sein mag. Da fallen Masken ab oder ziehen neue auf, je nachdem, närrisch genug ist die Sache. Allein sind viele etwas irr, sie singen ein Stück von dem, was früher mit ihnen los war und nicht fest geworden ist. Sie sind schief und geträumte Puppen, weil man sie gezwungen hat, noch schiefer und öder erwachsen zu werden.

Ich kannte einen, der machte nicht viel von sich her. Zwar als Kind, sagte er, sei er recht stolz gewesen, beim Spiel mußte er der erste sein. Wer nicht parierte, wurde gehauen und meistens blieb der zarte Herr oben, schon weil der andre nicht recht zuschlug.

Aber danach war das freilich weg, mit einem Schlag, wie verschluckt. Wir aus seinen unteren Klassen erinnerten uns noch: er war damals ein recht jämmerlicher Junge gewesen. Die Flegeljahre der andern tobten sich an dem neuen Feigling aus, tauchten ihn ins Bad, banden auf dem Spielplatz einen Strick an sein Bein, und er mußte hüpfen. Einem Jungen, der ihm am wenigsten getan hatte, nahm er das Heft weg, wonach der andre bestraft wurde; kurz, es war ein armseliger Bursche geworden, schlecht und haltlos. Aber nun geschah etwas Merkwürdiges: mit vierzehn Jahren oder etwas später, so im ersten Schuß der Pubertät, kam eben das stolze Kind wieder, der erbärmliche Junge fiel ab, seine Art schlug zum zweiten Mal um, er wuchs kräftig und wurde bald der Führer in der gleichen Klasse. Er hatte Sprüche am Leib, mit ziemlich echtem Kraftgefühl, frecher Überzeugung und wenig Pose; in Wirtschaften ging er mit dem Ruf: Hut ab, Fritz Klein kommt; die Bürger saßen sowieso ohne Hut. Ein andrer, auch etwas späterer Spruch war: wer mich ablehnt, ist gerichtet; doch so dummes Zeug hätte er gar nicht zu sagen brauchen, es war jetzt um den Jungen ohnehin etwas, was ganz merkwürdig und eigentlich schwer erklärlich ist und was er mit manchen teilt, denen ich später begegnet bin und die, übrigens, nicht immer die Besten waren: er strahlte Macht aus, man konnte sich ihr kaum entziehen.

Doch der gleiche Mann erzählte nun weiter: als er sich, natürlich lange Jahre später, er saß in guter Assiette und war in Amt und Würde, ein Haus einrichtete, hatten die Handwerker plötzlich ein Gefühl, vielmehr einen alten, längst vergessenen Spaß an ihm, den er gar nicht näher beschreiben könne, aber die eine Seite von früher war wieder da, wenigstens verhielten sich die Kerle danach und grinsten. Also etwas in ihm, meinte er, mußte nicht gestimmt haben, mindestens aus der schlechten Zeit weich geblieben sein. Wenn Hunde das Geschlecht von Menschen riechen, so hatten die Handwerker in der kleinen Stadt (und was für welche) eine andre Witterung, die doch ebenso genau war. Eine ferne Erinnerung wurde ihm selber frisch, und er wollte an ihr gelernt haben, daß über innere Untaten kein Gras wächst, ja daß man immer wieder ein Feiges, das man war, sein, und ein Schlechtes, das man getan hat, tun kann, wenn es die nachgeborenen Brüder der alten Zeit so deutlich merken.

Einer unter uns, der überhaupt nicht an das eine Ich glaubte, suchte hier freundlicher zu deuten. Aber es kommt freilich auf die Lage an, in der der Mensch ist; je nachdem werden die kümmerlichen oder die wohlwollenden Airs, die schwachen oder starken Handlungen Luft bekommen. Hätte der ehrliche Mann für das neue oder vielmehr Kinder-Ich, das da mit vierzehn Jahren wieder anrollte, kein Geleise gehabt, so hätte er das lehrreiche Zeug gar nicht erzählen können. Sondern die Handwerker hätten ihn im Leibblatt gefunden, dort, wo die kleinen Schufte unter die Räder kommen oder gehängt werden, besonders die haltlosen und rückfälligen.

LAMPE UND SCHRANK

Einer meinte, das Einzige, was heute noch lebt, hat man nur zu zweit, höchstens zu dritt. Er dachte an Liebe, Freundschaft, Gespräch; es war ein gütiger, verzweifelter Mann, der im Betrieb fror und nicht sah, was da allgemein herauskommen könnte. Er machte sich, bei alldem, gar nichts aus individuellen oder großkopfigen Menschen, sondern war ganz auf Seiten der Masse, freilich einer rechten, lebendigen, jetzt nicht seienden. So zog er sich, so unbürgerlich wie möglich, auf die kleine bürgerliche Seite zurück, nicht ins Haus, aber dorthin, wo noch eine Lampe auf dem Tisch stand.

Doch ein andrer erzählte: als ich mir ein Zimmer einrichtete und es recht gesellig meinte, ist etwas Sonderbares geschehen. Alte Möbel hatte ich eingekauft, doch wie ich fertig war, merkte ich, vielmehr Frauen und Freunde merkten, daß sozusagen alle Stühle fehlten. An den Wänden standen Truhen, Kredenzen, mittlere Schränke und vor allem große, in der Mitte lag ein Teppich, der den Raum füllte; doch freilich: die Gelegenheit zum Sitzen, zum Gespräch, das ich zu lieben glaubte, hatte ich vergessen. Selbst die Lampen, die freilich nicht vergessenen, standen weniger gesprächsbereit, lesegerecht als bestrahlend und auswendig; wie herabgestiegene Wandarme. Was der Mann ist, sagte eine kluge Frau, sieht er vor sich ziehen; doch so sehr Mann, meinte der Erzähler, sollte man auch nicht sein oder so sehr einer, der alles bloß an der objektiven Wand ziehen und stehen hat. Der in diesem Fall auch so wenig objektiv war, möglicherweise, daß sein Zimmer doch nur schöne, schwere, stolze Schaudinge trug, fast wie eine Frau. Es war mir eine Lehre, schloß der erstaunte Einrichter, und er besuchte seinen Freund, eben den, von dem oben erzählt wurde, und der so menschlich war, daß er selbst noch die dicken Krawatten haßte.

GUT GEWÖHNEN

Denen es bloß etwas schlecht geht, die spüren das ziemlich genau. Wenigstens in ihrem Gefühl; in ihrem Wissen sieht es trüber aus, da lassen sie sich leicht ablenken. Aber wie ihr Leib macht ihr Gefühl das Stampfen und Schaukeln des Wagens genau mit, der sie morgens in die Fabrik oder die Schreibstuben fährt. Höchstens die Gewöhnung hilft da etwas, als ein sehr leichtes Rauschmittel, das man kaum als solches erkennt. Denn das ganze bürgerliche Leben ist davon durchsetzt und erträgt sich nur daraus. Wird dagegen die Lage ganz verzweifelt, nicht nur eintönig, sondern vernichtend schlecht, so bildet sich ein viel stärkeres Gegengift, eines aus uns selbst. Schon Knaben haben einen sonderbaren Rausch, wenn die Noten immer schlechter werden und das Unglück wirklich im Flug ist. Erwachsene spüren das anders, aber verwandt: hat einer auf die letzte Karte gesetzt und alles verloren, so kommt zuweilen ein ganz täuschendes Glück, so am Ende zu sein. Ein weiches

Glück, das die Schläge auffängt, so daß sie eine Zeitlang wenigstens vorbei oder daneben gehen. Kräfte kommen keine daraus, aber während uns die Gewöhnung absetzt und betäubt, ist der kleine, funkelnde Rausch im Unglück der Genuß eines Trotzes, sogar eines, der es scheinbar nicht einmal mehr nötig hat zu trotzen, der sonderbar frei macht, wenn auch nur kurz. Da ist ein Stück Ungekommenes verborgen, teils als Notpfennig, teils als Lampe, und nicht nur als innerliche.

DAS MERKE

Immer mehr kommt unter uns daneben auf. Man achte grade auf kleine Dinge, gehe ihnen nach.

Was leicht und seltsam ist, führt oft am weitesten. Man hört etwa eine Geschichte, wie die vom Soldaten, der zu spät zum Appell kam. Er stellt sich nicht in Reih und Glied, sondern neben den Offizier, der »dadurch« nichts merkt. Außer dem Vergnügen, das diese Geschichte vermittelt, schafft hier doch noch ein Eindruck: was war hier, da ging doch etwas, ja, ging auf seine Weise um. Ein Eindruck, der über das Gehörte nicht zur Ruhe kommen läßt. Ein Eindruck in der Oberfläche des Lebens, so daß diese reißt, möglicherweise.

Kurz, es ist gut, auch fabelnd zu denken. Denn so vieles eben wird nicht mit sich fertig, wenn es vorfällt, auch wo es schön berichtet wird. Sondern ganz seltsam geht mehr darin um, der Fall hat es in sich, dieses zeigt oder schlägt er an. Geschichten dieser Art werden nicht nur erzählt, sondern man zählt auch, was es darin geschlagen hat oder horcht auf: was ging da. Aus Begebenheiten kommt da ein Merke, das sonst nicht so wäre; oder ein Merke, das schon ist, nimmt kleine Vorfälle als Spuren und Beispiele. Sie deuten auf ein Weniger oder Mehr, das erzählend zu bedenken, denkend wieder zu erzählen wäre; das in den Geschichten nicht stimmt, weil es mit uns und allem nicht stimmt. Manches läßt sich nur in solchen Geschichten fassen, nicht im breiteren, höheren Stil, oder dann nicht so. Wie einige dieser Dinge auffielen, wird hier nun weiter zu erzählen und zu merken versucht; liebhaberhaft, im Erzählen merkend, im Merken das Erzählte meinend. Es sind kleine Züge und andre aus dem Leben, die man nicht vergessen hat; am Abfall ist heute viel. Aber auch der ältere Trieb war da, Geschichten zu hören, gute und geringe, Geschichten in verschiedenem Ton, aus verschiedenen Jahren, merkwürdige, die, wenn sie zu Ende gehen, erst einmal im Anrühren zu Ende gehen. Es ist ein Spurenlesen kreuz und quer, in Abschnitten, die nur den Rahmen aufteilen. Denn schließlich ist alles, was einem begegnet und auffällt, dasselbe.

LAGE

DIE ARME

Was tun Sie? fragte ich. Ich spare Licht, sagte die arme Frau.
Sie saß in der dunklen Küche, schon lange. Das war immerhin
leichter als Essen zu sparen. Da es nicht für alle reicht, springen
die Armen ein. Sie sind für die Herren tätig, auch wenn sie
ruhen und verlassen sind.

DER SCHMUTZ

Wie man doch sinken kann. Das hörte ich gestern, mit allem,
was dazu gehört.

In der rue Blondel lag ein betrunkenes Weib, der Schutzmann packt an. Je suis pauvre, sagt das Weib. Deshalb brauchst
du doch nicht die Straße zu verkotzen, brüllt der Schutzmann.
Que voulez vous, monsieur, la pauvreté, c'est déjà à moitié
la saleté, sagt das Weib und säuft. So hat sie sich beschrieben,
erklärt und aufgehoben, im selben Zug. Wen oder was sollte
der Schutzmann noch verhaften.

DAS GESCHENK

Alles kann man für Geld haben, sagt man. Nur das Glück
nicht; aber konträr: grade dieses, Kinder fangen früh damit an.
Ein achtjähriges Mädchen hatte vor kurzem einen Jungen
vorm Ertrinken gerettet. Vielmehr solange geschrieen, als es
den blauen Burschen sah, bis Leute kamen und ihn heraus-
zogen. Für sein Schreien bekam das Kind vom Nikolaus zwanzig Mark, viel Geld, nicht zuviel, wie man hören wird. Denn
als das Mädchen wieder einmal zum Fenster hinaussieht, etwas
Längliches treibt auf dem Wasser, so stürzt es vors Haus: »Herr,

da schwimmen wieder zwanzig Mark!« (Es war aber nur ein Baumstamm.) Bedenkt man die Folgen, die sonst mit dergleichen verbunden sein können (dem Anblick von Wasserleichen und so fort), so wurde hier das Trauma doch merkwürdig durch Geld gelöst, ja verhindert. Doppelt Böses hob sich auf, der Mädchenengel kam zur Ruhe. Es ist das unterste Unglück: arm zu sein. Sankt Nikolaus, der selten kommt, hebt es nicht auf, aber stellt es wenigstens richtig hin.

VERSCHIEDENES BEDÜRFEN

Man erzählt, ein Hund und ein Pferd waren befreundet. Der Hund sparte dem Pferd die besten Knochen auf, und das Pferd legte dem Hund die duftigsten Heubündel vor, und so wollte jeder dem anderen das Liebste tun, und so wurde keiner von beiden satt. Das gibt genau ein Elend noch zwischen sich nächsten Menschen wieder, vorab verschiedenen Geschlechts, wenn sie nicht aus ihrem eigenen Haus können, aber auch zwischen loser vertrauten. Bescheidener Anspruch an das gar allgemein, üblicherweise zum Guten Gereichte hilft freilich viel. Denn sieht man die Heubündel, den Abend, den Sonntag der meisten Menschen, so begreift man nicht, wie sie am Leben bleiben können.

SPIELFORMEN, LEIDER

I.

Nach viel sah der Tag heute nicht aus.

Kein Geld, auch Paris wird dann kleiner. Ging in die alte Arbeiterkneipe, es gibt schlechtere, die nicht billiger sind.

Da sah ich aber einen, der ging auf. So richtig, so schuldlos genießend, wie es sich gehört. Der Mann mir gegenüber hatte Hummer in den verschafften Fäusten, biß und spuckte rote Schale, daß der Boden spritzte. Doch dem zarten Wesen darin sprach er fröhlich zu, als er es einmal hatte, still und verständig. Endlich war hier ein Gut nicht mehr durch genießende Bürger geschändet; der Schweiß der Entbehrenden, die Schande der Kapitalrente schmeckte diesem da nicht mit. Seltsam genug in Paris, wo sich noch kein Bürger geniert, einer zu sein, sich nicht nur bequem, sondern auch stolz einen Rentier nennt. Am Arbeiter mit dem Hummer blieb noch andres erinnert, vom großen Einbruch damals, lange her. Erst recht schimmerte ein gewisses Später auf, wo das Geld nicht mehr um die Güter bellt oder in ihnen wedelt. Wo die überaus törichte Wahl zwischen reiner Gesinnung und reinem Bissen erspart bleibt.

2.

Man ging an diesem Abend durchaus nicht wie sonst. Rettete sich nicht vor der Straße, ihrer Mitte, auf der die Wagen sausten, links herauf, rechts herab, scharf und gegen uns.

Sondern endlich lebte diese Mitte, ja, es wuchs etwas auf ihr. Die Artillerie des besitzenden Verkehrs war gelegt, zog sich in die Ferne oder außen herum, der herrliche Asphalt wurde bewohnt. Farbige Papierlampen quer darüber machten niederen Raum, darin wurde getanzt. Häuser waren nun seine Wände, die erleuchteten Fenster ringsum glänzten als neue Lampen, wie selbstleuchtende Spiegel, nochmals mit Menschen darin. Und am schönsten war, daß sich der Tanzraum nur an den Seiten schloß, aber sonst die lange Straße für sich hatte, ihre Querstraßen dazu. An der nächsten Ecke spielte schon wieder Musik, und die Paare wanderten durch das leuchtende Quartier.

Das ist Pariser Straße am 14. Juli, dem großen Tag. Auch als die Bastille erstürmt wurde, hat das Volk getanzt, auf dem Boden, dem die Festung gleichgemacht worden war. Er vertrat die Wiese der Seligen, und das ist geblieben; freilich tanzte man damals anders nach der Natur. Aber haben sich die Revolutionäre auch beruhigt, längst Hörner und Flügel abgestoßen, so schießt doch durchs »Nationalfest« zuweilen noch ferne Erinnerung. Gar nicht in Bausch und Bogen der Nation zugehörig, sondern ohne Frieden mit dem gekommenen bourgeois gentil'homme. Denn als am 14. Juli 1928 ein Auto durch eine dieser Tanzstraßen vorstoßen wollte, von einem Herrn mit Strohhut gesteuert, machte das Volk nicht Platz, obwohl man gar nicht tanzte in diesem Augenblick und bloße Taxi schon in Menge durchgekommen waren. Wohl der Strohhut reizte auf, sonst ja nichts Besonderes, hier aber merkwürdigerweise ein Symbol der Herrenklasse, vielleicht wegen seiner Helle und weil sonst Maschinen nicht mit Strohhüten bedient zu werden pflegen. Der aufreizende Strohhut wich nicht, sondern gab Vollgas, durch die Menge hindurch. Doch zwanzig Fäuste hatten schon den Wagen von hinten gepackt, zogen ihn trotz des wütenden Auspuffs die Straße wieder herunter, hin und her, in schweigsamem Takt auf der freiwilligen Stechbahn; selbst der Propriétaire schaffte ruhig, mit einer gewissen finsteren Sportlust von Reaktion. Einmal nur wäre ihm der Durchstoß fast gelungen, da kam die zweite Herzensfreude: ein junges Mädchen sprang plötzlich vor den Wagen, tanzte lächelnd und furchtlos, eine Blume in der Hand, später im Mund, diktierte dem stoppenden Herrn die Bewegung, und als der Wagen stillhielt, verneigte sie sich mit großem, mit anmutigem Spott. Hier hätte sich nun der Fahrer wirklich zurückziehen lassen sollen, aber die herrschenden Klassen kapitulieren auch noch schief, abstrakt und undialektisch; kurz, statt die Lage zu fassen und sich in ihr aufzuheben, verwandelte der Provokateur die Kraft seines Vorstoßes in eine nicht minder anmaßende des Rückzugs, drehte um, fuhr bei dem schweren und falschen Manöver nun wirklich in die Masse hinein. Einige Frauen wurden an die Mauer gedrückt, die Männer hatten keinen Anlauf mehr hinter der kehrenden Maschine, so kräuselte sich die Luft sehr rasch, Schimpfworte fielen, das Auto wurde höchst putschistisch von der Seite gepackt und es wäre umgestürzt, hätte nicht der Propriétaire das Vordersteuer in die rechte Lage gebracht, und der Wagen schoß fliehend davon. Doch der Strohhut erfuhr wenigstens, was der weißen Lilie in jeglicher Gestalt zukommt. Ein junger Bursche hatte ihn dem Bürger vom Kopf geschlagen, warf ihn in die Höhe, andere fingen ihn auf, schon spielte die Musik wieder und die Paare tanzten, aber nicht nur mit Füßen und Leib, sondern die Hände hatten zu tun. Hatten den Strohhut zu suchen, wie er von einem Paar zum andern durch die Luft gestoßen ward, bis er endlich auf dem Boden lag, nivelliert und zertreten, ein sehr geringer, sehr allegorisch zerstampfter Stellvertreter der Bastille. Brave Taxifahrer, die jetzt daherkamen und den nahen Boulevard gewinnen wollten, machten sogleich kehrt; die Wirtschaftspartei beteiligt sich nicht am Bürgerkrieg. Und auch die Rebellenstraße hatte bald wieder vergessen, daß sie als einzige in Paris ein wenig 14. Juli getanzt hatte. So kam der Strohhut nicht einmal in einen Polizeibericht, geschweige denn in die Geschichte, sondern nur in diese kleine, wartende Erzählung.

3.

Ebenfalls in Paris hat ein ruhiger Mensch, zwei Jahre vorher, folgendes in Gang gebracht.

Der saß vor einem grünen Schnaps, bisweilen las er. Das Café war um diese Stunde sehr besetzt, die Gespräche lebhaft, politische Unruhe lag in der Luft. Der Gast hatte ein Buch bei sich, das ihn weit von Brotteuerung und Frankensturz führte oder auch gar nicht weit, nur waren schon dreißig Jahre seitdem vorüber. Seit dem fin du siècle, wie man damals sagte, und die geputzten Menschen schienen es vergessen zu haben, trotz der Truppen, in den Kasernen »konsigniert«. »Doch ältere Leser«, so stand in dem Buch, »ältere Leser gedenken vielleicht noch der Zeit und der großen Aufregung, die durch die Welt ging, wenn die Zeitungen immer wieder, in ganz kurzen Abständen, von anarchistischen Bombenattentaten in Paris zu berichten wußten, die offenbar von einer weitverzeigten Bande ausgingen, deren die Polizei nur teilweise habhaft werden konnte. Scheinbar wahllos flogen die Bomben in Wohnhäuser wie in ein elegantes Café am Bahnhof St. Lazare, in die Deputiertenkammer und ein kleines Restaurant, selbst in die menschenleere Madeleinekirche. Eine Kaserne ging in die Luft, der serbische Gesandte wurde auf der Straße angeschossen, Sadi Carnot, der Präsident der Republik, auf der Fahrt zum Theater erdolcht. Es war die Zeit der Revachol, Vaillant, Henry, Caserio und andrer gefährlicher Propagandisten der Tat, die Zeit des Dynamits und der verstecktesten Bedrohung bürgerlicher Gesellschaft und Gesittung.« Mitten in Gerüchte, ja in den nächtlichen Schrecken der Kinderzeit führte so das Buch: selbst die anarchistischen Bünde, die man ausgehoben hatte, trugen furchterregende Namen, wie aus Kolportage, die keinen Spaß kennt. Da waren »Die haarigen Burschen von Billancourt«, »Die Panther von Batignolles«, »Die Eichenherzen von Cettes«, »Die Kinder der Natur«, »Die Zuchthäusler von Lille«, »Der Pranger von Sedan«, »Der Yatagan von Terre Noire«. Die Verschwörerblätter selbst führten am Ende, mitten unter harmlosen Anzeigen, eine ständige Rubrik mit der Überschrift: »Anweisung zur Herstellung nichtbürgerlicher Produkte«.

Hier mußte der Gast unterbrechen, denn ein junges Paar hatte an seinem Tisch Platz genommen und sprach. So elegant waren die beiden, wie die »Dame«, wie der »Herr« sich denkt, daß sie im Paradies angezogen seien. Jetzt erhob sich der ruhige Leser, ganz ahnungslos, er wollte sich nur Zigaretten holen, dachte gar nicht mehr an die Panther von Batignolles, sondern Nana lag ihm näher: – da geschah, kaum einen Schritt von dem Tisch entfernt, eine so entsetzliche Explosion, daß sie das Paar hochhob vor Schreck, Tische umfielen, die Passage stillstand. Dem Leser selbst zitterten die Knie, doch im Ganzen war er unverletzt wie das Paar übrigens auch, was immerhin ein Zufall war; denn wie leicht hätten die Splitter der Syphonflasche verwunden können, die der Gast heruntergestoßen hatte, als er sich Zigaretten holen wollte. Der Direktor kam und verlangte Ersatz, der Leser zahlte ihn und freute sich fast schamhaft, so harmlos davongekommen zu sein. Auch im übrigen Café legte sich die leidenschaftliche Landschaft, das vornehme Paar bestellte einen frischen Apéritif, aus tiefem Instinkt mit der bloßen Geldbuße des Manns nicht ganz zufrieden. Dieser verließ auch bald den Schauplatz, das sehr historische Dynamitbuch unterm Arm, holte sich endlich die Zigaretten am Schanktisch, wie Friedenspfeifen, fuhr in sein gewohntes Restaurant. Dort erzählte er die heroische Geschichte, worin aus Pech ein Attentäter, aus einer Syphonflasche Weltgericht erschienen war. Rasch hatte sich der Geist wieder in die Flasche zurückgezogen; doch die dunkle Scham des Manns, der Ärger des Paars an seiner Strafe standen noch fühlbar in der Luft. Betroffenheit des Literaten, Erberinnerung der Bourgeoisie: beides spielte über dem unfähigen Ereignis. Spielte eine Vergangenheit nach, die nicht verging, eine Zukunft vor, von der sich selbst der Pariser Bürger nicht losgesprochen fühlt. Was ein Fest wurde wie der 14. Juli, ist gewesen; aber die Furcht, die einmal darin war, ist noch frisch. Speisten alle Arbeiter Hummer, so ritzten die Splitter der Syphonflasche keine Gefühle.

DAS NÜTZLICHE MITGLIED

Als Bernhard und Simon wieder einmal ihr Kaffeehaus betraten, Schach zu spielen, waren alle Bretter besetzt. Sie gingen daher zu zwei bewährten Spielern hin. Plötzlich rief Bernhard, der sich langweilte: »Ich wette fünf Mark, daß Westfal gewinnt!« Simon wettete auf Herrn Dyssel dasselbe. Zuerst merkten die beiden vorzüglichen Spieler gar nichts von der Wette, höchstens die Zustimmungen waren lauter und die Tadel schärfer. Doch bald wurden die Männer Rennpferde, auf die gesetzt war, und sie wurden es nicht nur, sondern fühlten sich auch selber als solche. Schließlich, Strich um Strich von der edlen Interesselosigkeit des Spiels abgetrieben, sahen sie sich als Lohnarbeiter, die für fremde Unternehmer, eingespannt in kapitalistischen Betrieb, Mühe der Arbeit und Verstand vergossen. Der Zorn des Siegers war völlig klar, als ihm Simon von der gewonnenen Wette, mit einem Bruchteil, den Kaffee bezahlen wollte; seine Arbeitskraft war im Leben schon genug ausgebeutet. Das Geschäft erlaubt manchen Spaß, aber der Spaß konnte erst recht wieder zum Geschäft werden. So genau unterliegt noch das Spiel den Formen, in denen der Ernst des Lebens abläuft; man kann daraus nicht fliehen, nicht einmal in der Flucht. Auch die Widerwilligsten nimmt das Kapital auf seine Flügel; einigen scheint dies in der Tat eine Erhebung.

SCHÜTTLER FÜR ERDBEEREN

Was reich ist, dem muß alles zum Besten dienen. Am Rand einer feinen Pariser Straße stand, wenig hergehörig, ein armer Teufel von Invalide. Ihm zitterten beide Hände, die Arme schlugen hin und her, das hatte er im Krieg davongetragen, ein sogenannter Schüttler. Brillat-Savarin kam vorbei, sah zu, gab keine milde Gabe wie sonst, aber beim Weggehen seine Adresse. Der Schüttler möge sich dort beim Koch melden, »pour sucrer les fraises«. Besser das freilich, als auf der ungemütlichen Straße zu stehen. Und Brillat-Savarin war immerhin ein erfindungsreicher Feinschmecker, seinesgleichen Freude bereitend. Aber der immerhin leckere Mann hatte mit dem nichts als reichen ersichtlich gemeinsam, daß er aus dem Elend noch besonderen Nutzen zog, ja es sich dankbar machen konnte. Statt von den vielen Armen gesprengt zu werden, schütteln diese ihm nur seine Erdbeeren, bedienen ebenso mechanisch höhere Maschinen. Ja, wächst beschäftigungslos oder vom dauernden Schüttelfrost ihrer Lage angeödet die Unzufriedenheit, so kann neuerdings selbst diese gebraucht werden, ablenkend, auf die Opfer ihresgleichen dressiert, doppelt betrogen, faschistisch. Das ist neu, bislang hatten die besseren Herren nur Lumpenproleten oder immerhin Landsknechte für sich. Keine Erbitterung, gar Revolte konnte von daher nach links gefährlich werden statt nach rechts. So wird Schmalhans ein besonders guter Küchenmeister derer, die ihn zu Schmalhans und weit Ärgerem gemacht haben. Nicht nur die Faust im Sack kommt dann auf keine schlechten Gedanken.

BROT UND SPIELE

Ich kenne einen, der plötzlich verarmte und sich gezwungen sah, in eine üble Kammer zu ziehen. Am andern Tag, als er nach einer durchbissenen Nacht auf die Straße kam, erstaunte er, wie völlig nichts er vor sich selbst geworden war. Wie wichtig ihm die kleinen gewohnten Dinge fehlten: Farbe der Wand, das wohlige Viereck des Schreibtischs, der runde Schein der Lampe, die er alle vordem mit sich ins Freie genommen hatte. Nur der Tabakrauch bildete noch einen Pufferstaat zwischen ihm und der kahlen Welt, trug ihn, umwölkte, pythisierte in etwas sein Ich. Widerlich fühlte sich der Mann durch den Gruß eines Hotelportiers geehrt, war geneigt, die kleine Macht nicht nur zuerst, sondern tief zu grüßen. So rasch sin-

en also Menschen zusammen, verlieren ihren Pol, wenn man
innen die äußere Fixierung entzieht. (Selbst die Entsagenden,
wo Armut ein großer Glanz von innen sein soll, haben sich immerhin, vor dem Auszug aus dem äußeren Haus, ein inneres
gebaut, in dem Möbel, sogar Teppiche und Herrensessel durchaus nicht fehlen.) Das beste Schlafmittel ist der Schlaf und das
beste Mittel, Sklaven in ihrem Stand zu halten, arm, »aber«
ehrlich, scheint ebenso die völlige Armut selber. Denn wie das
Grundgefühl des Portiergrüßers zeigte, ist Armut an sich noch
keineswegs rebellisch. Im Gegenteil: wie sie selbst nichts
haben, woran sie sich greifen können, so strömt die volle Ver-
achtung der Oberschicht in die nichts als Armen herein und hält
sie bei der Stange. Sonst wäre rätselhaft, daß es nicht mehr
»Verbrecher« gibt, die sich in Kürze holen, was nur die reiche
Geburt oder der gerissene Betrug in Ehren gibt. Sonst wäre
noch merkwürdiger, daß die paar Reichen die Macht halten
können und die Arbeiter das va banque der Barrikade nicht auf
jeden Fall ihrem Hundeleben vorziehen. Reißt nicht Hunger
empor, der an sich freilich nur plündern läßt und so rasch beruhigt wie er satt wird, sprechen nicht vor allem Führer aus
einer »andren Schicht« zu den Stummen herab, wie der Kapi-
tän durchs Melderohr in den Heizraum eines Schiffs: so gehört jedenfalls ein ziemlich geheimnisvoller Antrieb dazu, revolutionär zu sein. Er stammt nie aus der Armut allein, die
ihn oft verdeckt, sondern aus einem Gefühl unbesessenen »Be-
sitzes«, der einem zukommt, aus einem verkleideten Glanz,
der im Stand der proles explosiv wird. Der Ruf nach panis in
Ehren, er hat viel Meuterei gebracht und setzt die ersten, nächsten, sachlichsten Wege; aber ohne den Ruf nach circenses hielte
er nicht lange an und wäre überhaupt nichts, als revolutionär.
Daß Aufruhr, bei so alter Sklavenzüchtung und Gewöhnung
an sie, überhaupt möglich ist, das ist so ungewöhnlich, daß
man, auf seine Weise, daran fromm werden kann.

Als es mir unpassend schien, noch länger an einer politischen Zeitschrift mitzuarbeiten, die sehr subalterne Beiträge hatte, antwortete mir ein davon unberührter Freund: »Wenn hundert Katzen vor dem Berliner Schloß stehen und miauen, so achte ich nicht darauf, daß es Katzen sind, sondern daß sie protestieren, stelle mich neben sie und miaue mit.« Das war zweifellos gut gegeben, das verwendete Bild stimmte. Nur: es gibt besonders heutzutage eine Unmenge Leute, die kein Recht darauf haben, recht zu haben. Die den kalten, gar vorher den heißen Krieg mitmachten und nun sozusagen dasselbe sagen wie rote Getreue, die mit viel gar uneins sind, was aus herrschenden Genossen geworden ist. Nur *diese* Art Unzufriedene, als eine bewährte, zum Unterschied von den bloßen Katzen des kalten Kriegs, kann heute ihren Mann stehen, buchstäblich ihren Mann mit Rat und Tat, nicht ihren opportunistischen Tagdieb.

STÖRENDE GRILLE

Die meisten werden dunkel gehalten und sich sehen sie kaum. Der Mann am fließenden Band, der acht Stunden am Tag dieselbe Bewegung machen muß, ist genau so verschollen wie der Bergarbeiter. Keiner liebt den fünften Stand um der schönen Augen willen, die er schon hat.

Da bemerkte aber einer, der viel für die proles übrig und manches mit ihr getan hatte, also keine böswillige, gar feindliche, sondern mehr eine trauernde Figur, zu einem Kommunisten: »Im citoyen steckte der bourgeois; gnade uns Gott, was im Genossen steckt«. Er fügte hinzu: Deshalb seid ihr auch so vorsichtig und wollt nie sagen, wie es im neuen Leben aussieht. Sonst seid ihr preußisch präzis, lauter Gebot der Stunde, aber will man wissen, welche Gesellschaft da zum Durchbruch will, so werdet ihr österreichisch, verschiebt alles aufs morgen, gar übermorgen. Um 1789, als der dritte Stand revolutionär war, mußte man nicht so formal, auch kein so vorsichtiger Träumer sein. Damals waren immerhin mehr Inhalte da, der Kalif Storch von damals brauchte keine Katze im Sack zu kaufen und nur zu *glauben*, es sei eine verwunschene Prinzessin. Denn so vorsichtig ihr aufs Kommende seht, so träumt ihr doch dauernd ein Wunderbares, das in der Arbeiterklasse sei, hier seid ihr durchaus Gläubige. Hier betreibt ihr nicht nur die nüchterne Aufhebung von Not und Ausbeutung, sondern malt den ganzen Menschen, den neuen Menschen in die unentschiedene Gegend. Dabei ist der jetzige Prolet doch meist nur ein mißglückter Kleinbürger, läuft zu den Völkischen oder zu den Budikern ab, die auf dem roten Kanapee sitzen. Aus seinem Klassenbewußtsein hört ihr, obwohl ihr dicht darin zu sein glaubt, eine Weise heraus, die, bei uns wenigstens, nur sehr undeutlich oder gar nicht gespielt wird. Da fährt nur bare Unzufriedenheit und ein sehr verständlicher, sehr heutiger Lebenswille; sprengende Melodie ist so viel und so wenig darin, wie beim Wagengeräusch, auf das man sich auch allerhand singen kann, sogar Genaueres.

So sprach der grillenhafte Mann und war heimatlos, trank nur manchmal aus der Subjekt- oder Freundschaftsflasche, wo ihm noch etwas Leben war. Er vergaß nur mit dem, was er dem Andren so zu schaffen machte, daß ihn der Genosse gar nicht enttäuschen kann. Denn er spiegelt doch grade nichts vor, zum Unterschied vom ehemaligen Bürger, der dann so enttäuscht hat. Am Sieg der bürgerlichen Klasse hat man, was große Worte, selbst menschliche Inhalte bedeuten, wenn der Grund nicht in Ordnung ist. Die proles ist doch grade die einzige Klasse, die keine sein will; sie behauptet nicht und kann allerdings nicht behaupten, daß sie als solche besonders großartig wäre, jeder Proletkult ist falsch und bürgerlich angesteckt. Sie behauptet nur, daß sie den Schlüssel zum menschlichen Speiseschrank hergibt, wenn man sie aufhebt, nicht aber, daß sie den Schrank mit sich führe oder gar, daß sie dieser sei. Sie lehrt grade radikal in ihrer völligen Entmenschung, daß es bisher noch kein menschliches Leben gegeben hat, sondern immer nur ein wirtschaftliches, das die Menschen umtrieb und falsch machte, zu Sklaven, aber auch zu Ausbeutern. Was dann käme? – wenigstens springt kein Ausbeuter heraus, ja sollte selbst noch etwas Schlimmeres geschehen, so ist doch reiner

Tisch und man hat bar, was mit den freien Menschen los ist oder noch nicht an ihnen los ist. Auch ohne Armut wird man sich noch genug unähnlich oder falsch bedingt sein, es gibt noch Zufall, Sorgen, Geschick genug und kein Kraut gegen den Tod. Aber was im Genossen steckt, das steckt dann wirklich in ihm und nicht in Verhältnissen, die die Menschen noch schiefer machen als sie sind. Sprach der Kommunist, beunruhigte selber den Andern, war also gar nicht so gläubig; denn der Mensch ist etwas, was erst noch gefunden werden muß. Sowohl indem man den Sack von der Katze wegläßt, als auch indem man die mögliche Prinzessin erst besprechen muß, bis sie es wird.

GESCHICK

WEITERGEBEN

Als der und jener scheint zwar jeder schon da. Aber keiner ist, was er meint, erst recht nicht, was er darstellt. Und zwar sind alle nicht zu wenig, sondern zuviel von Haus aus für das, was sie wurden. Später gewöhnen sie sich an die Haut, in der sie nicht nur stecken, sondern in die man sie auch noch gesteckt hat, beruflich oder wie sonst. Aber da fand einmal ein Bursche, weit von hier, einen Spiegel, kannte so etwas noch gar nicht. Er hob das Glas auf, sah es an und gab es seinem Freund: »ich wußte nicht, daß das dir gehört.« Dem andern gehörte das Gesicht auch nicht, obwohl es ganz hübsch war.

DER SCHWARZE

Einer blickte sich schon mehr an, grade indem er irrte. Spät abends kam ein Herr ins Hotel, mit Freunden, alle Betten waren besetzt. Außer einem, doch im Zimmer schlief bereits ein Neger, wir sind in Amerika. Der Herr nahm das Zimmer trotzdem, es war nur für eine Nacht, in aller Frühe mußte er auf den Zug. Schärfte daher dem Hausknecht ein, sowohl an der Tür zu wecken als am Bett, und zwar am richtigen, nicht an dem des Schwarzen. Auf die Nacht nahm man allerhand Scharfes, mit so viel Erfolg, daß die Freunde den Gentleman, bevor sie ihn ins Negerzimmer schafften, mit Ruß anstrichen und er es nicht einmal merkte. Wie nun der Hausknecht den Fremden geweckt hatte, er rast an den Bahnhof, in den Zug, in die Kabine, sich zu waschen: so sieht er sich im Spiegel und brüllt: »Jetzt hat der Dummkopf doch den Nigger geweckt.« – Die Geschichte wird auch noch anders erzählt, läuft aber immer aufs Gleiche hinaus. War der Mann nicht verschlafen? gewiß, und er war zugleich nie wacher als in diesem Augenblick.

So unbestimmt nah an sich selbst und die gewohnte Weiße fiel vom Leib wie ein Kleid, in das man ihn sonst, wenn auch ganz angenehm, gesteckt hatte. Auch die Weißen sehen meist nur dem Zerrbild von sich ähnlich; da sitzt nichts, das Leben ist ein schlechter Schneider. Dem Neger freilich fiele sein Kleid noch mehr herunter, blinzelte er einmal scharf hin.

DIE WASSERSCHEIDE

Einer sagte, auf dich und mich kam es überhaupt nicht an. Wenigstens zuerst nicht, ich war kaum dabei, als ich gezeugt wurde. Es ging vermutlich recht zufällig her bei Vater und Mutter. Dann freilich ist man da, rollt aus sich selbst ab, sofern man etwas taugt.

Ist da, aus der Gnade seiner selbst? unterbrach sich der Mann. Nein, auch hier ist zu viel Zufall, und er beleidigt uns. Mindestens unsere Begegnungen sind ungefragt, unser Beginn mit Menschen und das Schicksal daraus (das es ja ohne diesen Beginn nicht gäbe) hängt von den zufälligsten Anlässen ab. Es kann die läppigste Quelle sein und oft erstaunlicherweise nur eine, immer dieselbe; die andern Anlässe fließen dann nicht oder wenigstens nicht weit. Was mich zum Beispiel betrifft, sagte der Mann, so fand ich, nach genügender Prüfung, in einer respektlosen Stunde, daß mein eigentliches Leben, sozusagen meine zweite Geburt oder die Erwachsenentaufe, mit der Entlassung eines bayrischen Offiziers zusammenhängt, dessen Namen ich nicht einmal weiß.

Ich lebte als junger Mensch sehr zurückgezogen, suchte und fand niemand. In meinem ersten Münchner Semester wohnte ich bei einer Frau, die ich für eine Witwe hielt, manchmal prahlte sie mit besseren Tagen. Seit kurzem war ein alter Mann als Mieter zugekommen, offenbar krank, der sich vornehm ächzend zuweilen auf dem Flur sehen ließ. Einmal kam ich spät nachts nach Hause, an dem Schlafzimmer der Witwe vorbei, das sonderbarerweise offen stand: da lag der alte Mann schön aufgebahrt in ihrem Bett, ein Nachtlicht brannte noch und rechts und links zwei hohe Kerzen; die Wohnung leer, die

Frau verschwunden und ich mit dem Toten allein. Pavor nocturnus der Kinderzeit war wieder da, die gelähmten Glieder von damals, die vor dem Schrecktraum nicht fliehen konnten. Doch was man in der Jugend sich wünscht, hat man im Alter die Fülle, wenigstens Mut der Flucht; und nach kurzer Zeit war ich wieder unter lebenden Menschen, in einer Bar, die ich zuverlässig ohne den toten Mann nicht aufgesucht hätte. Hier ist ein Kernpunkt der Geschichte: ich war wirklich noch nie in dieser Bar, weil sie schlecht war, auch weil sehr unangenehme Bekannte ihr Quartier dort hatten. In dieser Nacht ging ich erweislich nur hin, weil ich Menschenwärme ohne Ansehung des Gesichts brauchte. Das Haar in der Suppe war immerhin menschlich und das bißchen Schmutz in dem sauren Wein schwebte wie ein seliger Geist. Vor allem war an diesem Abend ein Mann zu Besuch, der sonst nie da war und den ich kennenlernte, ja eben, durch den ich nacheinander, indirekt, in einem wahren Kettenrauchen von Begegnung und Entzündung alle Menschen kennenlernte, die mir wichtig wurden. Erst eine Studentin, der zuliebe ich auf eine kleine Universität ging, an die ich sonst gar nicht gedacht hätte. Dann eine ungarische Frau ebendort, eine russische Freundin, ein deutscher Freund vom reinsten Karat der Skurrilität – lauter Menschen, die mich spezifisch berührten, so wie sie waren, und die nicht mit andern vertauschbar sind. Niemals wäre ich ohne die Ungarin nach Budapest gekommen (wenigstens damals nicht), ohne sie hätte ich den Philosophen nicht kennengelernt (wenigstens damals nicht, in der alles entscheidenden Zeit), der auf mich einen so lebendigen Einfluß hatte, der Franziskanerpater. Und wieder durch den Mann aus der Bar begegnete ich meiner zukünftigen Frau, in einem abgelegenen Gasthaus, bestimmte sich sogar der Wohnort, an dem ich mein Buch schrieb (von der Landschaft nicht unabhängig). Selbstverständlich sind noch andre, ja eben weniger zufällige Fäden in diesem Kausalgewebe: aber keiner geht so hindurch, keiner ist vor allem so nachweisbar ursächlich, so sehr alle neuen Anfänge bestimmend. Die kleine Universität und was ihr folgte, das abgelegene Gasthaus im Isartal und was ihm folgte, all dies Schicksal wäre ohne den Barmann nicht gekommen. Berlin, wohin der Student ohnehin fährt, blühte lange nicht so; erst seit kurzem ist die Kausalkraft der zufälligen Leiche und des Barbekannten erloschen. Der alte Mann aber, vor dessen Totenbett ich floh, war eben ein entlassener Offizier gewesen, entlassen wegen früherer Skandalszenen mit einer Münchner Tänzerin, lange vor meiner Geburt. Todkrank war er in das Haus seiner Frau zurückgekommen, die ich für eine Witwe hielt und nun erst eine wurde. Sein Ende im offenen Zimmer, mit Nachtlicht, in der verlassenen Wohnung bescherte mir den Anfang meines erwachsenen Lebens.

Und woher fließt der Quell noch weiter? fragte der sonderbare Erzähler. Aus meinem Gang in das Haus, dort zu mieten, aus dem ersten Blick des Offiziers auf jene Tänzerin, aus fremden, fernen Kleinigkeiten, die mich doch überhaupt nichts angehen. Daß einem ein Dachziegel auf den Kopf fällt, daß jener in seinen Plänen Glück, dieser Unglück hat, könnte noch gelenkt scheinen, abergläubig etwa durch das sogenannte Karma oder die sogenannte Vorsehung. Aber an diesen kleinen, spukhaft schwachen, dazu noch spukhaft fremden und vergangenen Ursachen kann man das Beliebige, »Zufällige«, das gleichsam Untaugliche, ja Unwürdige zum Karmagebrauch mit Händen greifen. Was soll denn die Privatsache des gleichgültigen Offiziers, dem ich nur ganz an der Peripherie begegnet bin? Was hat sie selber mit der Erbmasse meines Lebens zu tun, gar mit dem Gesetz, nach dem ich »intelligibel« angetreten bin, und das auf Kraut und Rüben solcher Determination verzichtet? Jeder mag in seinem eigenen Leben die kleinen Uranlässe suchen; sie werden meist ebenso geringfügig, ja kurios und komisch sein. Der Umsatz unseres Daseins hat noch kein Produktionsbudget, sagte der Mann und spuckte symbolisch in die hohle Hand. Nachher freilich sieht vieles ganz richtig aus, im Überblick von der Mitte, gar vom Ende des Lebens her. Gewöhnung ans Gewordene täuscht den meisten Absicht vor, gegebenenfalls Gesetz der Notwendigkeit, nach dem man seines Daseins Kreise vollenden muß. Gegebenenfalls Mut und Logik, ja eben Gnade seiner selbst, nach der das Subjekt, letzthin die Gruppe Geschichte und Schicksal *schafft*. Doch das Leben ist noch verworren und nicht für uns gebaut; es fällt bald in einen Tümpel auf dem Hof, bald auf Hügel und selten auf Gottharde, ja auch dort macht noch ein Steinchen Wasserscheide, läßt mit kleinstem Ausschlag hier ans Mittelmeer, dort an die Nordsee fahren. Selbst die Logik eines Muts, die vielleicht aus Leiche, Tänzerin und Barbekanntem dasselbe Leben schließlich schuf, wirklich schuf wie aus andren möglichen Elementen, ist, wenn nicht so beliebig, doch genau so dunkel in ihrem Eintritt wie der äußere »Zufall«. Auch die Kraft, ins große Schicksal zu kommen, die Freiheit, sein Gesetz zu haben, sein Gesetz, nach dem man angetreten und das bei allem Starken durchschlägt, ist schließlich über die Hälfte noch mehr »Freiheit«, folglich Zufall, guter Zufall als Gesetz.

KEIN GESICHT

Ein junges Mädchen, schön, lebhaft, ehrgeizig, scheinbar begabt, floh das elterliche Haus.

Zündete an, was brennen wollte, unten und oben zugleich. Suchte das Wunderbare, hielt vor allem sich selbst dafür. Wurde Schauspielerin auf einer kleinen Bühne, schickte die ersten lobenden Kritiken nach Hause. Hielt lange, mit andauerndem Blick auf Eltern, heimischen Bekanntenkreis, Quäler der Jugend und Mißverstand, der kapitulieren sollte, die auftrumpfende Illusion ihres Ruhms aufrecht. Kam aber schließlich, von Schmiere zu Schmiere umgetrieben, nirgends mehr unter. Strandete endlich, mit leeren Händen und durchgelaufen, in eben der geistlosen Geburtsstadt, aus der sie entflohen war. Kehrte zurück mit offenbar noch immer nicht geschlossenem Traumkreis, wurde Schreiberin auf einem Büro, verteilte Brotkarten, scheinbar ehrenamtlich, zur Kriegszeit; selbst das hatte nur der angesehene Bürgerruf ihres Vaters ermöglicht. Wenige Wochen später brachte man die frühere Schauspielerin Karoline Lengenhardt, noch nicht dreißig Jahre alt, ins Irrenhaus.

Was in diesem Mädchen vorging, bis sie war, wo sie ist, dürfte die meisten kummervollen Nächte schlagen. Ihrem Unglück fehlt sogar die Größe, mit der sich die Eitelkeit und

der Ehrgeiz versinkender Menschen sonst zu trösten pflegen.
Hier stimmt nicht einmal die innere, geschweige denn die
äußere Verwirklichung mit dem Willen dahinter überein. Die
ungekonnte Glut des Wollens schlug nicht durch, das Mädchen
war sogar noch unbegabt, nicht nur unglücklich plaziert oder
verkannt, vielmehr, es war überhaupt nicht verkannt. Dennoch
ist das Mißverhältnis zwischen der ersten Herrlichkeit und den
Zufällen, die sie verhinderten oder falsch legten, schreiend. Das
Gesicht kam nicht hervor, und dem Leben zwischen den Klassen, dem unbürgerlichen Ausritt, fehlte das Ziel, sogar das
Pferd, sogar die Reiterin; da war nichts geraten und geworden.
Der Zufall des Geschicks, des ihr »Geschickten«, war riesen-
groß und erstickte den Ruf in ihr, den sie doch hörte und der
doch da war. Was im phantastischen Auszug lebte, reichte nur
aus, um ins Irrenhaus zu bringen. Warum, fragte ein Frauen-
kenner, müssen wir, die wir in allem begrenzt sind, so unbe-
grenzt leiden?

GRAF MIRABEAU

Einer, der in guter Haut steckte, sah einen recht kümmerlichen
Menschen vor sich gehen. Sogleich war ihm klar: dies vor mir
ist mein Schritt, meine Art die Achseln zu heben, ja sogar
mein Gesicht. Oder vielmehr, dies alles wäre mein Leib und
meine Seele, mein genauer Bruder, wäre es mit rechten Dingen zugegangen. So aber ging es nicht mit rechten Dingen zu,
der Mann tanzte nicht, wie die Aspekte des äußeren Zufalls ge-
pfiffen hatten, der arme Bruder vor ihm war nur ungefähr
einer, oder rein menschlich, wie die Guten sagen, die auch
nichts dabei ausgeben. Ab ovo war er ihm fremd oder vielleicht
nur seit irgendeiner Wasserscheide? – er konnte es nicht sagen.
So manchem Dickens war wenig von sich an der Wiege gesungen worden, er hatte es sich nicht einmal aus »eigner Kraft«
erarbeitet, daß David Copperfield aus einem Zustand ein Buch
werden konnte. Desto beunruhigender, auch beschämender,
auch wundersamer war das Gefühl des Irregulären, als ein
Normalbild auf der Straße ging, das bloße Produkt aus »Her-

kunft« und »Milieu«. Ein Spiegel, der doch in nichts einer war; eine Identität und doch zugleich so völlig disparat, daß sie nicht einmal das Gegenteil war, daß sich in dem Mann nicht einmal etwas gegen den unähnlichsten Doppelgänger sperrte, daß dieser nicht einmal ein Komplex wurde. Das Problem des »Hochstaplers« tauchte daran auf, des Hochstaplers mit so viel corriger la fortune, daß er keinen mehr betrügt, am wenigsten sich selbst. Davon sprach der Mann nachher und ließ nicht undeutlich merken, daß ihm sein gutes Geschick zwar so sicher war wie nichts sonst, aber doch noch merkwürdiger als das schlechte, normale, das er eben vor sich gesehen hatte. Bald ging alles auf den Preis des Hochstaplers über, der sich seinen Traum täglich erobern muß.

Man kann auch nur davon träumen, begann der Mann, eine Wurst mehr zu haben. Ein solcher bleibt dort wohnen, wohin er geriet, stockt höchstens, hat er Erfolg, ein Zimmer auf. Etwas weiter gerät der tätige *Streber*, besonders in gelockerten Zeiten, wenn die alten Machtstellen leichter zu haben sind. Sein eigentlicher Kraftraum ist das Bürgertum, die Freizügigkeit, der Kapitalismus, und heute blüht dieser Typ. Aber meistens verändert der Streber nichts, weder seinen Typ noch die alte Welt; er rückt nur schlechter in die alten Machtstellen ein, als »Parvenu«. Auch den Streber hat nicht seine Natur, sondern bloß seine Intensität von der Herkunft entfernt; seine Staffeln sind ihm ständig bewußt, so daß ihn eine Entwicklung, bestenfalls eine Linie von kleinen Sprüngen mit dem Anfang verbindet. Eine Sonderform ist der plötzlich Herr gewordene Diener, auch der plötzlich erhobene Arme, Shakespeares Kesselflicker Christoph Schlau etwa (in »Der Widerspenstigen Zähmung«). Er zerbricht entweder, weil sein Ich nichts Verwandtes mehr vorfindet (ein ähnlicher Vorgang wie beim Heimweh weit Verschlagener, nur daß domestique gentil'homme nicht einmal Heimweh haben will, haben kann). Oder aber die lange versklavte Natur zieht sich aus der neuen Merkwelt gewaltsam die niederen Genuß- und Machtmittel herab, die sie braucht, um aus der langen Verdrängung als Tyrann zu explodieren. Sehr viel höher aber, fuhr der geborene, fast unwillige Glücksmann fort, sehr viel höher und wichtiger als Streber und Parvenu tritt der *Hochstapler* hervor: denn er wird nicht wie der Streber, sondern er ist, tritt als Seigneur auf, weil er sich de jure als solcher fühlt. Schon manche Kinder träumen so heimliche Prinzen zu sein, verstehen Hauffs Märchen vom falschen Prinzen gut und was in dem Schneidergesellen vorging, wenn er dasaß in tiefen Gedanken, sah mit starren Augen vor sich hin und hatte dabei in Gesicht und Wesen etwas so Eigenes, daß sein Meister und die übrigen Gesellen von diesem Zustand nie anders sprachen als: »Labakan hat wieder sein vornehmes Gesicht«. Hier ist viel weniger Eigennutz anzutreffen als Putzsucht, unbeschwichtbares Selbstgefühl und Narretei. Greift das Selbstgefühl zu aristokratischen Formen, so nicht, um nach untenhin zu treten wie der Parvenu oder gar der Diener als Herr! auch wird die Aristokratie nicht eigentlich bejaht, der selbstsuggerierte Seigneur ist nicht klassenbewußt. Sondern es bestehen von ihm sogar Übergänge zu seinem rechtens entgegengesetzten Typ, zum rebellischen. Übergänge wider Willen, indem Casanova, Cagliostro einer Gesellschaft ihren besten Halt entziehen, nämlich die Tradition. Übergänge mit Willen: eine Mischgestalt wie Lassalle führte auch noch als eine Art Labakan die Arbeiter an, es ist also nicht sowohl das Aristokratische als das *Märchenhafte*, schlimmstenfalls das Mythische an den großen Namen, das ihn besticht und das er in den Revolutionsgrund selbst einmalt. Bis daß der Entbehrende, Sehnsüchtige endlich ganz mit den Märchen zusammenfällt und ein kleiner Quixote wird. Dies ist der eigentliche Fall, sagte der Mann, den ich hinter dem Hochstapler meine, oder vielmehr eine Zeitungsnotiz von der Art, als Märchen, wurde mir vor allem wieder lebendig, als ich den Menschen auf der Straße vor mir sah und allerlei irreguläre Gefühle, die ich für ihn hatte. So einer dieser *Traumgrafen* a non lucendo oder kleinen Quixotes hat etwa, beispielsweise, bis zu seinem vierunddreißigsten Jahr in Helbra gewohnt, unter dem Namen Emil Witzel, als Monteur und Sohn eines Berginvaliden; nun aber erklärt er plötzlich, er sei dem Invaliden nur zur Pflege gegeben worden, sei in Wahrheit der Sohn des Grafen Lesetto Riquetti von Mirabeau und seiner Ehefrau Marguérite, née de Recine, heiße in Wahrheit also Graf Riquetti Paul von Mira-

beau. »In Wahrheit« fühlte sich der Monteur als Graf und
glaubte schließlich selbst daran; ja, was wissen wir schließlich,
wer wir sind und wie skurril erscheint es einer unsterblichen
Seele, zur Hölle oder zum Himmelreich bestimmt zu sein,
immerhin, und nun als Dienstmädchen in der Küche zu sitzen
oder sich als Monteur verdinglicht zu sehen. Wie unwahr weckt
uns der übliche Morgen, das Zifferblatt, das Straßenbild, der
Dienst; wie unrichtig kommen die Menschen in diesen Ordnungen zu sich – da ist weder unsre Zeit noch unser Raum
noch gar unser Name; der Adressat, dem der Wecker rasselt,
ist mit den Wenigsten identisch und die ganze soziale Erwek-
kungsgeschichte, bestimmt der Tag des Monteurs, ist falsch.
Monteur Witzel, so lächerlich und altmodisch sich hochsta-
pelnd, ist der Bruder des Kellerschen Schneidergesellen Strapinski, mit dem samtenen Radmantel und der schwermütig
edlen Miene, den Traum von einem reineren, edleren, höheren Dasein im Herzen; hier ist der falsche Graf Mirabeau, dort
der falsche Graf Strapinski, beide sind Traumgrafen mit der
Grafschaft als uneigennützigem Symbol oder als Wissen, »in
Wahrheit« kein Monteur und Schneider zu sein. Die An-
maßungen solcher Hochstapelei sind kein Betrug, sondern
korrigieren ihn grade, wenn auch auf kuriose Weise; sie
korrigieren, wenn auch infantil und scheinhaft, die *Fälschung*
und *schändliche Plaziertheit*, in der die meisten leben müssen. Das Schicksal hat ihre Stimme im Mantel erstickt
(als wäre es ein Bandit, der Kinder verschleppt); nun sind sie
der Monteur Witzel geworden, oder der Mann, der kümmer-
liche, der vorherging und in der Verschlepptheit blieb. In den
Grafentitel vergaffte sich Witzel und meinte doch etwas ganz
andres, etwas Märchenhaftes, wir sagten es schon, einen Schein
aus der letzthinigen Unbekanntheit des Menschen und dem
Lichttrieb, der sie löst. Der braucht Symbole, bei Witzel hoch-
trabende, bei andren vielleicht dunkle und tiefe; ja, um auf
diese »Andren« zu kommen, die *Echten,* bei denen das Symbol fast zufällig stimmt: Kein Vorstoß ins »Höhere«, auch der
wirklich produktive nicht, geht ohne *Selbstbehauptungen* ab,
die nicht oder noch nicht wahr sind. Auch der junge Musikant
Beethoven, der plötzlich wußte oder behauptete, ein Genie zu

sein, wie es noch kein größeres gab, trieb Hochstapelei skurrilsten Stils, als er sich Ludwig van Beethoven gleich fühlte, der er doch noch nicht war. Er gebrauchte diese durch nichts gedeckte Anmaßung, um Beethoven zu werden, wie denn ohne die Kühnheit, ja Frechheit solcher Vorwegnahmen nie etwas Großes zustande gekommen wäre. Der Monteur Emil Witzel hatte gewiß kein Recht, sich Graf Mirabeau zu nennen, aber wieso hatte er keines, in dieser zufälligen Versteckwelt, in der noch die Ostereier Zu-fall sind (den man beschwören darf), und kein »Recht«. Der echte Graf Mirabeau erbte seinen Namen, der echte Beethoven vielleicht eine frühere Begabung (einige sagen: sich selber, aus einem früheren Leben); aber wieso ist es grade dieser und jener, der erbt, und nicht ein anderer? Und müssen nicht alle Künstler, selbst alle Frommen hier erst scheinen, bis sie werden? Müßte man nicht noch viel mehr, von der Wurzel her, corriger la fortune, um endlich die Rätsel des kleinen, die Wunder des großen Bruders auf der Straße abzuschaffen? Die »Quellen« der Hochstapelei, schloß der Mann ziemlich ermüdet, wären dann erforscht, vielleicht, und trieben wirklich Leben über Tag. Die Hochstapelei bleibt etwas sehr Merkwürdiges: sie zeigt Glanz, den alle meinen und der allen zukommt. Ja, sie und das Märchen (es kennt viele Glücksritter und gibt ihnen Glück) entschuldigen allein das Dasein von Prinzen und Prinzessinnen, weil sie es nachmachen und vormalen. Die Menschen, sagte einer, sind im Himmel und wissen es nur nicht; der Himmel scheint allerdings noch nicht sehr deutlich zu sein. Zieht man aber alles von dem Satz ab bis auf den *Willen* dazu, daß er wahr sei – dann hat er recht.

ARMER UND REICHER TEUFEL

Wer genug Geld hat, wird manchmal merkwürdig gut. Er gönnt den Nächsten auch etwas, denkt sich etwas Schönes für sie aus.

Reiche Leute wollen gern spielen, setzen dabei arme ein. So hielt es auch jener Amerikaner, als er den sonderbarsten Wettbewerb erließ. Ein junger Mann war gesucht, am liebsten ein

Bergarbeiter, gesund und anstellig. Aus den hunderttausend Bewerbern wurde einer angenommen; der junge Mann meldete sich. Ein hübscher Bursche, hatte nun nichts zu tun als die weiteren Bedingungen zu erfüllen: nämlich auf gute Manier zu essen und zu trinken, feine Kleider mit Schick zu tragen, Figur zu machen. Ein Hofmeister brachte ihm die Künste der Welt bei, Reiten, Golf, gebildete Sprache vor Damen und was sonst ein amerikanischer Gentleman braucht. Alles mit dem Geld seines Schutzherrn; nach beendetem Schliff trat der Glückliche eine dreijährige Reise um die Welt an, mit Kreditbriefen in der Tasche, die jeden noch so exotischen Wunsch erfüllen ließen. Nur eine kleine letzte Bedingung stand noch aus: der junge Mann mußte nach der Reise wieder ins Bergwerk zurück, als wäre nichts gewesen. Mußte dort mindestens zehn Jahre bleiben, als Grubenarbeiter wie bisher. Auch dies unterschrieb der Glückspilz, hielt sich ans Leben, das näher lag; die Zeit der goldenen Jugend begann. Reiste in den Opernglanz von Europa, hatte Glück bei Frauen und zeigte Begabung dafür, jagte indische Tiger und speiste bei Vizekönigen, kurz, führte das Leben von Prinzen, mit Kontrast-Beleuchtung obendrein. Bis zu dem Tag, wo er heimkehrte und seinem Gönner fast wohlgesättigt dankte, wie einem Gastgeber beim Abschied. Zog die alten Kleider wieder an und stieg in die Grube zurück, zu den Kohlen, blinden Pferden, Kameraden, die ihm so fremd geworden waren, und die ihn verachteten. Stieg ins Bergwerk zurück – unvorstellbar jetzt die ersten Tage, Monate, der Gegenschein und jetzige Kontrast, die Einfahrt ums Morgengrauen, die Arbeit auf dem Rücken, das Schwitzen, Husten, der Kohlenstaub in den Augen, der schlechte Fraß, das Bett mit dreien. Nun hätte der Bursche den Vertrag freilich brechen können; auf gute Manier, indem er eine andre Stelle mit ihr suchte, oder auf revolutionäre, als Arbeiterführer. Statt dessen streikte er verblüffend, fuhr nach New York, sah seinen Wohltäter, erschoß ihn. Für den Arbeiter post festum hatte man Verständnis; das Gericht sprach ihn frei.

Begründung: Ist das Leben, das mit uns spielt, anders als der reiche Mann, der gute? Zwar er selber ist aufzuheben und der Arbeiter erschoß ihn; das bloß soziale Schicksal, das die reiche

Klasse der armen setzt, ist aufzuheben. Aber der reiche Mann steht noch wie ein Götze des andern Schicksals da, unsres naturhaften mit dem Tod am Ende, dessen Roheit der reiche Teufel ja kopiert und sinnfällig gemacht hat, bis es sein eignes wurde. Denn so miserabel oder auch so bewegt und glänzend ein Leben gewesen sein mag: der Tod löscht es gleichmäßig und schickt in die Grube; kurz, der kapitalistische Despot lebt auch im Endschicksal überhaupt, das uns den halben Auftakt des Lebens setzt und nachher dem Nichts gibt. Der amerikanische Teufel hat sogar Ähnlichkeit mit der bösesten Despotie, in der man ja das Schicksal dachte, mit Calvins Gott: da kann keiner wissen, was ihn drüben erwartet, die Gnadenwahl, ob einer selig oder unselig wird, ist hier unten unerkennbar, aber in einigen Menschen, sagt Calvin, erregte Gott einen Anschein von Heiligkeit, als wäre ihnen das Paradies besonders sicher. Und gerade diese Menschen wird Gott am sichersten verwerfen, er erregte nur den Anschein von Heiligkeit, damit sie von der Hölle desto schrecklicher überrascht werden; und der Heilige glaubte sich schon auf dem Parkett des Paradieses zu bewegen. Calvin hin, Hölle her: im Tod, der keinem sein eigener Tod ist, per definitionem sein kann (denn unser Raum ist immer das Leben oder was mehr, aber nicht was weniger als dieses ist) – auch im Tod ist etwas von jener reichen Katze, die die Maus erst laufen läßt, bevor sie sie frißt. Kein Mensch könnte es dem »Heiligen« verübeln, wenn er diesen Gott abschösse wie der Arbeiter den Millionär. Aber weder hat man je Gewisses von diesen Dingen gehört, noch ist das Gericht bekannt, das uns freisprechen würde. Die große Katze gibt im Leben nur kleine Gastrollen; immerhin, der Revolver des Arbeiters ist schon sehr sympathisch.

DAS KÄTZCHEN ALS DAVID

Man muß sich zusammennehmen, wird gesagt. Besonders dort, wo es gefährlich hergeht, und man nichts zu lachen hat. Am häufigsten ist, daß der kleine Mann sich dann noch kleiner macht als er schon ist, damit er nicht gesehen wird. Besser klingt freilich: will man bestehen, dann muß man seine Kräfte sammeln und sich nicht verzetteln. Das kann gewiß auch schiefgehen, wie etwa bei dem steten Tropfen, wenn er doch nicht stetig genug ist, um den Stein zu höhlen. Auch könnte er wollen, nicht nur brav und fleißig ein Tropfen zu bleiben.

Anders hielt es glücklicherweise ein Kätzchen, das zwar ein seltenes war. Zuerst etwas über seinen Besitzer, einen Münchner Tapezierer, auch Polsterer, der sich selber der Ruhe erfreute, des Liegens und Besitzens. Er konnte das, nachdem er zur Faschingszeit mit vermieteten Matratzen genug Geld verdient hatte; machte ziemliche Reisen, kaufte dabei wahllos Andenken, darunter so gute wie zum Beispiel ein Leopardenkätzchen. Nun, zuletzt bezog er ein Bauernhaus bei Garmisch, samt Blitzableiter, den ein messingner Halbmond schmückte, auch ein Souvenir, und ein Rottweiler Metzgerhund bewachte das Ganze mit seinen Schätzen. Der war auf sechs Mann zugleich dressiert, nur sein Herr konnte die Bestie übertags anketten, zur Nacht in den Garten freilassen. Das Leopardenkätzchen dagegen ward ganz zärtlich von besuchenden Damen tagsüber auf den Schoß genommen, schnurrte, leckte Milch, sorgfältig vor der Wut des Metzgerhunds verwahrt, wo immer der es witterte. Bis eines Nachts, da wachte der Besitzer durch ein schreckliches Duo im Garten auf, durch den rasenden Hund, das nur noch schwach miauende Kätzchen. Es war also entwichen, und der Effekt nicht zweifelhaft, der Tapezierer trauerte seinem Kätzchen nach und wartete bis zum Morgengrauen, wo ohnehin der Hund wieder anzubinden war. Als der Besitzer dann aber den Garten betrat, sah er eine Blutlache von verblüffender Größe, in ihr der tote Metzgerhund, und wie er nach dem Leopardenkätzchen ausschaute, das doch ohnehin längst gefressen sein mußte, saß dieses auf einem Baum, nach dem ungleichen Kampf ganz unbeschädigt. Es hatte sich offenbar, in höchster Not, auf das einzige ihm gegebene Mittel konzentriert, auf den angestammten Sprung nach der Kehle des Feinds, darin lag sein bißchen Kraft, doch als höchst gezielte, indes der Hundsriese seine Kraft nach allen Seiten ausschlagen ließ, diesesfalls nur schwach oder gar nicht gezielt. Die Überraschung des Rottweiler Metzgerhunds muß groß gewesen sein, ebenso wie die des Leopardenkätzchens, das nun nicht bloß Milch geleckt hatte. Die Damen freilich nahmen es jetzt nicht mehr so gönnerisch auf den Schoß, als sei man auf einem Wohltätigkeitsball für süße kleine Negerbabys, sagten in diesem Fall auch kaum, Gott sei in den Schwachen stark. Der ungebildete Tapezierer meinte statt dessen einfacher: Quäle nie ein Tier zum Scherz, denn es könnt geladen sein. Aber die Moral von der Geschichte war doch diese: Gegen einen Wachhund machte geschulte Einseitigkeit scharf zum Zweck. Die sozial Schwachen, Unterdrückten sind am wenigsten Leoparden, mit eingeborenem Sprung an die Kehle. Wohl aber läßt sich erfahren: nicht nur David, als ein noch schwacher Knabe, trifft Goliath dort am besten, wo der sein schwächstes Glied hat.

TRIUMPHE DER VERKANNTHEIT

Wie das Mädchen aussah, hatte er nicht mehr ganz inne. Wer sie war, glaubte er zu wissen. Eine kleine Freundin, die anzog, manchmal störte. Geruch von Nähzeug, auch etwas Laden war um sie herum. Zuweilen ein Flackern, das nicht brennen wollte, zu nervös. Oder es beleuchtete nicht mehr als den Weg zu einem guten kleinen Ehebett. Dieses nun grade war ihr nicht geworden, so blieb alles auf demselben Fleck und man trennte sich.

Nach Jahren kam der Mann wieder in die Stadt, viel lag dazwischen. War das Mädchen tönern, so war er auch kein besonderer Held, sonst hätte er gar nicht begonnen, wie mans wohl denken kann. Nun erfuhr der abgedürrte Liebhaber, daß das Mädchen irgendwo in der Nähe in einem Kreiskrankenhaus liege. Aus Gründen, die wie oft in solchen Fällen nicht die besten waren, aus Mitleid, Reue, Neugier, gleichviel, fuhr der Mann zur Kranken, meldete sich. Der Pförtner wollte ihren Namen nicht kennen, hinauf zur Oberschwester, die führte den Besuch, da die Patientin noch nicht bereit sei, ins Zimmer des Chefarztes. Wenige Augenblicke, in denen sich der Mann herunter schraubte, so öffnete die Schwester eine Tür zum angrenzenden Zimmer und sagte: Fräulein Doktor lassen bitten. Nämlich das kleine Mädchen von damals war zur Chefärztin selbst entpuppt, zur Zeit krank, aber sonst nicht wieder zu erkennen, sicher, ruhig, angenehm und klug. Dem eitlen Mann wurde sonderbar vor der Niederen, die erhöht wurde und die er jedenfalls nicht erkannt hatte in seiner Zeit. Kurz danach schrumpfte sie zwar unter seiner Gegenwart wieder zusammen, aber das beruhigte erst recht nicht. Er soll sich dadurch von der Freude nicht erholt haben, daß das bißchen Unglück, das er besuchen wollte, ganz anders war, verhältnismäßig Glück genug.

Auch umgekehrt kann da vieles auf und nieder gehen, wie ein Vater erfuhr, der auf die sonderbarste Weise seine Tochter suchte. Die war nach einem Gang auf die Straße nicht mehr nach Hause gekommen, in Reval, mitten während des Durchzugs fremder Truppen. Durchgebrannt, verschleppt, tot, man hatte die Wahl zwischen Unglück, nicht einmal eine genaue: bis endlich aus einer mittleren deutschen Stadt ein Brief kam, vielleicht nicht der erste des Mädchens, aber jedenfalls der erste angekommene, ein höchst jubelndes Lebenszeichen, erzählte von ihrer Entdeckung fürs Theater, hatte ihr Bild beigelegt, mit allzu arrivierter Unterschrift, und die üblichen Lobeskritiken. Den Vater hielt der baltische Wirrwarr lange fest; als er endlich in die deutsche Stadt kam, war seine Tochter nach München verzogen; als er in München nach ihr fragte, erfuhr er, daß die junge Schauspielerin vor einem Monat an der Grippe gestorben sei, und man zeigte dem verzweifelten Mann ihr Grab. Nach soviel Umwegen war nun doch der Tod gekommen, freilich nicht als Lustmord an einem Kind, sondern schön und vollendet stieg das Bild der jungen Schauspielerin auf, mitten im Glück weggenommen und gerahmt. Vom Friedhof ging der Mann zur Polizei, die letzte Wohnung seiner Tochter zu erfahren: »die letzte Wohnung?«, sagte der Beamte und kramte böse herum, »hat sie denn schon wieder eine andere Wohnung? Heute morgen war das Fräulein erst da und hat seinen neuesten Umzug angezeigt.« Als der Vater etwas, immer wieder, von Tod und Grab und Grabstein stammelte, den er bestellt hatte, wurde der Beamte noch gröber, schimpfte über die Ausländer und ihre gute Natur, warf dem Vater endlich die Adresse seiner Tochter hin. Die Geschichte endet so klanglos, wie man kaum glauben sollte; denn als der Mann die Stufen zur Wohnung hinaufstieg, schellte, nach seiner Tochter verlangte, wirklich der toten, auferstandenen, nicht mehr sterblichen, still vollendeten, er wußte nicht wie, – trat diese aus ihrem Zimmer, der Vater sah sie und sagte nur: *»Warum bist du denn so klein?«* – Unbekannt, was das Mädchen antworten sollte, das wirkliche, nicht die Heldin des Grabromans, an der alles viel größer war, so traurig und so romantisch. Der Chok des Augenblickes verband sich mit der Enttäuschung des Bilds, Schicksalbilds, zu dem das Mädchen doch fähig schien. Mit diesem hatte der Mann schon zu Nacht gespeist; davon abgesehen kann man sich die Freude des Vaters natürlich vorstellen, an der wiedergefundenen Tochter.

Man kehre zur ersten Geschichte zurück, die immerhin positiver endet, und füge ihr eine ebenso positive, übrigens großartige Geschichte zu, die zwar nur eine Legende ist, eine chassidische und unter viel Gestrüpp steht, auch bei Buber, aber dennoch wirkliche Hintergründe zeigt, zu Alexanders oder Napoleons Zeiten, in einer großen Handelsstadt, gleichviel. Dort lebte einmal, wird erzählt, ein alter Mann, brachte sich nur kümmerlich durch. Seine Dachstube verließ er selten, wagte sich auch dann nur gegen Abend herunter. Straßenjungen warfen nach ihm mit Steinen, und die Bürger sahen lachend zu, wie er so jämmerlich davon lief. Es war keine gute Stadt, die Armen standen unter dem Profos, die Kirchen waren selber nur Wechselstuben zwischen hier und dort. Als aber der alte Mann wieder einmal zur Straße kam, erstaunte er, wie verwandelt sie war: Unruhe, ja Angst lag in der Luft, große Gruppen standen an Kreuzungen und freien Plätzen, verhandelten mit gedämpfter Stimme. Der Alte hörte von einem großen Kriegsheer, das gegen die Stadt heranzog, von einem Kaiser, dem kein Feind widerstanden hatte, und das Land ging vor ihm in Brand auf. Ein Würger war über die Stadt gekommen und die fetten Schultern der Bürger bebten, nicht vor Lachen; da sagte der alte Mann leise zu sich: Sollte er es sein? Wandte sich ab und ging durch die Stadt zum großen Tor hindurch aufs freie Feld, einem Strom von Menschen nach, der sich hierhin, dorthin über die Ebene ergoß, um die Lagerfeuer zu

sehen. Immer weiter marschierte der Alte, jetzt eine kleine
Anhöhe hinauf, auf die sich immer noch Neugierige gewagt
hatten, Ratsherren der Stadt darunter, die grade erwogen, keinen Widerstand zu leisten, sondern am nächsten Tage schon
zum Kaiser zu gehen, um die Stadt zu übergeben: da sprengte
eine scharfe Patrouille um den Hügel herum, das Gebüsch
herauf und nach kurzer Jagd war das Dutzend gefangen, das
sich hinter den Bäumen verstecken wollte, gefesselt, Schritt vor
Schritt neben den Pferden ins Lager eskortiert. Dort ein rasches
Fragen und Zurufen, Gelächter und Unruhe um die Feuer, Befehl des Kaisers, daß die Spione augenblicklich zu ihm selbst
gebracht werden sollen. Den Weg zum kaiserlichen Zelt gestoßen: da stand nun der gemischte Haufen, Ratsherren neben
niederem Volk und mitten darin, völlig erschöpft, der alte
Mann. Der Kaiser trat hervor und überflog das Gebrachte; doch
kaum hatte er den Alten gesehen, das stille Gesicht und die
hinfällige Gestalt: so warf er sich vor ihm nieder und küßte die
ausgestreckten Hände. Und alle erfuhren: war der Kaiser der
Meister des Schwerts, so war der Alte der Meister des Gebets;
die Großen der Stadt konnten ihn nicht erkennen, er war zu
ihrem Bedarf zu schwer und zu jeder Rolle zu groß, aber der
Kaiser erkannte ihn und er erkannte ihn vor den Ratsherren,
mit ungeheurem Triumph des Alten im Kielwasser dieser
Erkenntnis. Der Alte hätte den Triumph nicht gesucht, wohl
eher vermieden, seinem allerhöchsten Rang nach, in dem
keine Beschämung und nicht die leiseste Eitelkeit ist; aber den
Ratsherren wurde der Triumph nicht geschenkt oder grade geschenkt und dem Hörer der Legende auch, man hat seine un-
eigennützige Freude daran. Der Meister des Gebets ging wieder
seine Wege; ein Großherr, wie man sieht, und mehr.

Doch freut man sich wirklich rein, ihn so groß gesehen zu
haben? Das war eine Frage und darüber erhob sich ein Gespräch, manch unangenehmes Gefühl sagte Nein. Nicht alle
fühlten so, am wenigsten die Älteren, die noch etwas Wilhelm II. in sich hatten; diese liebten Klein und Groß, vor allem
Groß und hoch Oben, oder wenn dem Verdienst sein Orden
wurde, sein niederblitzender. Nach einigem Hin und Her desa-

vouierte sich der Erzähler selbst, etwas unfreiwillig, aber er erlaubte sich die Pointe seiner Geschichten nicht. Sonst doch, sagte er, mißfällt uns nicht immer, wenn es dem Andern schlecht geht. Es behagt uns auch nur bedingt, wenn er aufsteigt, manche werden daran gemein vor Neid. Sie sind es sonst vielleicht nicht, aber hierin schlimme Gesellen, haben einen bösen Blick, den man mit in Kauf nehmen mag, da er es nicht überall ist. Doch jeder Neid »ändert« sich, sobald der glücklich Andre gar nicht lebt, sondern nur gelesen wird, sich der Leser also an seine Stelle liest. Dadurch leidet die Kreatur, wie es scheint, nicht mehr am fremden Glanz, freut sich weniger an der fremden Verminderung, hat damit freilich nur ihre Stelle, nicht sich selber gewechselt. Sie läßt sich es nun auf fremde Rechnung am Helden gut, noch lieber groß geraten, eigene Minderwertigkeiten nehmen Rache, sehen sich erfreulich, auch ringsum beschämend auskompensiert. Schon Knaben, ich erinnere mich genau, lieben so Helden, schlecht reitende, schlecht schießende, scheinbar, doch mit einem Male kommt der Meisterschuß oder sonst ein Zeichen und man erkennt Old Shatterhand. Selbst Andersens Märchen vom häßlichen grauen Entlein schwimmt noch irgendwo im gleichen Wasser, so tiefsinnig es sich sonst bewegen mag: das geringe Gefieder teilt sich und ein Schwan zieht seine stolzen Kreise, bestimmt ein Schwan, sei es, daß er selber nicht wußte, einer zu sein und nun desto tröstlicher blendet, sei es, daß sich der »höhere Rang« nur verbirgt und folglich desto triumphierender hervortritt. Zwischen Ente, Schwan, dem Fräulein Doktor unsrer Geschichte und dem Meister des Gebets am Schluß sind gewiß viele Zwischenräume, aber der ganzen Sphäre oder wenigstens der Lust an ihr ist außer Glanz – man darf es doch nicht verkennen – auch *gedrückter, danach mitbefriedigter Geltungstrieb* gemeinsam. Noch so Beliebtes wie die Erzählungen vom guten Kaiser Josef, noch so Erhabenes wie die Erkennung des Bettlers Odysseus gehört der bedenklichen »Katharsis« nach also nicht nur dem Glanz nach – hierher. Die bürgerliche Kultur wie auch die feudale (trotz stärkerer Gruppenbildung darin) ist eine Spitzenkultur, hat lauter Ränge übereinander und durch Personen bekleidet. Nach unten wirkt dieser individualistische

Glanz einschüchternd, erzeugt besonders scharfe Minderwertigkeitsgefühle; deren teilweise Abreagierung eben macht den gesprenkelten Reiz solch plötzlicher Höhe aus, an der man lesend teilnimmt. Eine nicht mehr individualistische Demokratie, meinte der Erzähler, würde die Gewalt solcher Stoffe kaum mehr verstehen oder sich dagegen wehren.

Klein und groß, groß und klein – setzen wir aufs Kleine, meinten fast alle. Der Ärztin ist zu gönnen, daß sie etwas hoch kam, gewiß, und dem Burschen vor ihr, daß er beschämt wurde. Dem Vater ist zu gönnen oder auch nicht, daß er noch so ein gerahmtes Bild von der verlorenen Tochter hatte, die im Grab nun wirklich eine »verlorene« war und Gefühle hervorrief wie in einem Roman. Das gemalte und legendarische Schicksal korrigiert mit Recht das »wirkliche« etwas, in dem die Menschen leben und das eben nicht ihres ist; jedoch freilich, als »Größe« im Sinne des vorigen Grafen Mirabeau oder gar des mächtig hervortretenden »Meisters des Gebets« ist adäquates Schicksal, Korrektur des Schicksals letzthin auch nicht da. Am kleinen Verpuppten erschien Größe nur als erstes Zeichen davon, daß das Puppenhafte nicht wahr sei; Größe, als notwendig personale, ist aber kein letztes Zeichen für den Eintritt ins richtige Schicksal, vielmehr übers Schicksal hinaus und in unsern Raum. Außer den Gewaltherren, ja selten an diesen oft nur, wenn sie Rubens, nicht aber, wenn sie van Dyck sieht oder gar Rembrandt gesehen hätte; und an heidnischen Sonnenmythen. Aber bis zum Christkind, bis zum Knecht Jesaias verkleinert erscheint der Held grade in der Bibel, sowohl wegen des Paradoxes, als wegen seiner höchsten Einrückung in *Menschennähe;* noch Gott erscheint ihr im sanften Säuseln, nicht in den Verpackungen von Feuer, Sturm und Erdbeben. Auch im »Meister des Gebets« (der ein biblischer Held sein könnte und ein chassidischer ist) wirkt allerhand Tiefe dieser Art, eine Verneinung des starken, »kaiserlichen« Ausdrucks seiner selbst, allerdings auch ein Licht, das nicht begriffen wird und dadurch nicht ganz eines ist. Doch eben wegen dieses Lichts sollte der Alte auch zuletzt nicht monarchisch blitzen, sondern manche Tiefe kündet sich anders, vielleicht durch ein Zeichen nebenbei, das nicht Purpur ist. Der Alte mag so verborgen sein, wie er sein muß, so ist doch keiner verborgen großkopfig, denn das Großkopfige erscheint sogleich, und gehört er zur Bibel, so gibt diese nicht einmal Gott ferne Allongeperücken, sondern hat ihn als Ebenbild des Menschen, fast als Genossen, der mit ihm zieht. Auch der Alte hatte seinen Lohn dahin oder vielmehr, er nahm ihn nicht einmal, bis ihn der Kaiser störte oder er sich durch ihn stören ließ. Ohne Kaiser, in einer etwas ebeneren Welt werden es dergleichen Anonymi leichter haben. Wenn es sie noch gibt, wenn man sie noch braucht; eine künftige Gesellschaft wird keine Leiden und Triumphe persönlicher Verkanntheit haben, sondern das Schicksal, das immer hindert, niemals schafft, in offener und kollektiver Schlacht zu dem Unsren zwingen. Gerettete Schwäne sind nur alle Enten am Licht; ihr übriger Vorrang oder Privatgröße wird nicht da sein.

SCHREIBER AUF DER MAIRIE

Oft haben Kleine im Amt ihr schäbiges Mütchen gekühlt. Aber nicht immer wurde von ihnen durchkreuzt, was als Feldwebeln ihnen wider den Strich ging. Das erfuhr eine allerdings nobel gestellte junge Frau, deren Mann wegen Befehlsverweigerung im Krieg zur Erschießung verurteilt worden war. Das eigenmächtige Handeln dieses französischen Offiziers hatte zwar den Sieg gebracht, doch auch ein gutes Beispiel könnte hier schlechte Sitten machen. Die junge Obristin fuhr standesgemäß nach Versailles, wo sie die Pompadour zur Freundin hatte; vergebens. Die Pompadour brachte die Freundin sogar zur Königin, diese zum König, dem sonst vor Weibertränen nicht firmen Ludwig XV. Auch er aber konnte das rechtskräftige Urteil nicht kassieren, nicht einmal, gerade als Kriegsherr, Pardon geben. Die junge Frau verließ das Schloß, blind vor Tränen ging sie an ihrer Equipage vorbei und weiter, weiter die staubige Chaussee zurück nach Paris. Da begegnete ihr ein recht armselig Männchen, das wunderte sich über die höfische Pracht zu Fuß und hielt mit gezogenem Hut an. Die Edeldame, vor Unglück ganz eingeebnet, erzählte nun wieder ihre Geschichte, worauf das Männchen: »Wenn das alles, dann nichts leichter als hier zu helfen. Bin Schreiber auf der Mairie, mit den Akten des Falls in meiner Schublade, und von heut auf morgen kann ich das ganze Urteil verschwinden lassen, ohne daß ein Herr sich darum schert.« Die Akten verschwanden in der Tat, die Exekution fand nicht statt, ein Sandkörnchen im Getriebe hat funktioniert, die niedere Bürokratie zeigte diesmal sogar im Guten ausnahmsweise, was sie kann. Allerdings den Hut zwischen den Händen drehend, vor einer vornehmen jungen schönen Frau, nicht etwa vor kleinen Leuten ihresgleichen, die es nicht einmal zum Ornat der Schreiber gebracht haben, oder gar vor Intelligenzbestien, die die Ordnung stören. Sonst könnte ja jeder kommen und Akten verschwinden lassen, wo käme man da hin?

DER EDLE SCHEIN

Man scheut sich durchaus, etwas zu schön zu beginnen. Nicht nur, weil man nichts berufen will, sondern ideale Formen kränkeln. Der erste Streit holt alles wieder auf, was vorher keinen Platz hatte in der edlen stillen Luft. Die Dinge dürfen nicht wie gemalt sein, sonst halten sie im Leben nicht.

Zuweilen liest man edle Taten, die von vornherein zu edel sind, um wahr zu sein. Manche sind sogar wahr, aber wie rätselhaft gern schlagen sie in ihr Gegenteil um, so daß für das Kunstgewerbemuseum der Sittlichkeit nichts übrig bleibt. Um ein Beispiel zu nennen, das mancher in der Zeitung lesen konnte: Conan Doyle etwa ist ein bekannter Mann und man verdankt ihm viel; er ist durch den unterhaltendsten Scharfsinn bekannt und seit kurzem, fast ebenso, durch juristischen Edelmut im Kampf ums Recht. Denn Opfer, Bemühungen, Aufrufe, Geisterstimmen aller Art widmete er jenem unglücklichen Slater, der zwanzig und mehr Jahre schuldlos im Zuchthaus saß. Da schien Menschlichkeit wie von selber, ganz ohne politische Hintergründe oder selbst Gründe wie im Dreyfus-Fall; hier war der Retter, dort der Gefangene, beide zum Mythos bereit oder wie aus ihm verkörpert. Aber kaum war Slater befreit, rehabilitiert, entschädigt, so besserte sich seine

Gesichtsfarbe ganz unkenntlich: mit einer großen Zigarre erschien er in illustrierten Blättern und die Entschädigung legte er in sehr gesunden Unternehmungen an. Conan Doyle aber hatte die Langeweile der Moralität oder den Ekel, für Ecce homo gekämpft und für einen Geschäftsmann gesiegt zu haben; kurz, er zählte das Geld zusammen, das ihn die Rettung gekostet hatte, und schickte Slater die Rechnung zu. Doch der lag noch mehr aus dem Idealismus heraus (den er als Opfer gehabt hatte) und antwortete, er habe Doyle nicht beauftragt und das Geld sei er ihm nicht schuldig. Jetzt hat Conan Doyle seinen Florestan verklagt; den er vom Gericht losriß, bringt er vors Gericht und das Zuchthaus will er mit dem Schuldturm gewechselt haben. Also fuhren Rettung und Unschuld auseinander mit großer Gewalt ins Gegenteil; das ist ihr Ende, weil beide so schön waren, so edel geschnitten und fast makellos.

Nicht als wäre hier etwas Schlechtes nur herausgekommen, das schon vorher darin war. Das sind freilich die normalen Fälle, in denen das Ende nur die großen Worte abschminkt und die Geldfratze herauskommt. Das Interesse greift dann durch, das schon von Anfang hinter der süßen, einwickelnden Miene gesteckt hat. Aber grade dann kommt ein solcher Rücklauf weit hinter den ökonomischen Anlaß wie in unsrem Fall; an ihm ist ja weniger Geldinteresse als das Interesse eines Idealisten, der umschlägt und nun unidealer wird als gar keiner. *Wo ein Porzellanladen ist, ist auch die Kuh nicht weit;* sie war bei der Gelegenheit unter dem Porzellan schon mitten darin und wuchs heran, so daß sie gar nicht erst von außen hereinzukommen braucht. Allzu schöne Tage, allzu gemalte Tugenden sind ein Schein, an dem man sich erbauen, in dem es aber keiner allzu lange aushalten kann, ohne ins Gegenteil umzuschlagen bis zur Lächerlichkeit; wegen des Neids der inneren Götter (die eben noch keine sind). Dieser Eingekerkerte schien so poetisch, Slater schien nicht nur, sondern war sogar – als Eingekerkerter – edel genug für das beste Stück Pathos, ja alles um ihn war mythisches Erdulden und Conan Doyle wie Perseus: da bewegen sich die Figuren auf dem wirklichen Parterre, die Rettungsoper läuft im Leben weiter, wo der Schriftsteller Doyle schließlich noch poetischer ist als der Geschäftsmann

Slater, und das Erhabene wird nicht nur lächerlich, sondern roh. Auch wo die Fälle weniger ideal und die Tugenden weniger abstrakt sind, tut sich ein merkwürdiger Gegensatz auf, falls Poesie nicht durchhält; es kommt ein Ungenügen von den Menschen her, fast auch eine Zerstörungskraft in der Poesie selbst (wenn sie es nicht konkret genug ist). Freunde, die sich nicht mehr grüßen, sind sich keine Fremde geworden, wie sie es vornher waren, sondern Feinde; und verweste Liebe ist über die Maßen giftig. Paare, die sich scheiden wollen, tragen mehr Haß vor den Richter als dieser braucht oder haben eine ganz verblüffende Lust an der Öffentlichkeit dessen, was vorher nicht intim und geschlossen genug sein konnte. Weshalb ein antiker Schriftsteller den merkwürdigen Satz sagt, den ebenso vorsichtigen wie mutigen, wirklich liebevollen: Gehe mit deinen Freunden um, als ob sie noch einmal deine Feinde werden könnten. Ein sehr attisches Mittel, sie nie zu Feinden werden zu lassen.

ROKOKO DES GESCHICKS

Daß etwas so nicht weiter gehen könne, hört man oft. Meist sind wilde Dinge damit gemeint, auch schiefe, bei denen dem Bürger nicht wohl ist. Dann greift er sich an den Kopf, manchmal zur Wehr. Allzuviel ist ungesund, die Mitte wird sich wieder herstellen.

In höheren Fällen schreckt aber das Zuviel anders, feiner. Das bekennt auch eine doppelt umschlagende Geschichte, gut gedrängt. Sie ist wohl arabisch und steht im Büchlein vom Zufall; doch es ist noch mehr darin, die Spitze, die bricht. Folgendes spielt sich hier ab: Ein Vezier ging in der Abendkühle durch seinen Garten, dem neuen Brunnen zu. Beugte sich übers Wasser zu seinem Spiegelbild, überdachte den Tag, die Jahre, die Gunst des Kalifen, sein märchenhaftes Glück. Da löste sich ein Ring von seinem Finger, fiel, es war sein Lieblingsring, und noch im Aufschlag durchfuhr den Vezier der wahnsinnige Wunsch: wenn der Ring doch nicht ins Wasser fiele. Er fiel nicht, eine leichte Ölschicht mußte sich auf dem Wasser gebildet haben, der Ring blieb hängen. Wie vorhin der Wunsch, so durchfuhr den Vezier jetzt ein rätselhafter Schreck: denn das konnte nicht bleiben, es war eine solche Spitzenwirkung, ein solches Spitzengekräusel von Glück, daß die Woge umschlagen mußte. Wohl schon umgeschlagen war; denn als der Vezier in den Palast zurückkam, wurde er von der Wache des Kalifen verhaftet, ins Gefängnis geworfen, Verleumder hatten gesiegt. Im Kerker blieb der Mann nun lange Jahre, als vergessener Staatsgefangener, hatte mit dem Leben abgeschlossen, von Wünschen nur noch den einen, fast lächerlich geringen: vor seinem Ende einmal noch Granatapfelkerne zu essen. Der mitleidige Wärter brachte sie, aber im gleichen Augenblick schoß eine Ratte vom Flur herein, stürzte die Schale um, fraß die Kerne auf. Da durchfuhr den alten Mann eine rätselhafte Freude: denn so konnte das nicht bleiben, es war eine solche Spitzenwirkung, ein solches Spitzengekräusel von Unglück, daß die Woge umschlagen mußte. In der Tat schon umgeschlagen war; denn noch am Abend kam der Kalif in die Zelle, die Verleumder waren gestürzt, er setzte den Vezier wieder in seine Ämter ein.

Ein schöner Fall, ist er auch etwas zu deutlich gekleidet. Erinnerung an den Ring des Polykrates liegt nahe; doch ist das Hauptmotiv ganz anders. Der Herr von Samos wirft seinen Ring ins Meer, um die neidischen Götter zu versöhnen; die Götter schicken ihm das Opfer durch einen Fisch zurück. Sie halten es nach der feinen Bemerkung von Wilhelm Scholz nicht für anständig, Geschenke von einem Mann zu nehmen, den sie schon zu verderben beschlossen haben. Also schreckt hier gar nicht das übermäßige Glück, wonach der Herrscher nicht einmal dann einen Ring verliert, wenn er ins Meer fiel; er hat ihn ja gar nicht verloren, sondern geopfert. Und der Gastfreund des Polykrates fühlt die Hintergründe der gentlemanliken Rückgabe: den unveränderten Neid der Götter; er wendet sich mit Grausen, wie rechtens. Ganz anders jedoch der vorliegende Stoff: das Überirdische fehlt, auch der »Zufall« spielt nicht eigentlich mit oder höchstens in der seltsamen Form, die heute das Wort »ausgerechnet« bezeichnet, schnoddrig genug, auf absurd Fehlendes oder absurd Eintretendes bezogen. Ausgerechnet eine Ratte vom Flur frißt Granatapfelkerne in der Zelle, wenn sie endlich da sind; das ist freilich sehr zufällig, genauer: sehr unerwartbar oder irrational, auch in weniger konstruierten Lagen. Doch selbst dies Absurde zugegeben, so ist in der arabischen Geschichte gar nichts »irrational« gemeint, sondern alles als Zeichen.

Und zwar als Zeichen, das grade am Kleinen geschieht, nur daran. Vorausgesetzt ist *zunächst* ein Maß, eine geschlossene Serie von Glück, Unglück. Also doch eine Art mittehaltendes Gefühl, das den Bürger (im Vezier selbst) den Kopf über Exzesse schütteln läßt, das den Bäumen verbietet, in den Himmel zu wachsen. Die Bäume sind schon höher gewachsen und das Übermaß schon früher erreicht, wenn sie von ziemlich weit unten anfangen mußten zu wachsen, wenn also Veziere unsicher werden, weil sie sich schon zu weit von ihrer »Herkunft« entfernt haben. Napoleon zwar betrachtete Glück als persönliche Eigenschaft wie die Form einer Nase; die Welt ist verpflichtet, ihm Glück zu geben, immer mehr, nie genug. Doch nach der weniger adligen Anschauung seiner Mutter kann Napoleons Glück »nicht dauern«, eben als schon zu hoch, zu »unnatürlich« gestiegen. Wo aber Maß da und Maß voll ist, genügt schon das Kleinste, um es zum Überlaufen zu bringen. Das ist die gleichsam *mechanische* Funktion des Kleinen, am Maß gemessen; sie setzt vielleicht zu stark ein Gefäß, eine bürgerlich zugemessene Ration voraus (die doch an Vezieren nicht immer ist und an dazu geborenen nie), sie verwandelt auch das Feine, das Kleine aus einem Zeichen zu einer Ursache des Endes. Wichtiger ist darum die *zweite*, die *qualitativere* Art des Kleinen, diese nämlich: daß es am *Ende eines Laufs*, einer Laufbahn steht, ganz gleich, ob diese »natürlich« oder »exzessiv« ist. Dann zeigt sich auch dort, wo gar keine überschrittene Ration vorliegt, sondern höchstens eine Gestaltgrenze, *Rokoko* leicht als Zeichen des Auslaufens, zu Ende Gehens. Gebaute Menschen und Kulturen haben dies Rokoko oft am Ende ihrer jeweiligen Glücks-, Unglücks-, »Schicksals«-Serie. Auch im Manischen, auch im Depressiven des Geschicks gibt es dann Spielformen, Brüsseler Spitzen und Alhambren, hier Ring-, dort Ratten-Arabesken, worin die Woge umschlägt. Dämonische Leichtigkeit des Gelingens ist oft damit verbunden; nicht die Leichtigkeit ante rem, die dem Planen, auch der Fassade, auch dem schönen Schein an ihr zukommt, sondern Leichtigkeit post rem und ebenso »Schein«, ganz unwahrscheinliches Gelingen. Ja eine Art von Glücks-, auch Unglücks-Inzest tritt schließlich ein, bei dem die Geburten immer leichter, eleganter, lebensunfähiger, kleiner werden. Die Geschichte vom Vezier macht so manche Kleinwelt des Endes hell, zeigt sie als Spitzen und Arabesken einer Schlußspirale, die auch Schluß bedeuten.

Das Kleine hier ist nicht jenes, das man sonst lieben mag. Es ist nicht das Unscheinbare, in dem das Beste sein kann, die feinste Kraft des Auswegs und die letzte Tür. Es ist erst recht nicht die richtige Märchenwelt und das richtige Zeichen, jenes wirklich letzte, nach dem der Wechsel nicht mehr weitergeht. Im Kleinen der Spitze ist bloß Umsetzung aus der einen Serie in eine andre und so fort. Es ist kein Zeichen des echten »Endes« darin, wie bei gewissen unscheinbaren Erlebnissen, an denen Schreck oder Freude vom schlichten Staunen überboten werden. Zeichen des echten, austretenden »Endes« können sein: wie die Pfeife hier liegt, wie die Glühbirne auf der Landstraße brennt oder was sonst; an diesem senkrecht tiefen Eindruck, besser Zeichen, steht die Schaukel dann freilich still oder die törichte Umsetzung in eine andre Serie. Die »Kleinheit« sagt dann keine neue Serie an, sondern führt aus ihnen heraus, nicht weit weg, doch fast unbekannt, wohin. Nur zuletzt mögen zwischen dem Ring, der hängen bleibt, der Ratte, die plötzlich raschelt, und dem Staunen an diesen Dingen gewisse Zusammenhänge bestehen. Der Komiker Valentin fand einmal seinen Ring auf der Pauke, grade als er draufschlagen wollte, er hatte ihn selbst vorher hingelegt und vergessen an sich zu nehmen: – unvorstellbar nun, völlig einleuchtend das Lächeln, mit dem er den liegenden Ring entdeckte, auf das klein Befremdende, höchst Befreiende hinsah; aus dem Trubel der Musikjagd trat er augenblicklich aus. Das Kleine und fast Lautlose wurde die Rettung, wenigstens das Zeichen einer Rettung vor dem »erbarmungslosen Treiber«, vor der Arbeitsjagd, in die er eingespannt war. *Diese* Zeichen des »Kleinen« wird man nicht verwechseln, sie haben etwas von der Kleinheit des wirklichen Endes, das in jeden richtigen Anfang eingesprengt ist, der ihm Richtung und Geschmack *unserer Richtung* gibt. Sie finden sich im Leben der Meisten (wenn man recht hinhören wollte), geben grade das Zeichen zum Austritt aus der Serie (ein letztes, heute noch unkräftiges Zeichen), zum Eintritt in das möglich Schicksallose, mindestens in das formbare Schicksal. Diese staunenden Kleinzeichen wirken vorerst nur individuell, das ist, im Umkreis des eigenen Lebens; früher haben sie auch kollektiv gewirkt (etwa als Zeichen des Christkinds, der seelischen Freiheit gegen den dummen Riesen der Notwendigkeit), und werden wiederkommen. Dem »Rokoko« und dem Staunen am Unscheinbaren ist so wenigstens Kleinheit des »Endes« gemeinsam; hier eines umschlagenden, dort eines einschlagenden.

GEIST, DER SICH ERST BILDET

> Ein Schüler, der die Daß-Sätze beherrscht,
> kann Latein.　　　　　　　　*Roth*

Der Busch

Spüre mich leicht atmen, hin und her, koche leise. Merkte auch, daß ich taste, schrie, hörte aber nichts. Manchmal ist noch alles danach, so flüchtig und warm, weder hier noch dort.

Wird es heller, so kommt das Kriechen oder man kauerte herum. Vor den Ritzen im roten Sandstein und den rennenden Ameisen, sonst ist nichts da. Sonderbar werden die Ritzen kleiner, sobald man *wächst*, die Hand deckt zu viel von ihnen zu. Andres steigt auf, Büsche, der Garten hinterm Haus, sehr verwildert; man wagt sich überall hin, der Wind in den Blättern. Schloß man die Augen, so wird man nicht gesehen, von der kleinen schwarzen Pumpe. Der Busch dahinter und ein junger Hund, den ich Meintwegen nannte, waren die ersten Freunde. Auch ein Holzbock für den Waschzuber hieß so, nein, er war das: »meint« war das lange, »wegen« das Querholz daran. Völlig klar; der Holzbock hieß nicht nur so, sondern sagte es selbst unaufhörlich. Die Straßen sahen auf dem Hinweg immer anders aus als rückwärts; weshalb sie lebten. Wir rannten bis dahin, wo der Bäcker und das böse Weib wohnten, auch die Uhr vom Turm schlug.

Später Angst allein zu sein, besonders wenn es dunkel wurde. Weiße Gesichter schienen dann hinter den Türen, die nicht ganz geschlossen waren. Sie spähten und ihr Leib war in Lumpen, dahinter klingelte es. Der Weg durch den Vorplatz ins Schlafzimmer war geladen, von dort kamen sie her, genau der Vorplatz kam im Traum wieder. Fast jede Nacht schien das Bett draußen zu stehen, darum herum die weißen klingelnden Clowngespenster. Bei Tag hingen sie unten an der Mauer, auf einem verregneten Plakat; der Zirkus, den es ankündete, war längst fort. Aber nachts tanzten sie mit dem Dienstmädchen, das am Tag so gut war; auf Stelzen als graubraune Lumpen, immer dieselben Schritte, hin und her. Unmöglich ein Wort darüber zu sprechen, lieber in die Küche und am Wasserstein Griffel spitzen, das half. Blaugraue Striche; den Griffel nahm ich mit ins Bett. Auf den Straßen, die man in die Schule ging, brannte morgens Licht. Wir hatten kleine Hölzer in der Hand, mit denen wir klapperten und selber erschreckten. Buben kämpfen bald miteinander, auch unterm Busch ist jetzt kein Platz mehr.

Das rote Fenster

Was man als Kind hört, trägt sich fast immer ganz nahe zu. Das böse Weib kam hundertfach vor, auch in Märchen, sie kochte Brei und raubte. Hinter dem obersten Fenster eines hohen Eckhauses wohnte der kleine Muck; stundenlang sahen wir zu den scheußlichen Ziegelsteinen empor. Manchmal sahen wir ein Gesicht hinter den Scheiben, an den Füßen hatte es die großen Schuhe und gewiß das Stöckchen in der Hand. So oft ich konnte, wartete ich vor der Tür, um den Ausgang Mucks zu sehen. Einmal fragten wir den Briefträger nach ihm, aber der sagte nichts und schüttelte den Kopf, das kannte man von Erwachsenen, wenn man sie nach unförmigen Dingen fragte, desto sicherer waren sie da. Bruder Lustig brät im Stadtwald ein Kalb, eins zwei, eins, zwei geht der Soldat in der

Rechenstunde, Fatme klang vertrauter als Anna. Fast dasselbe wie Märchen waren die Klicker oder Marmeln, mit denen wir spielten; man hat gern etwas Buntes in der Hand. Es waren arabische Steine, grün oder rot geringelt, manche mit Sternen, ja mit abgekürzten Ländern darin; diese trug man in der Tasche. Es war aber um sechs Uhr abends draußen auf dem Feld, genau höre ich die Glocke vom Kirchturm herüber schlagen. Ich sammelte Rheinkiesel, wie ich im Dämmer genau hinsah, die Glocke schlug, bewegten sich kleine Männchen darin, kleine schwarze, rasch wie Schatten. Ich rannte nach Hause und glaubte dort Freunde zu finden, die gekommen waren, mich mitzunehmen, bunte schwarze Freunde; zuhause war niemand. Die Männlein sah ich nie wieder, die im Kiesel rannten; die Erinnerung an sie ist scharf und nüchtern. Ich hatte auch eine Schlange, immer in der Tasche, neben dem Käfig aus einem ausgehöhlten Pfropfen, Stecknadelgitter und Fliegen dahinter. Neben den Maikäfern, deren Köpfe wir aßen, »als Salat«; sie schmecken nußartig. Aber die Schlange war kleines gelbes Gußzeug, auf das man den Federhalter legen sollte. Mit einem rauhen Rücken, der wie die Berg- und Talbahn auf- und niederging. Ich betete zu der Schlange, noch lange nachher in schlechten Zeiten für Schule und Haus. Mit Lauten, die immer gleich und fast leer waren, sich Mut summten.

Gut verträgt sich, daß Knaben ebenso genau sehen wie sie Worte buchstäblich nehmen. Gestreift und abgebildet lagen viele Marmeln im Fenster, die gar keine waren, aber das ferne Land noch mehr herbrachten, weil es darunter stand. Im Laden eines Drogisten lag Getrocknetes in einer Schale, darunter hatte er »Chinarinde« geschrieben; ich hielt den Brocken für ein Stück aus der chinesischen Mauer. Gerillte Tonköpfe und Tonschweine, auf die man Gras säen kann, stehen oft in Blumenläden: das waren Götzen und das ganze Geschäft ein Götzenladen, derselbe, den Abrahams Vater geführt und den der junge Abraham einmal zertrümmert hatte; der Religionslehrer hatte davon erzählt. *Acht* Jahre, und am merkwürdigsten die Nährollenschachtel in einer Auslage am Schulweg; sie stand zwischen Wolle und Deckchen mit weiblicher Handarbeit, die einen doch nichts anging. Doch auf der Schachtel war etwas abgebildet, mit vielen Farbpünktchen oder Fleckchen auf dem glatten Papier, als ob das Bild geronnen wäre. Eine Hütte war zu sehen, viel Schnee, der Mond stand hoch und gelb am blauen Winterhimmel, in den Fenstern der Hütte brannte ein rotes Licht. Unter dem Bildchen stand »Mondlandschaft«, und ich glaubte zuerst, das sei eine Landschaft auf dem Mond, ein sehr großes Stück Chinarinde gleichsam; aber ich hatte eine durchdringende Erschütterung dabei, die ganz unaussprechlich war, und habe das rote Fenster nie vergessen. Wahrscheinlich wird jedem einmal, irgendwann und dann wieder an andrem so zumut; ob es nun Worte oder Bilder sind, die ihn treffen. Der Mensch fängt früh damit an, hörte er nicht ebenso früh damit auf, so wäre ihm das Bild wichtiger als er selbst, ja als sein ganzes Leben. Der Fall hängt nur sehr indirekt mit dem *Icherlebnis* dieser Jahre zusammen; es kam im gleichen Jahr auf einer Bank im Wald, und ich spürte »mich« als den, der sich spürte, der heraussah, von dem man nie mehr loskommt, so schrecklich wie wunderbar, der ewig in der eigenen Bude mit Globus sitzt. Den man immer vorrätig hat, selbst wenn er sich unter Kameraden aufhebt, und der zuletzt einsam stirbt, aber freilich das rote Fenster hat, ewig dahinter ist. Jeder hat aus dieser Zeit ein Zeichen, das gar nichts ist, weder häuslich noch aus der Natur noch aus dem bekannten Ich, aber alles zudeckt, wenn man will. Ganz lächerliches Zeug, das überhaupt zu nichts gehört als zu den paar Dingen, die übrig blieben, wenn man alles andre, was es gibt, aufgezählt hätte. Hier war es das Fenster auf der Schachtel, daneben, darunter war noch ein viel schieferes Steuer, an den Bildern der damaligen Inserate, sie waren die erste Galerie. Fort mit dem hohen Absatz, hieß so ein Bild; ein übergroßer Absatz war gedruckt und unter seinem Stiefel durchgestrichen, das war uns ganz gleichgültig aber regte auf. Oder Dr. Retaus Selbstbewahrung zeigte einen dem andern lüstern, und gleich darunter die Illustration: Nena Sahib; ein üppiges Weib mit druckschwarzen Augen, wir hielten das Buch für eine Art indischen Onanieroman. Am seltsamsten war ein nächtliches Stilleben, das von Zeit zu Zeit wiederkehrte, ein Bild von einer Waschnacht für sich, ganz ohne alle Leute, das ein Sodamittel anpreisen sollte (Küchen

64

sachen liegen Kindern überhaupt nahe). Still stand der Zuber mit eingeweichter Wäsche in der Luft, gleich hinter ihm ein schwarzes Kellerfenster mit weißem Kreuz und quer darin hing ein riesiger, dünner, weißer Neumond. Er sah zum Fenster herein, nachtsüber, und hieß: »Mit Mondo abends eingeweicht, wird dir das Waschen morgens leicht«. Eine Musik war in diesem Bild, die wachte, während sie schlief, und spielte immer dasselbe; ich hielt das Bild oft gegen das Licht und fürchtete mich in den Keller zu gehen, den ich als kleines Kind gern gehabt hatte. Von dem froheren, dem roten Fenster auf der Schachtel war später etwas in dem Dachzimmer eines Sekundaners, der viel älter als ich war und mit dem ich Pulver statt Salz auf Butterbrot aß; vielmehr das Staunen des roten Fensters bekam etwas vom Geruch in diesem Zimmer, wo der Sekundaner auf- und abging, lernte und rauchte, männlich und gelehrt. Doch selbst aufs Zimmer kam nichts an; das gemeinte Wesen konnte auch in sehr gegensätzlichen Satzbildern leben, die man in Weihnachtsbüchern las. Wie etwa: »Eiskalt pfiff der Nordwind über die öde Prärie«; eine ungeheure Wärme war in diesem kalten Satz, ein Hinterglas-Ich ritt mit dem Westmann durch ein Abziehbild, das sich wunderbar löste. In »gebildeten« Bildern oder Büchern ist das Fenster niemals; doch freilich, ich vergesse: das Zimmer in der Bakerstreet, wo Sherlock Holmes wohnt, liegt noch heute manchmal dahinter: wenn der Regen an die Scheiben schlägt, Sherlock Holmes sitzt mit Dr. Watson am Kamin, und es schellt. Mit dem Fenster wie mit einer Maske angetan trat man heraus und endlich nach außen, *ins Freie*.

Der Lebensgott

Die Frühe hörte dort auf oder änderte sich bald. *Zwölf* Jahre machen unruhig, männlich, damit ebenso nüchterner. Viele rohe Burschen in der Klasse, auch schmeckte die Schule nicht. Freunde: ein schwarzer Junge, wir trieben Unzucht, gingen über Land und rauchten, liebten und achteten uns, was man in dieser Zeit mehr braucht. Ein blonder Junge von schlechter Gesichtsfarbe, man hatte ihn in Bleyles Knabenanzüge gesteckt, aber er trug sie mit Haltung und in seinen grünen Augen lag Macht. Er preßte Pflanzen und lieh uns Bücher, in denen der Seewind pfiff. Auch hielten wir Briefmarken, Magnet und Fernrohr; das Eisen zog und das Glas war ein starker Mann, der zu den fernsten Dingen brachte, man wollte weg. Damals fragte ich auch: warum sind die Dinge verschieden schwer? und schrieb es auf. Ich hielt mich an die Luftballons auf der Messe, welche grade doch gar nicht schwer sind. Im Gegenteil, sie steigen in die Höhe, und zwar, läßt man sie los, solange, bis die Luft um sie her so dünn ist wie das Gas innen. Und desto mehr streben sie in die Höhe, je weiter sie von diesem Punkt entfernt sind. Watte und Stein dagegen haben ihre gleichen Dichten, in denen sie zu Hause wären, nicht oben, sondern unter dem Boden. Worauf es jedoch gar nicht ankommt, denn nur die Entfernung vom Gleichen zieht an, macht sehnsüchtig schwer sozusagen. Und verschieden schwer, je nachdem, wie weit es die Dinge bis zur gleichen Dichte haben; dahin streben sie und *desto mehr, je weiter sie entfernt sind*. Kurz, man war selber nicht gern zuhause, das »gleiche« Zimmer war draußen.

Fünfzehn Jahre, man kam noch entfernter hinters Leben, nämlich aufgeklärt. Die Schule blieb zwar entsetzlich, neun, gar zehn Jahre Jugend unterschlagend, man erreichte nicht immer das Ziel der Klasse. Welche Kleinbürger, welche Narren, Hopliten, Lehrpläne über sich; man war ihr Hund und rebellisch. Ein, zwei Lehrer waren frischer, doch sie kamen gegen den Muff der »Anstalt« nicht auf, wußten auch nichts von unsren jungen, unreifen, wichtigen Versuchen, sich zurecht zu finden. Der Weg ins »Gleiche« wurde immer kühler, wir lasen sozialdemokratische Broschüren, ganz sonderbare Bilder machten klar, daß die Gesellschaft, in der wir standen, Schwindel und die Welt eine Maschine war. Denn nur die Mädchen putzten sich heraus, mit denen man auf der Berg- und Talbahn fuhr; aber wenig Schritte von dem gleißenden Gestänge, der dröhnenden Orgel, so steht der Gasmotor, der alles betreibt. Hier waren Zahl und exakte Stöße, das wahre Verhältnis zwischen Traum und Wirklichkeit, auch das vorige Sehnsuchtsmotiv der »Schwere« ging daran unter. Oder in den Kaiserpanoramen, die es damals noch gab, brauchte man nur unter den Vorhang zu sehen, der vor den Füßen hing: dahinter war ein leerer Raum, mit einem Wirtshausstuhl in der Mitte, auf dem stand ein lächerlich kleiner, doch höchst exakter Apparat, der die scheinenden Bilder von Hammerfest oder dem heiligen Grab erst warf. Maschine, Materie waren folglich des Pudels Kern, immerhin ein sehr männlicher und erwachsener; die Kinder kommen aus dem Mutterleib, das Leben kommt aus dem Kohlenstoff, der Kohlenstoff besteht aus Atomen. Als ich konfirmiert wurde und auf dem Altar die Formel aufzusagen hatte, fügte ich je dreimal hinein: Ich bin ein Atheist! – das ei als Diphthong sprechend, denn wir hatten das Wort nur gelesen, nicht gehört, in freireligiösen Traktätchen, die »Spaziergänge eines Atheisten« und ähnlich hießen. Und eine Schrift entstand: Das Weltall im Lichte des Atheismus; »kein immaterielles Wesen hatte die Hand im Spiel«, »die Materie ist die Mutter alles Seienden«, die sexuelle Aufklärung wurde komplett, das Weltgeheimnis war gelegt. Was man Gott nannte, war nichts als die unendliche Summe von Stoff, Kraft und (unbewußter) Vernunft; alles Bewußtsein ist eine leere Entzündung wie die Lichter am Abend, hinter denen die dunkle Dynamomaschine steht. Ja das Bewußtsein selbst schien teuer erkauft: auf der jungen Brust oder vielmehr tiefer drinnen spürte man einen sonderbaren Druck, eine kleine, aber dauernde Lebenslast, bildlich und doch nicht nur bildlich gesprochen. Denn das war leiblich ganz genau zentriert und fühlbar; in diesem kleinen Schmerz – so schien es – sitzt oder daher nährt sich das Bewußtsein. Es heilt sich auch, aber gleichfalls draußen, in der äußeren »Bewußtlosigkeit«, vor allem in der »Naturschönheit«, besonders in der anorganischen, in der Schönheit des Flusses, der Felsen und Berge. Noch exakter heilt die »Naturwissenschaft«, deren Verfahren bereits gefühllos ist und deren Gegenstand nichts wie toter Stoff und Kraft ist. Ein sonderbarer Weg für dunkle Liebeswünsche (wahrscheinlich) der damaligen Zeit, gewiß auch für Todeswünsche, welche in der Pubertät nicht physiologisch, aber gleichsam physikalisch sind – über aller Unruhe gibt es eine Lust, kalt zu werden. Vielleicht stimmen diese Beziehungen für damals nicht (grade hieran erinnert man sich schwer genau, das hat zuviel Nachreife); immerhin Aufzeichnungen sind noch da und sie haben einen erotisch-antierotischen Ton, der sehr zu Knaben paßt. Die Traktätchen der materialistischen Zeit (neunziger Jahre) bogen die Liebesnacht mit in die Stoffnacht um, wo die »Lösung der Glieder« jedenfalls sicher ist.

Doch nun kamen *sechzehn* Jahre, man wurde viel jünger, grade im Träumen steckte wieder alles. War längst durchgefallen und in einer andren Klasse, das Gymnasium blieb zwar gleich stupid, aber die Kameraden wurden besser, es war wirklich eine Gemeinschaft. Unter uns selbst, in der neuen Klasse, waren gewachsene Burschen und ehrliche Kameraden, welche etwas Wildes und Erstgeborenes in die stillen Straßen brachten, besonders nachts; die Letzten der Klasse waren die Ersten der Natur nach. Auf Schiffen, die von Holland herunterkamen, hörten wir den Matrosen zu, die von Schlangen erzählten, die sie gefressen hatten; einer von uns wurde fast tätowiert. Sie logen wahrscheinlich sehr viel und auch wir brauchten etwas zum holländischen Tabak, zu Bier und Brezeln, maskierten uns in den verbotenen Kneipen als Bettler und Kapitäne, erzählten von Würmern im Holzbein, von unserm Pferd auf der Dachstube, vom Stadtschlitten hinter der protestantischen Kirche, vor allem vom Schwefelschiff im Winterhafen, wo der Lumpenarsch diente – spießige Dinge, aber sehr geschüttelt. Einsame und ernste Spaziergänge kamen hinzu, »in duftiger Ferne pfeift klagend ein Zug, die Hörner der Arbeiter blasen«, manchmal glaubten wir an der Themse zu sein, wo die Polizeischiffe Marryats jagen, oder am Susquehanna. Besonders bei hohem Wolkenstand, gegen Abend, im Herbst, gab die öde und verrauchte Ebene alles her. Und vollends der Jahrmarkt, zweimal im Jahr (was man daraus machte), deckte den altklugen Materialismus völlig vitalisch zu; erlebt wie übertragen. Deutlicher Sinn für Mädchen setzte die Nüchternheit ab, und die Buden lehrten vieles, vor allem, daß alle Dinge so sind, mit einem Vorhang am Eingang und innen unbekannt. Da nahmen wir Knaben die Kräfte ein, für die jetzt erst die Zeit gekommen ist: nämlich brennenden Traumkitsch des neunzehnten Jahrhunderts, naiv gesehen. Man zog zum Meßplatz am schönen Tag, Männer standen am Weg mit Spieluhren umgehängt oder mit Drehorgeln auf dem Boden. Trat man nur näher auf Jahrmärkten und Messen, so fuhren die Schaukelpferde ihren Kreis, reich drehen sich die Spiegel, die silbernen und Goldlitzen funkeln. Getroffene Blechmänner rasseln mit einer Handmühle in den Jägersalons, die runden Gläser des Panoramas blitzen wie Schiffsluken, wie das Wrack des Grosvenor und wenig geheuer, regungslos stehen Wachsfiguren im Lärm. Auf dem ganzen Platz war Musik des Ineinander, senkrecht standen die schrecklichen und lüsternen Bilder, Erschießung der Schillschen Offiziere und Des Siegers Beute, Madame sitzt rumänisch an der Kasse, mit Petroleumlampe, Spielkarten und Geld; hinter dem lumpigen Teppich sind die Clowngespenster der Kinderzeit, aber ohne Angst. Ein Gongschlag ertönte und Doktor Faust erscheint in der Bude, es wurde auch hypnotisiert, das sind die Geheimnisse der Südsee. Da lag die Welt oder das Symbol der Welt aller unsrer früheren und jetzigen Bücher, die man immer wieder las, weil man sie vergaß wie einen Traum. Das Licht in den Buden brannte und hinter den Bäumen leuchtet es vor, das Zigeunerweib hat das Grafenkind gestohlen, Rumpelstilzchen haust, wo die Wölfe und Füchse sich gute Nacht sagen, das Zauberpferd steigt, der Magnetberg droht, Zaleukos, so empfängst du deinen Gastfreund? Lässig schlugen die Segel an den Mast der Brigg, indessen saß Kilian in seiner Hütte, Mitternacht war längst vorüber und ehe noch der Morgen graut, müssen die Yumas umzingelt sein, Sam Hawkens, Old Wabble, Old Death, Old Surehand, Old Firehand durchstreiften die weite Prärie. Nscho-tschi leuchtete, Winnetou umarmte Old Shatterhand und nun erst wurde er erkannt, der Blizzard rast, der Hurrikan, der Monsun, der Taifun, dumpf setzt er an, wie eine überblasene Baßtrompete, und nun schwang sich die Fahrt herüber, fort vom Fourche la fave, von Little Rock, vom öden Llano estacado und den Rocky Mountains, tief ins heiße wimmelnde Asien, den Weg herauf von Bagdad bis Stambul, treu reitet Halef zur Seite, der verfolgte Krumir macht selbst den Führer über Schott Dscherid, den furchtbaren Salzsee. Kräftig begegnen sich Licht und Finsternis, Omar und Abrahim Mamur, Schimin der Schmied, der Bettler Busra, der alte Mübarek, der Tod des Schut und das Reich des silbernen Löwen. Wie das alles ineinander schäumte, so nährte und umklang es die Knabenseele, mischte ihr die Sehnsüchte, immer heftiger glühten Mädchen, energische Gelage, Tausendundeine Nacht herein. Über den Tälern, Ebenen, Schluchten, Gebirgen, gefährlichen Städten leuchtete bald das Nordlicht erster metaphysischer Ahnung. Kurz, es gab fast keinen Alltag in dieser Zeit, jenseits der Schule; alles war übertrieben oder wurde gänzlich still, in der ersten Liebe, an den Wassern des Rokokogartens, im Rausch der ersten spekulativen Bücher. Bis zu Schmerzen waren wir in die Schönheit von Bäumen, Wolken, den Abendhimmel hineingezogen, mit einem Leid der Sprachlosigkeit davor, das fast zu Halluzinationen trieb. Wir Burschen am Ufer fühlten leibhaftig Nymphen, Baumgötter an sonderbaren Abenden, wenn die Rheinwellen wie Glas standen. Die grünen und roten Lichter an Backbord und Steuerbord der Schiffe, wenn sie Grün und Rot durchs Wasser zogen und sonst nichts mehr war. Fabelhaft nahe, wie eingebrannt stand der Orion am Winterhimmel; man wurde nicht müde, dies feurig Behauptende zu sehen, die drei Sterne hinauf, das Schwertgehänge quer darunter; das »Gleiche« war magisch geworden, mit langem Blick fühlte man sich in das Sternbild versetzt.

Hier kreiste ein ganz und gar bezaubertes Wesen, das viel zu heiß war, um es zu halten. Das Liebes- und Naturgefühl der Pubertät spricht oft Gedichte, manchmal Begriffe; wir hatten keinen Lyriker unter uns und der Lebensgott wollte nicht begrifflich werden. »Im System«, trug ich ein, »sind die Gedanken wie Zinnsoldaten, man kann sie wohl nach Belieben aufstellen, aber kein Reich damit erobern. Unsere Philosophie war immer an grammatischen Haken oder an der Systematik ruhebedürftiger alter Herren aufgehängt; Wissenschaft ist radiziertes, Kunst potenziertes Leben, und die Philosophie? Unser Blut muß werden wie der Fluß, unser Fleisch wie die Erde, unsere Knochen wie die Felsen, unser Gehirn wie die Wolken, unser Auge wie die Sonne.« (Renaissance der Sinnlichkeit.) Noch mehr war in einem zweiten Manuskript, an dem wir debattierten und das ich niederschrieb, die Welt mit All-Leben durchsetzt: »Das Wesen der Kraft ist nicht zu errechnen, nur im eignen Fleisch zu erfahren. Blut und Individualität sind die beiden Essenzen des Lebens; ersteres schafft die Wirklichkeit, letzteres prägt ihre Werte. Diese Philosophie gibt eine Richtung auf die Renaissance und das unentdeckte Land, das hinter der Renaissance liegt: auf die hellenische und germanische Antike als Weltanschauung. Unsere Philosophie der Kraft löst nicht nur alle Stoffe und Elemente in Energie auf wie die Naturwissenschaft, deutet nicht nur das Ding an sich als energetischen *allgemeinen* Willen, der gleichsam seinen Beruf verfehlt hat, ziellos in sich und seine Kreise zurückfließt: sondern das Wesen der Welt ist Drang und Kraft zur Gestaltung, zum aufgeschlagenen Geheimnis des Lebens an jeder Stelle; *das Ding an sich ist die objektive Phantasie.*« (Über die Kraft und ihr Wesen.) *Siebzehn* Jahre, die es so sind, hassen die Bibel oder holen sich, wenn schon die kahle Mechanik nicht zu halten war, aus der Schrift heraus, was ganz und gar nicht Zehngebote, gar Entgegensetzung zum »Leben« war. Eine Art Beduinentum wurde bezogen, verband sich mit Deutschvölkischem ohne gefühlten Sprung, meinte die überall verschüttete, wieder herzustellende »Naturreligion«: der Donnergott Jehovah schwang den Hammer Thors. Oder präzise Freizügigkeit war gemeint, mit Traumteppichen am Eingang und dem Weltmädchen der objektiven Phantasie drinnen; mit einem Geheimnis, das nicht gelöst, sondern nur genannt werden sollte, denn es war das Wesen. Aber später freilich kam das rote Fenster wieder, von der Mondlandschaft auf der Schachtel, in der Auslage; es kam gleichsam als Mondlandschaft am Tag. Das Insich, das noch in ihr steht, oder der Mensch, wie er noch ist und gärt, sperrte sich gegen den Weltlauf, als welcher nicht schon so bacchantisch ist oder nicht nur. Der Blick durch das rote Fenster, das ganze mit ihm gesetzte (ziemlich menschnahe und musikalische) Ensemble vertrieb das scheinende All-Leben von damals. Etwas Menschenhaftes oder der Traum von einer noch nicht gekommenen menschlichen Sache setzte sich in die Welt ein, worin der Traum als Tendenz und nur manchmal schon als Zeugnis ist. Das heimliche Fenster machte also gegebenenfalls weltfeindlich (grade weil es das »Leben« bejaht, aber unsres), es ist die Sammellinse für die *utopischen Stoffe*, aus denen die Erde besteht. Private Sammlung war nirgends gemeint und wird nicht fortgesetzt.

MOTIV DES SCHEIDENS

Im Scheiden bleibt das gewesene Jetzt anders bei uns, vor allem, wenn es nicht zu Ende gelebt wurde, also spukt. Über dies Halbe, in der ersten Blüte Getroffene gibt es eine Geschichte, die nicht ohne Grund aus dem späten Biedermeier stammt, vom Volksschriftsteller Gerstäcker. Eine weiche, gefühlreiche Geschichte im schummrigen Muff des neunzehnten Jahrhunderts, mit all der romantischen Kolportage, die das Motiv des Scheidens braucht. Im halb-echten Gefühl färbt sich seine Schwebung am reinsten; das Scheiden ist selber sentimental. Aber sentimental mit Tiefe, es ist ein ununterscheidbares Tremolo zwischen Schein und Tiefe. Es ist nachzuerzählen, wie der junge Maler auf die Glocke hört, immer wieder, die schon längst vorüber ist, an den leeren Horizont blickt, wo alles war: diese Liebe, dieses Mädchen, ein Glück, das nicht einmal wurde, sondern schon im ersten scheuen Blühen versank. Ich kenne keine schönere Geschichte des Scheidens, seiner genauen Wehmut, seines möglichen Untergangs oder aber der verträumenden Nachreife seiner Bilder als die von dem Maler, welche folgendermaßen beginnt. –

So frisch schritt der junge Bursche dahin. Weit offen lag das klare herbstliche Land. Da und dort tauchte am Rand ein Kirchturm auf. Grade zog der Fremde die Biegung des Wegs auf eine Birke zu, unter der lag ein Bauernmädchen, band späte Blumen. Als sie Schritte hörte, sprang sie dem Jüngling mit einem Freudenschrei entgegen, wurde rot, sah vor sich nieder und sagte: »Er kommt nicht.« Der Bursche blickte sie lachend an, doch bevor er noch fragen konnte, wiederholte sie im gleichen ängstlichen Ton: »Heinrich kommt nicht.« Mit diesen Worten schritt sie den schmalen Feldweg zurück, der von der Birke abging. Der Fremde ihr zur Seite, dem immer mehr die wahrhaft wunderbare Anmut des jungen Bauernmäd chens auffiel. »Ist Heinrich euer Schatz, und läßt er euch warten?« Das Mädchen seufzte und sagte mit hoffnungsloser Miene: »Vielleicht hat er nicht kommen können, vielleicht ist er krank oder gar tot, ich bin so unglücklich, Herr. Ihr kommt doch von Bischofsroda des Wegs her, habt ihr nichts von ihm gehört? Heinrich Vollguth schreibt er sich und ist des Schulzen Sohn. Der Tag ist kurz und jetzt sehe ich Heinrich nicht mehr, bis wieder unser Tag gekommen ist.« Der Bursche wußte nicht, was er von der Frage halten sollte. »Gewiß war ich in Bischofsroda, aber der Schulze dort heißt ganz anders, nun, ich werde nicht alle Leute kennen. Ich bin ein Maler und bleibe nirgends lange auf meiner Wanderschaft, muß die schönen Herbsttage noch nützen.« – Von dem Dorf, auf das sie zuschritten, konnte man jetzt deutlich die Glocke hören. Aber sie schlug so scharf und blechern, als hätte sie einen Sprung, und wie der Jüngling nach der Gegend hinblickte, war es, als läge trotz des Vormittags schon ein leichter Nebel darüber. »Ja, unsere Glocke klingt bös«, sagte das Mädchen gleichmütig. »Wir hätten sie schon lange umgießen lassen, aber es fehlt immer an Zeit dazu, denn hierherum sind keine Glockengießer. Aber wenn ihr ein Maler seid, so muß ich euch zu meinem Vater bringen, dem Schulzen im Dorf, ich heiße Gertrud und bin aus Germelshausen, vielleicht malt ihr die Bilder in der Kirche einmal frisch an, die sehen auch schon ganz mitgenommen aus.« Sie kamen an Mooren vorüber, die sich in dieser Gegend weit zu erstrecken schienen, endlich zeigte sich Erlengebüsch vor einer halbverfallenen Ringmauer, dahinter die niedrige Kirche und in einiger Tiefe das Dorf mit seinen rauchgeschwärzten Häusern. Gertrud war immer einsilbiger geworden und verstummte völlig, als sie in die Dorfstraße hineingingen, auf ihres Vaters Haus zu. Erstaunt nahm der Maler die Bauern wahr, wie sie in alten Trachten vorübergingen, gleichfalls still und teilnahmslos, ohne zu grüßen. Und wie verfallen die alten Häuser aussahen, ihre Fenster waren oft nur mit geöltem Papier verkleidet, die Giebel und breit beschienenen Strohdächer lagen allesamt in jenem leichten Moorrauch, der auch in der Nähe nicht wich und die Sonne nur ganz merkwürdig graugelb hindurchließ. »Es ist Mittagszeit«, sagte

Gertrud, »da sind die Leute nicht zum Reden aufgelegt, heute abend werdet ihr sie desto lauter finden. Dort drüben ist meines Vaters Haus und ihr sollt nicht fürchten, daß man euch unfreundlich aufnimmt, wenn wir auch nicht viele Worte machen.« – Sie klopften und der Schulze stand schon in der Tür, begrüßte den Maler ohne alle Weitläufigkeit, führte die beiden herein und hieß Platz zu nehmen an dem wohlbestellten Sonntagstisch. Selbst das Haus des Schulzen freilich schien recht verwahrlost, die Luft im Zimmer war kalt und dumpf, der Kalk von den Wänden gefallen und nur eben flüchtig beiseite gekehrt. Doch freundlich stand der rein gedeckte Tisch in der Mitte, freundlich blickten auch die Tischgenossen, das kräftige Essen schmeckte vortrefflich und zuletzt brachte der Schulze einen wunderbaren halbgärigen Most. Da sang die Bäuerin mit leiser Stimme ein Lied von dem lustigen Leben in Germelshausen und der Schulze holte ein Blaszeug hervor, spielte so jubilierend zum Tanz, daß der Maler die errötende Gertrud nahm und flog mit ihr in der Stube umher, hingerissen von der Anmut des Mädchens und der heraufziehenden Gewalt des Glücks. Gertrud sah zu ihm auf und lächelte zum ersten Male, doch der Alte riß plötzlich mitten im Spiel ab und deutete aus dem Fenster, dem niederen, in das die Leute fast hereinnickten. Ein kleiner Leichenzug ging vorüber, Männer, die einen Sarg trugen und dahinter, kerzenhaltend, eine Frau mit einem Mädchen; alles war sehr seltsam anzusehen, die dunklen Kittel, die Kerzen, das graugelbe Sonnenlicht und der stille, trostlose Zug. Schon vorher, bevor sie ins Dorf gekommen waren, hatte der Maler den niedrigen Kirchturm gezeichnet, nun sammelte er auch den Leichenzug auf der ausgestorbenen Straße unter seine Blätter. Gertrud sah dem werdenden Bild zu, mit einem ganz rätselvollen Ausdruck; gleich griff der Maler nach einem neuen Blatt und wollte beginnen, als ihn Gertrud unterbrach und hielt ihm den Arm: »Wenn ihr mich zeichnen wollt, so bringt mich, ich bitte euch, auf das alte Blatt. Da ist noch Platz genug, allein mag ich nicht dastehen, aber in so ernster Gesellschaft kann niemand etwas Übles davon denken.« Er tat ihr den wunderlichen Gefallen und bald trat das Bild Gertruds über dem Leichenzug hervor wie Madonna in schmerzlichem Glanz über der trüben Erde. – Weil nun der Maler noch mehr von dem alten Dorf zu sehen wünschte, erhob er sich und bat sich Gertrud als Begleiterin aus. Die Sonne stand schon schräg und nicht lange wollten sie bleiben, denn gegen Abend, hatte auch der Schulze gesagt, gäbe es Musik und schöne Kleider genug zu sehen, im Krug beim Tanz. Die beiden schritten die breite Dorfstraße entlang, schon war sie nicht mehr so still wie um Mittag, Kinder spielten vor den Türen, die Alten sahen zu und alles hätte selbst ein behagliches Aussehen gehabt, wäre nur der Erdrauch nicht noch dichter geworden, jetzt bereits mit den ersten Abendnebeln vermischt. Gertrud und der Maler stiegen langsam die Anhöhe hinan, auf der die Kirche fast außerhalb des Dorfes stand, von einem Gottesacker umgeben, und wieder fiel dem Maler die höchst altertümliche Bauart der Kirche auf, von gefährlichen Mauerrissen durchzogen; die Grabmale ringsum waren völlig verwittert und moosbedeckt. Nur ein einziges frisches Grab lag an der Seite, zu dem wohl der Leichenzug heute gezogen war, aber sonst schien der Kirchhof seit langem verlassen, lag da in einer Ruhe und wunschlosen Abgeschiedenheit, wie sie der Maler noch nie empfunden hatte. Er ging umher und suchte vergebens Inschrift und Alter auf den Grabstätten zu entziffern; Gertrud neben ihm, in zunehmendem Dunkel, wortlos und leise weinend, in ein stilles Gebet versunken. Ganz nahe klang jetzt vom Kirchturm der Schlag der alten zersprungenen Glocke herab, den er seit dem Morgen nicht mehr gehört hatte; Gertrud fuhr auf. »Nun dürfen wir nicht mehr trauern, ihr hört, die Kirche läutet aus. Wir wollen zum Tanz, immer geht so unser Tag zu Ende, versprecht mir doch, so lange an meiner Seite zu bleiben. Wie danke ich dem Heiland, daß ihr gekommen seid und ich mit euch gehen kann, vielleicht hat mich Gott noch nicht ganz vergessen.« – Heftig nahm sie die ausgestreckte Hand und ging mit dem Freund die Anhöhe hinunter. Herab ins völlig verwandelte Dorf, auf den Straßen war Gelächter, ums Wirtshaus wogte Fackellicht und heiteres Gedränge, rasch wurde Gertrud von den Mädchen begrüßt, umarmt, Burschen traten hinzu und suchten ihren Schatz, schon stampfte und pfiff von drinnen die Musik. Mit Gertrud trat er ein, der glühende Freund hielt sie im Arm, die Paare flogen in dem Pfeifenschall des altertümlichen Tanzes. Eines nur fiel dem Maler über die Maßen auf: so oft nämlich die Glocke von der Kirche droben zum Stundenschlag aushob, erstarrte der Jubel augenblicklich, die Musik schwieg, die Tanzenden standen regungslos, Gertrud selbst, die er fragen wollte, schien die Schläge mitzuzählen. Glock elf Uhr war vorüber, tobender als je brach die Musik wieder an, trug den Maler, außer Sinnen vor Glück, und das jubelnde Mädchen. Jetzt bliesen die Trompeten Tusch zum letzten Tanz vor Mitternacht: da riß sich Gertrud los, blickte den Freund an, mit langem, schmerzlichem Blick, und führte ihn, der staunend folgte, heraus aus dem johlenden Saal, den Weg, den sie des Nachmittags gegangen waren, zur Kirche hinauf und noch vorüber, bis vor die äußere Ringmauer ins offene Feld, vom Mondlicht beschienen. »Versprecht mir«, rief Gertrud, »versprecht mir doch, nur kurze Zeit, bis Mitternacht hier zu bleiben. Versprecht mir bei der Liebe zu unserm Heiland, keinen Schritt zu tun, weder zur Rechten noch zur Linken, bis unsere Glocke ausgeschlagen hat.« Der Jüngling zog sie an sich und küßte die Braut; wild küßte ihn Gertrud wieder und riß sich aus seinem Arm. »Lebt wohl, vor der Tür des Tanzsaals will ich euch erwarten. Nach Mitternacht, denkt wohl daran und vergeßt mich nicht.« – Noch einmal stand sie still, umarmte den Freund, und ihre leichten Schritte waren rasch im Dunkel verschwunden. Bestürzt hielt der Jüngling an sich, ihre wunderlichen Worte klangen nach, einem Liebesspiel glaubte er zu gehorchen. Jetzt sah er auch, wie wechselnd die Nacht geworden war, ein plötzlicher Windstoß fuhr übers Feld, das geringe Mondlicht ging unter in einem blassen, fliegenden Dunst. Nur die Fenster des Tanzsaals glänzten freudig, und wie der Wind von dort herüberfuhr, trug er Triller und Pfeifen mit sich, die Brautmusik, in der Gertrud wartete, nach Mitternacht, vergeßt mich nicht. Nun holte endlich die alte Kirchturmsglocke zum Schlag aus, mitten in einem Windstoß, so heftig, daß sich der junge Bursche niederwerfen mußte, um nicht gegen die Ringmauer geschleudert zu werden. Der Sturm heulte vorüber, auch mußte die Zeit um sein, die Uhr hatte schon lange ausgeschlagen, der

Maler richtete sich auf und suchte den Weg ins Dorf hinab. Aber er geriet in die Moore ringsum, dichtes Erlengebüsch schoß überall dort empor, wo er den Weg vermutet hatte, nirgends mehr entdeckte er im Dorf ein Licht. Von neuem arbeitete er sich ins Dickicht hinein, schon schoß unter seinen Schritten Sumpfwasser hoch; er kehrte zurück, suchte an andren Stellen den Weg, geriet immer wieder in den tiefen unheimlichen Grund. Fürchtete sich endlich vollends zu verirren und blieb auf einer erhöhten Stelle, um dort zu warten, bis die alte Glocke eins schlagen würde und der Schlag ihn führte. Aber er mußte den Schlag überhört haben oder der Wind, der immer noch wehte, trug ihn nach einer andren Seite fort. Ratlos und erschöpft beschloß er endlich, den Tag abzuwarten, horchte immer wieder auf den alten rauhen Schlag, der Grund blieb still. – Erst gegen Morgen fuhr der Bursche hoch, aus einem verquälten leichten Schlaf; dicht vor ihm schlug ein Hund an und ein alter Jäger trat aus dem Gebüsch. »Wie gut ists«, rief der Maler, seine Worte überstürzten sich vor Freude, »wie gut ists, daß ihr kommt. Ich habe mich verirrt und suchte die ganze Nacht vergebens. Wollt ihr mir nicht sagen, wie ich den Weg nach Germelshausen finde?« Der Alte trat rasch zurück, schlug über sich ein Kreuz: »Gott sei mir gnädig, woher kommt ihr?« Er sah den Maler an und schüttelte den Kopf: »Freilich, den Weg kenne ich gut genug. Doch wieviel Klafter im Erdboden das verwünschte Dorf liegen mag, das weiß nur Gott allein, geht unsereinen auch nichts an.« Der Maler hielt den Alten, trotz der frühen Morgenstunde, für betrunken und nickte ihm heiter zu. Nahm seine Blätter aus der Mappe hervor und zeigte den Kirchturm, der Alte kannte ihn nicht, wollte ihn nie gesehen haben, wurde aber immer aufgeräumter, als er den jungen Burschen weder als Vagabunden noch als Gespenst erkannte: »Ihr habt da wohl etwas gehört, Herr, und geträumt. Es macht Ängste, wenn man nachts in dem Grund den Weg verfehlt. Aber tut mir den Gefallen und nennt den verdammten Namen nicht immer wieder, grade auf der Stelle, wo wir stehen. Laßt die Toten ruhen, die erst recht, die überhaupt keine Ruhe haben, bald hier, bald dort tauchen sie auf, wie es ihnen gefällt. Denn allerdings, Herr«, fuhr der Jäger

fort und schlug sich Feuer für seine Pfeife, »das sind alte Geschichten hier herum. Seht ihr, gleich da drinnen im Sumpfe
soll, was ihr so nennt, gelegen haben; nachher ists weggesun-
ken, niemand weiß, warum und wieso. Nur die Sage geht
noch, daß es alle hundert Jahre, am Tag, wo es unterging, wieder ans Licht gehoben wird; möchte keinem wünschen, daß er
zufällig dazukäme. Doch ihr wolltet euch mit unsereinem nur
einen Spaß machen, Herr. Geht jetzt hinüber nach Dillstedt,
den Weg auf der Landstraße gradaus in ein tüchtiges Bett.
Wenn ihr wollt, kann ich euch begleiten, ich gehe mir so nicht
viel aus dem Wege.« Der Jüngling griff um sich in die Luft,
der Jäger wollte ihn halten, er stieß ihn fort, stürzte ohnmächtig zusammen. Als er die Augen wieder öffnete, sah er sich
allein; dem Jäger war es wohl aufs neue unheimlich bei dem
kranken Gast geworden. Langsam sammelte der Maler seine
Blätter, die noch verstreut auf dem Boden lagen, sah die Kirche, den Leichenzug mit den alten Trachten, sah Gertrud, auf
das gleiche Blatt gezeichnet. Er erhob sich und schritt seinen
Weg entlang, der Fahrstraße zu, erreichte bald die Kreuzung
unter der hellen Birke, unter der sie gestern noch gesessen hatte,
Kränze windend. Erst dort blieb er stehen und schaute noch
einmal zurück. »Leb wohl, Gertrud!« rief leise, während
ihm die großen, hellen Tränen in die Augen traten.

SPUK, DUMM UND AUFGEBESSERT

Ob es irgendwie oder irgendwo noch spukt, stehe dahin. Wo
immer aber davon berichtet wird, fällt auf, wie nichtssagend
dies Unheimliche ist. Wie bei noch so aufwendigem Chok
dann meist nur Langweiliges dahinter ist – falls er nicht erzählend aufgebessert wird. Selbst ein sogenanntes zweites Gesicht, auf Kommendes bezogen, ist selten so beschaffen, daß es
nicht auch einfacher zu haben wäre, ganz nüchtern vorahnend.
Und auch das Unvermutete darin ist meist banal oder aber es
geht uns überhaupt nichts an. Es sei denn eben, ein Dichter
macht sich darüber her, Poe'sches, Hoffmann'sches kommen
ausfabelnd, umfabelnd hinzu. Die Spukgeschichte mit litera-

rischem Samtkragen ist halluzinatorischer geworden als der meiste »tatsächlich« berichtete Spuk. Wozu uns nachfolgend, aus den selbstgemachten Er-innerungen des Wiener Schauspielers Girardi, sogar ein graziöses Beispiel entgegenblickt, nachträglich sinngebend.

Der Fall selber hebt sehr alltäglich oder auch allnächtlich an. Girardi war spät, doch nüchtern von Freunden in einem Wiener Außenbezirk aufgebrochen. Ruhigen Gemütes überlegte er draußen, ob er, da die Stadtbahn nicht mehr lief, ein teures Taxi oder einen gesunden Fußweg heim nach Hitzing nehmen sollte. Entschied sich für letzteren, geriet dabei in eine hübsche, enge Altwienergasse, die er vorher nie gesehen hatte. Von den Fenstern her gut beleuchtet, und aus vielen hingen einladende Mädchen heraus, schnalzten ihm zu. Besonders anregend tat das eine in ganz schmalem Haus, je nur ein Fenster übereinander, altösterreichisch-gelb um die weißen Fensterrahmen, sie selber entzückend anzusehen. »Danke dir sehr«, sagte der höfliche Mann, »ein andermal, bin jetzt zu müde, aber morgen nacht vielleicht, merke mir dein Haus.« Er war schon weitergegangen, als sie ihm noch nachrief: »Schau, sei net blöd, komm doch her, i mach dirs mexikanisch.« Der Mann lief aber weiter in die Nacht, durch immer bekanntere Gegend, Rotenturmstraße, Kärtnerstraße, Ring, heimwärts durch die Mariahilferstraße, hielt plötzlich an, »was hat dös Madl bloß gmaant mit dem mexikanisch?« Lange stand er still wie ein Schiff von streitenden Winden bewegt, riß sich los, kehrte um, Ring, Kärntnerstraße, Rotenturmstraße und so fort, bis er endlich die kleine alte Gasse wiederfindet, nur nirgends dort das so auffallend gewesene schmale Haus und das Mädchen in seinem einen Fenster. Hin und her die Gasse, fragte die sonst überall noch heraushängenden Huren nach dem verschwundenen Haus, »du Depp du blöder, brauchst a Haus oder a Hur«, riefen die schnalzenden Weiber und schimpften noch hinter ihm her, als der Mann endlich abzog. Mehr als kopfschüttelnd, sehr enttäuscht, wegverspukt ihm beides, Haus und junge Hure. Der Fall selber war doch ganz läppisch, und über eine kleine Erzählung am gewohnten Kaffeehaustisch den nächsten Nachmittag oder Abend reichte das Pech doch kaum hinaus,

ein allzu dünner Chok, aus sehr wenig Nicht-Geheurem, ganz
ohne Salz. Bis ihn plötzlich, schon mitten in der Mariahilferstraße, die Erleuchtung, der Schlüssel, gleichsam die wahre,
nun erst vollendete Spukgeschichte traf. Das so (wir setzen die
Erklärung, die nun erst fabulöse Ausspinnung des Schauspielers
Girardi wörtlich hierher): »Es gibt einen Engel, der kann es
nicht länger mitansehen, wie falsch es die Menschen machen.
Hat aber die Erlaubnis, alle hundert Jahre in Gestalt einer Hure
auf die Erde, in die Wiener Gasse, in das sonst nicht vorhandene schmale, feine Haus zu kommen. Darf indes nur ein einziges Mal mit einem Mann, der vorübergeht, anbandeln, um
ihm das ganz anders zu machende Glück zu offenbaren. Und
das verschlüsselte Wort lautet: Schau, i mach dirs mexikanisch. Kommt dann keiner auf den nur einmal vergönnten
Ruf hin, dann muß der Engel wieder verschwinden, hundert
Jahre lang. Noch keiner aber hat den Ruf bisher verstanden, als
noch Zeit dazu war, auch ich nicht, der Letzte bisher, und vielleicht der Letzte überhaupt. Denn wenn niemand folgt, wird
der Engel sich sagen: Die Menschen verdienens halt nit besser,
und kehrt niemals wieder.« Damit endete der innere Mono-
log; mit seiner kuriosen Reue ging der sympathische Girardi
nach Hitzing in sein unverwunschenes Haus. Doch Nestroy
hätte an dieser kleinen erfundenen Post-Magie Freude gehabt,
obwohl, ja gerade weil sie nicht auf der Bühne geschah.

FREMDES ZUHAUSE, URVERTRAUTE FREMDE

Was sehr seßhaft, frißt nicht, was es nicht kennt. Doch es gibt
auch das Lied: Dort wo du nicht bist, wohnt das Glück. Eine
alte persische Erzählung, ketzerisch frühchristlich dazu, sagt
darüber Tieferes. Ein junges Mädchen ist da zu sehen, vielmehr
nicht recht zu sehen, weil es zu Hause eingesperrt ist. Der leibliche Vater hält sie dort fest, von ihrer Kammer kann sie durch
die Ladenritzen kaum auf die Straße spähen. Da hört das Mädchen eines Abends, eben vor ihrem Fenster, einen Lautenschlag
und Gesang, so fremd und ihr doch so urvertraut wie nichts
sonst. Die Jungfräuliche, der Iphigenie verwandt, doch mehr

als das Land der Griechen mit der Seele suchend, vergaß die Angst vor dem Vater, öffnete die Tür ins Freie zu dem wundersamen Jüngling mit der Laute, dem Lied. Imgleichen aber stürzte ihr der Vater nach, der nun nicht mehr bloß Lunte zu riechen brauchte, hieb mit einem Beilschlag den Jüngling nieder, packte die leibliche, ihm trotzdem nicht gehörige Tochter, als sie mit einem völlig fremden Wort aus dem Lied auf den Sterbenden hinschlug. Dessen letzte Sätze waren: »Ich wollte dich nach Hause führen, wo du noch niemals warst. Werde dich nie vergessen und komme wieder, dich zu holen, nimm diesen Ring zum Zeichen unserer Treue.« Wonach der Erschlagene verschwand, der Ring aber, so schließt die Legende, selber abrupt, ist das Neue Testament.

Ein bisher völlig Fremdes ist damit also als das Nächste bedeutet. Freilich auch als das stets Gemeinte, auch in Ahnung sich vorspielend, ohne die es sich nicht als urvertraut erkennen ließe. Selbstverständlich ist bereits die blaue Blume, aus den »Erzählungen des Fremden«, darauf aufgetragen, besonders weil Heinrich von Ofterdingen sie nie erblickt hatte, sich nur »sehnte, sie zu erblicken«. Viel einschlagender aber gehört das allemal Ergreifende, ja fast rätselhaft Erschütternde der (übrigens wenigen) Wiedererkennungsszenen hierher, schlicht bei Josef und seinen Brüdern, explosiv beim Aufschrei Elektras vor Orest, vor dem gärend noch nicht erkannten, plötzlich enthüllten Bruder, Rächer. Zum Unterschied freilich von der persischen Legende ist in der biblischen, nicht so zwar in der griechischen Wiedererkennungszene doch mehr Erinnerung als Ahnung im Grund. Der Sprung zum Niegewesenen ist wichtig, vor allem eben zum völlig bisher Fremden, wie es dem zitierten Seelenmädchen marcionitisch das Vertrauteste ist. Wohl dem, der sich unter vorhandenen oder vorgemachten Stillungen nicht diesen appetitus verlegen läßt.

Schlimm ist, zu wenig und doch eben genau genug verführt zu werden. Nicht mehr geht dann auf als ein Glitzern, ein kurzes und spitzes, das verwundet. Das aufreizt und wohl auch etwas sät, aber nur Anfänge, nichts, was blüht oder zum Blühen kommen könnte.

Man muß deutlicher werden, das ist, an Fälle erinnern. An eigene Erlebnisse oder solche, die man so einschlagend hörte, als ob es die eigenen gewesen wären. Ein Freund erzählte derart eine Geschichte, vielleicht eine ganz läppische, eine wahre Schaffnergeschichte, wie man in München die nennt, die sture Fahrgäste in Trambahnwagen erzählen, von Rettichen, die pelzig waren und dergleichen, was niemand interessiert außer den Erzähler selbst. Und weil es ihn so sehr interessiert, kann er es auch nur schlecht wiedergeben, gerade sein eigenes Interesse daran kann er nicht mitteilen, mit-teilbar machen. Die meisten Träume gehören hierher, auch alles sehr Persönliche, das sind sonderbare Geschichten, denen man sonderbar zuhört. Genug davon, auch der Freund saß im Wagen, im Autobus AE bis, in Paris, der von der Opéra zum Park Montsouris fährt, und ihm gegenüber ein Mädchen, das er überhaupt nicht beachtete, von dem er nur die großen, blauen, blassen, seltsamen Augen schwach durchs Gespräch mit andern wahrnahm. Allerdings wahrnehmen mußte, denn die Augen sahen ihn unverwandt an, gar nicht werbend, sondern rund und einsam, wirklich wie Sterne. Der Mann ertrug nicht, wenn ihn eine Frau zu lieben beginnt, möglicherweise, die ihm gleichgültig ist; Frauen gegenüber ist ihm die Methode unbekannt, nein zu sagen, und er weicht ihr deshalb lieber aus. Oder vielmehr ein Zufall kam der Methode zu Hilfe: der Mann verlor sein Billet, er hob es vom Boden auf und berührte dabei leicht das Knie des Mädchens; wirklich so leicht und ungeschickt, so unabsichtlich in dem engen Raum, daß man die Gründe nicht psychoanalytisch zu vermehren braucht. Gleich kehrte sich das Mädchen ab, und der Mann erzählte nachher, es sei ihm ganz kierkegaardisch dabei zumut geworden, eine ganz merkwürdige Freude sei über ihn gekommen, daß ihn das Mädchen nun für einen rohen Burschen oder banalen Anknüpfer hätte halten müssen und also nicht mehr zu lieben brauche. Bald hielt der Wagen, während die Augensterne schon wieder aufgingen oder vielleicht nie untergegangen waren, der Freund stieg mit seinen Bekannten aus, während das Mädchen jetzt mit einem wirklich rätselhaften Ausdruck nachblickte und der Wagen in der Richtung des Parks verschwand. Der Mann wollte nicht einmal den Schlußlichtern nachgesehen haben, so gleichgültig schien ihm die Sache und so ruhig fühlte er sich weiter. Aber kaum saß er am Tisch, so kam mitten im Café, noch während er auf sanfte Dinge hörte, auf die letzte Kammersitzung oder den Herbstsalon, ein Einschlag, der fast verschüttete; Liebe explodierte mit Zeitzündung. Der Schein begann zu arbeiten und das Mädchen, das darin stand, wurde zur Geliebten, zur eben vorübergegangenen, auch versäumten, hoffnungslos vergangenen, mit der ein ganzes Leben versank. Ein schönes, langes, nie gelebtes, tief vertrautes Leben, das fast halluziniert erinnert wurde und dem nichts fehlte als der »winzige« Anfang. Fügt man hinzu, daß der Mann kraft ziemlicher Phantasie überhaupt fernen Geliebten verfallen war, schönen oder bedeutenden Mädchen, von denen er gehört hatte, ja sogar reichen, glänzenden (so daß also am Realisierungswillen kein Zweifel ist), ja daß er einmal halb wahnsinnig wurde, als sich ein Mädchen, von dem er nur Bilder und Erzählungen kannte, verlobt hatte: so wird man die nächsten Tage verstehen, von denen er erzählte, hemmungslos offen und nach außen gebracht, die Tage des Irrens, des närrischen Abschreitens der Autobusstrecke, die oft wiederholte Fahrt um genau dieselbe Stunde im selben Wagen auf der selben Strecke, das Suchen im Heuhaufen nach der Perle, von der er doch nicht einmal exakt wissen konnte, ob es keine Stecknadel war. Immerhin, die fundierte, die versäumte Möglichkeit bestand, daß es eine Perle war, während die Frauen sonst so gleichgültig wurden als wären sie wirklich nur Stecknadeln oder etwas Paillette, wertlose, weit verbreitete. Der Entdeckungswille war ebenso leer wie unerträglich gereizt, das Gefühl stand als ein Knecht auf dem Markt, den niemand dingt. Daß sich die Idiolatrie nach Tagen, Wochen legte, daß die Unbekannte langsam verblich, ist selbstverständlich. Daß der Typ des Anbeters nicht gerade knochigen Zugriff hatte, ist ebenso selbstverständlich; obwohl er durchaus nicht zu den Träumern gehörte »vom Mädchen, das ich mir denke«. Der extreme Fall bleibt ohnehin als einer aus Jugend schlechthin, besteht überwiegend nur aus Jugendunruhe und Schein, aufleuchtendem und vergehendem, wieder aufleuchtendem und wieder vergehendem, der in der Welt, besonders an Frauen, eben das Korrelat der schlimmsten Jugendunruhe ist. Weshalb auch Schopenhauer als Glück des Alters preist, daß es hinter alles gekommen sei: siehe, du hast nichts versäumt. Aber freilich, das Alter spricht von einer ganz andern Welt als der der Jugend; in dieser gibt es viel zu versäumen, sie hat vor allem, wie sich auch hier zeigte, die Idiolatrie des Unbekannten, ganz ohne Libertinage und gleichsam fromm.

Auffallend, wie selten die Reize des Vorüber mitgeteilt wurden, auch wie ungern. Der Mann im Autobus konnte seine Geschichte erzählen, und sie erschien nicht entfernt so bekannt wie die Milliarden Berichte von unglücklicher Liebe. Wahrscheinlich ist – solch kurzen Verwundungen oder glänzenden Jetzteindrücken ohne Folge gegenüber – die Routine der Verdrängung an Normalen stärker ausgebildet. La passante wird dann leichter vergessen, ja selbst wo sie unverdrängt bleibt, bei Baudelaire, Flaubert und allen Kronzeugen des Versäumten, nie ganz Tag. Um sie ist kein konkretes, ganz eigentlich menschliches Leid, obwohl es ergreift; nur scheu, doch fast ehrfürchtig, wie ein Allerseelen im Frühling wird sie erinnert. Hier sind Teufeleien, die achtlos machen oder betrunken oder gelähmt wie Offenbachs Hoffmann im letzten Akt, wenn Stella kommt. Wäre unser Schicksal absichtlicher, dann würde es nicht so bitter aus diesem Fast-nichts, Fast-alles singen.

DER LANGE BLICK

Wer den langen Blick kennt, schweigend, in einem Halbdunkel, das von der Entrückung um alle Dinge und Menschen ausgebreitet wird, wenn uns nur noch die Augen der geliebten Frau ansehen und wir darin erkennen, wie wir erkannt werden, in einem Zeitvorbei, Raumvorbei, das unerträgbar wäre, wenn es nicht wieder höchste Leichtigkeit besäße, im Lächeln des Ernstfalls: der hat den bloß männlichen Orgasmus verlassen, ganz die Frau und folglich jenen Liebesraum in sich eingetauscht, der nicht in der kurzen Ekstase männlicher Höhepunkte, sondern nur im »Ausklingen« wohnt, ja nicht einmal den Coitus als Schlüssel braucht und allemal ein weiblicher Raum ist. Aber der Mann kann nicht lange darin hausen. Es gibt Liebe, die mit dem langen, großen Blick beginnt, ihn völlig auf ihrer Höhe hat und daran vergehen muß. Große Musik weiß davon ihr Lied zu singen; noch die Situation im zweiten Akt Tristan gehört hierher, der unbewegliche Anblick fast ohne Berührung. Er ist so wenig eine züchtige Stellvertretung oder »Andeutung« des Beischlafs wie das Blickduett ineinander dessen Musik. Aber es wäre wahrer, wenn selbst Tristan Isolde danach verließe, diesen gar nicht unterirdischen, sondern sehr hoch gelegenen und entlegenen Venusberg, in dem nur die Geliebte weiter atmen kann, nur die Frau mit dem offenen Auge eines gänzlich unverdunkelten, aber auch undurchscheinenden Rauschs lieben kann. Der Mann blickt nach kurzem feige beiseite, es sei denn, er sucht in diesem Schweigen ohne Fenster den Raum für alles Wichtige, das ihm tief und angelegen ist, so daß er darin bleiben kann. Selten haben Untreue und höchste Treue eine schrecklichere Verbindung im gleichen Akt; die männliche Liebe erlischt leicht im Nichts-als-Liebe, das der Frau das Alles ist. Nicht an der unersättlich sexuellen, sondern an der unersättlich erotischen Frau fällt der richtige Mann durch. Er besteht vor ihr, wenn dieser Frauen Wesen so nah mit Kunst verwandt ist.

WIEDERSEHEN OHNE ANSCHLUSS

Auch was war, darf uns als solches nicht halten. Nichts davon soll besonders treu gesucht werden, so, daß man zurück geht, wirklich zurück. Oft träumt man davon, aber man muß sich sehr vorsehen, genau dieses.

Lasterhaft ist die Lust dazu und man büßt sie auch. Meistens auf der Stelle, auf der gleichen, die man suchte und aufgesucht hat. Die Menschen und Dinge sind dann verzogen, selbst wenn sie genau so aussehen wir früher. Der Zwischenmensch ist fort, der sich zwischen Ich und Du gebildet hatte; dieser alte Dritte ist meist gestorben, die Erinnerung bringt ihn nicht wieder, er ißt nicht von diesem Eingemachten. So sehen sich frühere Freunde wie Revenants an, ihr Sich-Erinnern ist krampfig, selten behaglich und fast immer schal. Nicht sich, sondern die Vergangenheit sehen sie in einer leblosen Erinnerung; diese rückt nicht von Ort und Stelle, bleibt gewesen, kurz, sie ist aus.

Harmloser trüb ist der Wunsch, wieder einmal in das Haus zu kommen, in dem man als Kind war. Die Treppe, die man fast noch vom Kriechen her kennt, das Fenster auf dem letzten Absatz, von dem man so nahe auf das Nachbardach sah und im Winter auf den Schornstein, der den Sternhimmel zurauchte; oder der Balkon auf der Rückseite mit den eingeritzten Jahreszahlen, die Kinder oft schon früh anlegen und merkwürdig historisch. Doch die Rückkehr enttäuscht auch hier, das Leben von damals und heute hat keinen Anschluß oder bloß einen in Melancholie, die Dinge sind in lauter Vergangenheit eingekapselt, vergeblich, und sehen nicht oder nur falsch heraus. Ja vom Entsetzen des Wanderburschen mit dem Stab in der Hand, den niemand kennt, oder des Ritters, der vom heiligen Grab zurückkehrt und nur noch Ruinen findet, ganz unkenntlich, ist der Rückkehrende nur insofern verschieden, als er sich nicht einmal mehr als Wanderbursch fühlen kann, immerhin mit der Fremde in sich, sondern selbst diese vergißt, von der Ritterschaft des heiligen Grabes zu schweigen; sogar das Leben, aus dem er *herkommt*, steht dann im luftleeren Raum. Geht es gar dem Revenant nicht besonders zur Zeit und steht er vor den Häusern des früheren Glanzes, in denen nun Fremde wohnen und in denen ihn keiner beachtet, obwohl er doch jede Türklinke kennt und den Refrain, wie wir einst so glücklich waren – so steht er bestenfalls als sentimentaler Filmheld da, der sich vor sich selbst geniert, wenn er etwas taugt. Dann enthüllt sich auch die eigentliche Schwäche und

Pietà gegen sich selbst, die im Wunsch solcher Rückkehren lebt; Menschen, aus denen nichts Rechtes oder nicht annähernd das von ihnen Gemeinte wurde, haben den Wiedersehenstrieb im Exzeß, freilich auch seine Katastrophe, die jeder kennt, in besonderem Exzeß. Hier nimmt das Wiedersehen etwas von der Treue an, die man in spezifischer Weise ja nur toten Dingen gegenüber hält (Puppen, vor allem beschädigten, Schränken und andern mythischen Lehensherren), nicht noch lebendigen, mit denen man viel atmosphärischer verbunden ist. Und vor allem hat das Wiedersehen mit ebenso *völlig erloschener* wie *glänzend gewesener* Vergangenheit etwas von dem Mitleid mit sich selbst, das sich in der üblichen Rührung dieser Augenblicke kenntlich macht. Dann erst bildet sich die allerschlimmste Katastrophe, der völlig luftleere Raum: nämlich das Wiedersehen mit Ruinen und nichts als Eingekapseltem darin wird leicht zum Abschied von sich selbst, als von jenem, der nicht wurde. Ein Toter ist dann zurückgekehrt, der in den Zimmern Briefe an längst Verstorbene abgibt, wie der Fliegende Holländer. Dergestalt liegt immer der Verdacht nahe, wenn eine lange Vergangenheit als Zeit- und Häuserreliquie stehen bleibt, daß sie ein Grabbau über bloßen Velleitäten geblieben ist, also nicht in einem Guß lebendig weiterkocht und vor allem nicht die einzig anständige Form des »Gewordenen« annahm, nämlich Reife und Werk.

Eine Probe seiner selbst ist darum, alte und noch geliebte Dinge nur auszugraben, um sie zu verkaufen. Bücher, noch in Zeitungen von damals eingeschlagen, aus denen uns das alte Datum ansieht; Antiquitäten, Zeugnisse eines früheren Lebens, das vielleicht noch unruhig und doch ebenso erloschen ist. Dieses Sich-Trennen von seiner Vergangenheit ist eine Probe aufs relativ anverwandelte Geschick, auch aufs gerettete Exempel; man merkt dann, ob man sich im Gewesenen schlecht zurückließ oder ob man anders treu heraus ist, ob der damalige Schlag im jetzigen Tun weiterlebt und das »Gewordene« an andrer Stelle geworden ist, so daß es keine Vergangenheit darstellt, sondern Festes, Gerettetes, Firma in mehrerem Sinn und Werk. Wer sich so trennt, kann die schönsten dinglichen Reliquien so unbedenklich fortwerfen wie Lessing die Würde:

er hat die Gewißheit, sie jederzeit wieder aufnehmen zu können. Insofern sind Trennungen von Büchern, Möbeln, geliebten Vergangenheiten eine Mobilmachung der Schätze, die von Rost und Motten nicht gefressen werden, kurz, eine Vorübung auf den Tod, sogar eine doppelte. Denn einmal gehen hier die Dinge von uns weg, als gingen wir von ihnen: ihr Abtransport ist, wie wenn ein Zug auf dem Nachbargeleise abfährt und wir selber abzufahren glauben; der Effekt ist der gleiche. Sodann aber stellt sich an diesem Abreise-Effekt eben heraus, was melancholische Vergaffung oder aber, was substanzvolle Erinnerung im Leben geworden ist, Konserviertes, das keine leibliche Rückkehr mehr braucht. Der ehemalige Zwischenmensch zwischen Freunden ißt auch davon nichts, aber das richtige Alter und vielleicht auch der richtige Tod lieben diese Konfitüre und brauchen sie. Kurz: es gibt gar kein Wiedersehen mit Anschluß; die sentimentale Rückkehr ist giftig, nicht nahrhaft, die echte ist überhaupt keine, geht nicht in Vergangenheit und Zeitreste, sondern hat das ihre als dieselbe Gegenwart, ja außerhalb der Zeit, als kleinen, gut durchdrungenen, eingekochten Raum, in dem sich keine Möbel stoßen und nichts traurig ist.

DIE GUTMACHENDE MUSE

Man fand, der alte Geiger lebte und spielte mehr schlecht als recht. Freunde hatte der Sonderling keine, übel verheiratet hielt er sich auch zuhause für sich. An sein Pult im Opernhaus kam er zwar noch halbwegs pünktlich, doch gänzlich verdrossen. Öfter geriet er während der Proben weitab, zerstreut und wie auf ganz andres hinhörend. Seinen Part strich er desto unwilliger herunter, je geringer ihm mancherlei Schablonen erschienen, die damals – man schrieb etwa 1750 und ist an der Hofoper einer deutschen Residenz – italienisierten. So wurde der alte Musikus, der sich zu bessern versprach, doch ständig neue Unlust zeigte, gemaßregelt und herabgesetzt, sein Gehalt reichte kaum noch, seine Frau und eine junge Tochter vorm Hunger zu schützen. Nur die Bittgänge der Frau zum Maestro des Orchesters verhinderten vorläufig die Entlassung. Daß die ohnehin unpassende Gattin dadurch immer zänkischer wurde, verwundert nicht, eher noch, daß sie selbst die Tochter, die der Vater liebt, auch in einfachen Liedern früher unterrichtet hatte, gegen ihn aufhetzte; sie verbot ihr sogar, mit dem lumpigen Ernährer zu sprechen. Nach den Proben, nach der abendlichen Vorstellung schloß sich der Musikus jetzt gänzlich in seine Kammer ein, unbeachtet, wie er glaubte. Trieb dort sein einsames Wesen, auf der Geige phantasierend, auch singend, heulend, schreiend, stampfend bis tief in die Nacht. Die Tochter, die allmählich herangeblühte, aber scheu gebliebene, entdeckte er bisweilen auf der Treppe und fuhr sie an. Deutlich steckte sie mit dem Schleppsack von Weib unter einer Decke, spionierte in ihrem Auftrag, um in der Kammer nach Geld zu suchen. So traf er sie auch wirklich eines Abends, als er verfrüht zurückkam, oben an, zitternd sprang sie von seinem Arbeitstisch auf, mit den offenen Schubladen. Grade hatte die Nacht vorher eine bizarre Frucht getragen, von der nur er wußte, und die er geheimer hielt als sein fehlendes Bargeld. Der zweite Akt einer gänzlich uneingänglichen, unverkäuflichen, hoffnungslosen Oper war beendet, genannt »Sirene«. Das Mädchen wurde nun noch vorsichtiger, hielt sich nur in ganz sicheren Theaterstunden droben in der Kammer auf, lange Wochen auf der Hut vor dem unglücklichen Mann. Bis der Musikus eines Tages endgültig entlassen wurde; er hatte sich geweigert, bei der Einstudierung der neuen Oper eines der verhaßten Modekomponisten mitzuspielen. Ja er war so mit der Welt zerfallen, daß er nicht des mindesten heiterer wurde, als er hörte, seine Tochter, genau diese, sei als neues Stimmwunder entdeckt worden und werde auf Verwenden des Kardinals zur künftigen Primadonna ausgebildet. Konträr, der geschaßte Geiger haderte nun auch noch mit sich, je näher das Debut der neuen Sängerin heranrückte; sollte doch sein eigen Fleisch und Blut die Oper des Tageskompositeurs in die Taufe heben. Völlig in seine Kammer verschlossen, vernahm er allerlei Gerüchte nicht mehr, die draußen umliefen, über Launen des jungen Sterns, über verzögerte Einstudierung der neuen Oper, über offenen Skandal und Eingriffe des Fürsten selber. Der Abend der Premiere war gekommen, der Sonderling hatte auch noch die Fenster seiner Zuflucht verhängt, da tritt ein Fremder in die Tür, gibt sich als Abgeschickten des Intendanten zu erkennen, der Wagen Sr. Exzellenz warte vor dem Haus auf der Fahrt zur Oper. Auch jetzt noch sträubt sich der Mann, verspätet langen sie im Theater an, die Oper hat begonnen. Eine wilde, zerklüftete, hochvertraute Musik dringt aus dem Raum, der alte Musiker stürzt vor, – seine Tochter beschwört als Sirene das Meer.

So etwas ist selten, doch kommt es vor und ergreift noch nachträglich. Wenn ich dich liebe, was geht es dich an, dieser Satz ist nicht nur frech, er kann auch töchterlich sein. Allerdings hat das alte Ekel der Jungfrau nichts übergelassen, als nach seiner Liebe nicht zu fragen. Zum andren aber geht der Vater sie außerordentlich viel an, uneigennütziger kann gar nicht geliebt werden. Das Mädchen, als es die Partitur an sich nahm, abschrieb, stets vor der Entdeckung zitternd, hielt sich heimlich und unvorhanden bis zum letzten Augenblick. Kaum eine Geliebte kann so magdlich sein, im schönsten Sinn, keine so inkognito und doch stark. Als Geliebte wurde das Weib stets glühend besungen, als gute Gattin stolz und dankbar, als Mutter verehrend: nur ums Töchterliche gibt es wenig bessere Lieder als familiäre, abgestempelte. Doch das Mädchen obiger Geschichte ist dem Mann als besondere Muse da, nicht als befeuernde vom Parnass, wohl aber als sorgsame, bahnbrechende, dabei versteckte. Schon geht es wie treue Nachwelt, nicht mehr wie Mitwelt, in diesem Mädchen her, und als eine, die das Recht hat, Nachwelt zu heißen. Ein italienisches Sprichwort sagt: Tempo è gentiluòmo: gemeint ist, die Zeit mache Unrecht wieder gut, auch Verkanntsein. Die edle Tochter hat ihr Amt so graziös verwaltet, daß man den gentiluòmo gar nicht braucht.

RAFAEL OHNE HÄNDE

Keiner hat von selber klein begonnen, von unten her. Wir lernen als Kinder sprechen, aber erst als Jünglinge versuchen wir es, nämlich ganz. Dann kommt der Trieb, Saft ins Wort steigen zu lassen. Der merkwürdige Trieb, unser Leben zu sagen, so augenblicklich und voll.

Das griff doch gleich hoch an die Kehle, jung zu sein. Aufzuwachen und den Frühling zu spüren, der vor einem Jahr noch ganz anders war. Damals waren noch keine Mädchen darin oder viel schwächer, mehr im Pastell. Doch jetzt bläst Sturm in die Farben, die Welt kennt keine Kleinigkeiten mehr. Der Kopf brummte vor lauter *hohen* Anfängen, sie schienen außer allem Verhältnis wichtig. Das Morgenrot beleuchtet Jünglingen ungeheure Gegenstände, setzt den Zwang, sie so groß zu fühlen, zu malen, zu sprechen. Ein Werk zu schaffen, das uns in die Welt, die Welt in uns versetzt.

So hat jeder junge Mensch einmal gebrannt, seine schöne Jugend daran. Denn das Schöne an ihr ist ja nicht die Zeit der Sehnsüchte, Rivalitäten, Zurücksetzungen oder bösen Triumphe. So nannte Hölderlin die Jugend in einem Brief an seinen Bruder: »diese Zeit ist eigentlich die Zeit des Schweißes und des Zorns und der Schlaflosigkeit und der Bangigkeit und der Gewitter und die bitterste im Leben.« Ihr Schönes ist vielmehr das reine Planen in Dauer, oft lyrisch, öfter *riesig*, und das Werk Balzacs reichte dann nicht aus, den Raum zu füllen.

Doch nun kommt der Rückschlag, schreibt man die Fülle nieder. Hält der Rausch übers zwanzigste Jahr an, so kommt Produktion als öffentlicher oder heimlicher Beruf. Den kleinen Dilettanten geht es dabei besser als den ernsten; ihr schon verblasener Traum setzt verblasene Worte, und da überhaupt kein Maß von Bildung dazu kommt, so wird der Traum Gewäsch (ohne Waschtag), behält einen gewissen Anschein von Fülle. Es gibt hier unterirdische Literatur, die keiner kennt und die wahrscheinlich größer ist als die sichtbare; sie ist in rührenden Mußestunden, oft nach einem jämmerlichen Geschäfts- oder Amtstag entstanden. Manuskripte häufen sich in einem Fleiß ohne Mühe, breite Romane und Wälzer voll addierter Halbbildung, im Stil der Provinzzeitung, zwischen Eros und Kosmos gespannt. Auch Irrsinn hat hier Platz; einer schrieb eine Philosophie des Postverkehrs in drei Bänden, die gewiß einmal der Weltgedanke war. Dagegen die *besseren* Dilettanten verlieren die Stimme wie ein Natursänger nach den ersten Solfeggien, sobald sie Worte an ihren Plan setzen. Das bedeutende Gesicht schrumpft ein, die Intelligenz, welche dem Werk dienen soll, hebt es auf, die eigene Erwachsenheit macht das geplante Überwerk zum Zwerg. Ja sogar große Talente erleben diese Schrumpfung, aber freilich: diese verzweifeln nicht daran oder begraben den ruinierten Jugendplan, sondern verstehen ihn zu lokalisieren. Sie verstehen, den zitternden und allumfassenden Anfang, der *ungewollt* schrumpfte, grade *bewußt* auch ins Kleine, auch ins Detail zu setzen.

Selten wollen sie nun das Werk so groß, wie es gemeint war und schließlich vielleicht wird. Es beginnt vielmehr zehn, hundert Schritte hinter dem Jugendplan zurück, sie lassen sich vom Rückschlag nicht überraschen, sondern setzen ihn selber, als Schrumpfung von Anfang an. Wie so oft ein Umweg im Leben gar keiner war, wie aus einem kleinen Seitensproß der belebende Zuschuß kommen kann, so bescheidet und überwächst sich zugleich der Plan bei vielen ersten, ja oft noch späten Meisterwerken. Verschiedene Beispiele, verschieden »kleine« Anfänge tauchen hier auf: sie sind doch in einem gleich, in der Kraft, die nicht mit der Tür ins Haus fällt. Cervantes wollte im Don Quixote nur die Ritterbücher verspotten, der Spott wurde zur Parodie des Menschen überhaupt und noch mehr sein Ruhm. Wagner plante eine Oper im Geschmack der Italiener, arios und als Sündenfall vor dem Publikum: der Kompromiß wurde Tristan und Isolde. Hegel wünschte nur eine Art Schulbuch zu schreiben, die Führung des gewöhnlichen Bewußtseins zum philosophischen Standpunkt, und es entstand die Phänomenologie des Geistes. Gewiß gibt es auch Meisterwerke mit einem großen Plan von Anfang an hinter sich; der Faust ist ihr Exempel. Aber auch hier ging es nicht gradlinig vom Ungeheuren ins Ungeheure, vielmehr schoß das Ganze aus Teilen, Gelegenheiten, partiellen Erfahrenheiten zusammen, aus denen das Werk, jenseits des riesig planenden Monologs, erst konkret »begann«. Auerbachs Keller, Gretchentragödie, una poenitentium, gar so viele Einfälle linker Hand waren kaum vorgesehen; dennoch änderten sie dem Urplan, auch dem Urstoff darin die substantielle Richtung. Meist ist schon der Einfall, aus dem die meisterlichen Werke anheben, ein andrer, dieses Falls ein »bescheidenerer« als der erste des Jugendplans; vor allem stammen die Details, in denen sich der Einfall konkretisiert, nicht aus Rausch, sondern aus Beobachtung und erfahrener Vermittlung. Wobei die Erwachsenheit zwar ebenfalls dem weiten Brausen schadet und die »Ratio« (ist sie auch nicht die der normalen Ernüchterung) viel urtümliches Scheinen aufhebt: aber sie ist immerhin in den Dienst des frühen Wachtraums gestellt, wird keine Zerstörung wie bei den Dilettanten des Erwachsenseins, sondern ein bejahter Umweg, aus dessen ergriffener Nüchternheit nun erst das Ziel wiederkommt. Aus der Ironie des neuen Anfangs, aus dem Nebenbei und Detail unter dem Urplan entsteht erst das Werk, das ihn gegebenenfalls verwirklicht.

Aber nun: was war der Anfang, war er nicht ebenso jäh wie ganz, alles mit einem Mal? Dieses in ihm Gemeinte kommt nicht leicht zurück, drängt jedoch immer neu an, als Morgen, der laut und klar werden soll. Viel kam später konkret hinzu, oft Unerwartetes, gewiß auch neue Pubertät mit frischen Gesichtern. Nur: es bleibt bei alldem ein früh Heimliches bestehen, ein rotes Licht am Fenster jeder ersten Konzeption, selber noch nicht angemessen manifestiert, in keinem Geschick, auch in keinem Gebilde. Bloßes ungesagtes Meinen freilich taugt gar nichts, es muß sich aus dem Anfang überall herausmachen, in Äußerung und Außen bringen; doch ebenso sei alles schon Fertige fern. Der Jüngling von Sais, der nichts hat, wenn er nicht alles hat, er steht auch in keinem Meisterwerk, obwohl dieses immer wieder darauf zurückführt, ja aufs nicht Nachlassende aufgetragen ist. Der Trank (aus keiner Hexenküche) ist noch unbekannt, der Jugend ganz übers Alter, den Anfang ganz übers Werk rettete, sichtbar machte. Rafael ohne Hände wäre kein großer Maler geworden, aber da er immerhin Rafael war, vielleicht ein noch treueres Gedächtnis unsrer selbst.

DASEIN

EBEN JETZT

Wann kommen wir denn an uns selber näher heraus? Kommt man im Bett zu sich oder reisend oder zu Hause, wo uns manches wieder besser scheint? Jeder kennt doch das Gefühl, in seinem bewußten Leben etwas vergessen zu haben, das nicht mitkam und klar wurde. Deshalb erscheint auch oft so bedeutend, was man eben jetzt sagen wollte und einem entfallen ist. Und verläßt man ein Zimmer, in dem man länger gewohnt hat, so sieht man sich sonderbar um, bevor man geht. Auch hier blieb noch etwas zurück, auf das man nicht kam. Man nimmt es ebenso mit und fängt woanders damit an.

DUNKEL AN UNS

Was wir jetzt und hier haben, merken wir wohl am wenigsten. Hat man erreicht, was man will und geht auf die Straße, sieht nun, wie ein Froher von innen aussieht, so ist das allerhand, aber zugleich ist etwas in einem niedergeschlagen. Denn der Traum von vorher, der das Glück vor sich ziehen sah, recht farbig, wie es ja eigentlich ist, hat sich niedergeschlagen. Nun ist der Lohn unmittelbar da und dadurch nicht genug da, steckt im Dunst des grade Gelebten und bald im gewohnten Wasser, worin man schwimmt. Leid schlägt stärker durch, weil es uns, wie wir noch sind, wohl verwandter ist; Frohes, das wir doch mehr wären, hat man genau deshalb nie ganz bar. Fällt uns siedendheiß etwas ein, wie man sagt, so ist das meist nichts besonders Gutes. Glück kühlt sich im Jetzt, wenn es in dieses einfällt, leichter ab. Es ist vorher oder nachher meist glücklicher, als wenn es eintritt.

Man kann auch sonderbar aufs Hier und Da kommen, das ist
nie weit von uns. Ich kenne eine kleine, fast niedere, ostjüdische
Geschichte, an der freilich der Schluß merkwürdig enttäuscht.
Ihr Ende soll offenbar ein Witz sein, ein recht verlegener und
matter, unlustiger, jedoch eben einer, der nur die Grube zu-
schaufeln soll, in die man gefallen ist. Die Grube ist unser Jetzt,
in dem alle sind und von dem *nicht* wegerzählt wird, wie sonst
meistens; die kleine Falltür ist also herzusetzen.

Man hatte gelernt und sich gestritten, war darüber müde
geworden. Da unterhielten sich die Juden, im Bethaus der kleinen Stadt, was man sich wünschte, wenn ein Engel käme. Der
Rabbi sagte, er wäre schon froh, wenn er seinen Husten los
wäre. Und ich wünschte mir, sagte ein Zweiter, ich hätte meine
Töchter verheiratet. Und ich wollte, rief ein Dritter, ich
hätte überhaupt keine Töchter, sondern einen Sohn, der mein
Geschäft übernimmt. Zuletzt wandte sich der Rabbi an einen
Bettler, der gestern abend zugelaufen war und nun zerlumpt
und kümmerlich auf der hinteren Bank saß. »Was möchtest
du dir denn wünschen, Lieber? Gott sei es geklagt, du siehst
nicht aus, wie wenn du ohne Wunsch sein könntest.« – »Ich
wollte«, sagte der Bettler, »ich wäre ein großer König und hätte
ein großes Land. In jeder Stadt hätte ich einen Palast, und in der
allerschönsten meine Residenz, aus Onyx, Sandel und Marmor. Da säße ich auf dem Thron, wäre gefürchtet von meinen Feinden, geliebt von meinem Volk, wie der König Sa-
lomo. Aber im Krieg habe ich nicht Salomos Glück; der Feind
bricht ein, meine Heere werden geschlagen und alle Städte und
Wälder gehen in Brand auf. Der Feind steht schon vor meiner
Residenz, ich höre das Getümmel auf den Straßen und sitze
im Thronsaal ganz allein, mit Krone, Szepter, Purpur und
Hermelin, verlassen von allen meinen Würdeträgern und
höre, wie das Volk nach meinem Blut schreit. Da ziehe ich
mich aus bis aufs Hemd und werfe alle Pracht von mir,
springe durchs Fenster hinab in den Hof. Komme hindurch
durch die Stadt, das Getümmel, das freie Feld und laufe, laufe
durch mein verbranntes Land, um mein Leben. Zehn Tage

lang bis zur Grenze, wo mich niemand mehr kennt, und komme hinüber, zu andern Menschen, die nichts von mir wissen, nichts von mir wollen, bin gerettet und *seit gestern abend sitze ich hier.*« – Lange Pause und ein Chok dazu, der Bettler war aufgesprungen, der Rabbi sah ihn an. »Ich muß schon sagen«, sprach der Rabbi langsam, »ich muß schon sagen, du bist ein merkwürdiger Mensch. Wozu wünschst du dir denn alles, wenn du alles wieder verlierst. Was hättest du dann von deinem Reichtum und deiner Herrlichkeit?« – »Rabbi«, sprach der Bettler und setzte sich wieder, »ich hätte schon etwas, ein Hemd.« – Nun lachten die Juden und schüttelten die Köpfe und schenkten dem König das Hemd, mit einem Witz war der Chok zugedeckt. Dieses merkwürdige Jetzt als Ende oder Ende des Jetzt in dem Wort: Seit gestern abend sitze ich hier, dieser Durchbruch des Hierseins mitten aus dem Traum heraus. Sprachlich vermittelt durch den vertrackten Übergang, den der erzählende Bettler aus der Wunschform, mit der er beginnt, über das historische plötzlich zum wirklichen Präsens nimmt. Den Hörer überläuft es etwas, wenn er landet, wo er ist; kein Sohn übernimmt dies Geschäft.

STACHEL DER ARBEIT

Daß es so leicht ist, nichts mehr tun zu wollen. Daß es uns so schwer fällt, wirklich nichts zu tun. Auch dann, wenn nicht, wie meist, die Not treibt. Auch dort, wo ein Urlaub überdies erlauben mag, zu gähnen.

Ganz faul zu sein, scheint so süß wie einfach. Je älter ich werde, sagte ein Freund, desto mehr sehe ich ein, das einzig Richtige wäre, überhaupt nichts zu schaffen. Den ganzen Tag, meint er, könne er am Fenster liegen an einer südlichen Küste, und draußen brauchte auch nichts zu sein. Ein Hund streckt sich auf dem leeren Platz, gähnt, geht einige Schritte und legt sich wieder. Ein Mann kommt von den Stufen des Rathauses, wo er geschlafen hat, langsam nach der andern Seite, um auf den Stufen der Kirche weiter zu schlafen. Etwas Mais nachher und Kugelspiel reicht aus, denn alles ist wert, daß es die Sonne bescheint; in Büros scheint sie ohnehin nicht. Wie uns das Wasser fast trägt und nur wenig Bewegung dazu gehört um nicht unterzugehen, so trägt oder trug auch die Erde und ihr Tisch ist fast gedeckt. Bei bescheidenen Wünschen und wenn die Menschen nicht im Norden lebten, wo sie nicht hingehören. So aber, sagte der Freund und suchte kein Publikum, kam der Schweiß des Angesichts, schließlich nur noch Schweiß. Unten rasen die Lastautos, das Telephon tönt als des Knaben Wunderhorn, zwölf Stunden Betrieb und nachts noch Bogenlampen vor Schlafzimmern. Eine Welt, die den Stachel Hunger benutzt um auszubeuten, den Stachel Ausbeutung um zu verdienen, aber schließlich nur verdient, um erst recht zu arbeiten und das Leben schwer zu machen. Auch später soll man noch arbeiten müssen nach seinen Fähigkeiten, um genießen zu dürfen nach seinen Bedürfnissen; ich will weder Fähigkeiten vorher noch Bedürfnisse nachher haben. So sprach der Freund und sah unwiderleglich aus; doch sein Leben ist anders, nicht einmal unfreiwillig anders. Wie einfach, sollte man meinen, könnte er im Einklang mit seiner Lehre leben. Statt dessen arbeitet er den ganzen Tag, verdrossen und vorzüglich, predigt Wein und trinkt Wasser.

Das doch nicht nur, weil so schwer aus dem Zwang heraus kann, wer einmal darin sitzt. Und nicht nur, weil wir im Norden vom Nichtstun so weit abgetrieben sind, daß wir es überhaupt nicht mehr finden. Erst nach getaner Arbeit ist Juden und Protestanten gut zu ruhen; diese Ruhe, sagt Kant, ist das einzige Glück, das nicht die geringste Beimischung von Ekel mit sich führt. Aber nicht nur der Norden vergällt uns das Glück vor getaner Arbeit, sondern was dann? – nun, unser Jetzt und Da-Sein ist dunkel, auch unter der Sonne, die Faulheit selber stimmt nicht, wenn man sie radikal zu leben sucht. Unwiderleglich hört sich ihre Predigt an, aber wären selbst Hunger und Ausbeutung abgeschafft, wäre der einfache Süden bei uns möglich, so bliebe die Faulheit doch ein Dämon, den keiner besteht; sie zeigt darin ihre Verwandtschaft zur Einsamkeit. Beide, Faulheit wie Einsamkeit, enthalten ein chemisch verwandtes Gift, obwohl das Nichtstun nicht einsam zu geschehen braucht, und die Einsamkeit selten müßig ist; es ist das Gift des dunkeln Insichseins.

Denn dessen Jetzt, wenn wir es nicht treiben und rühren, zersetzt sich leicht. Es gerinnt, und nicht einmal Tiere (sie tun immer das Ihre) haben einen Magen dafür. Der auf die Dauer Faule wie der auf die Dauer Einsame halten sich auf verschiedene Weise in der Unerträglichkeit des hohlen Existierens auf, gestört und nicht mit sich in Ordnung. In seinem Eingang steht der Mensch als Frucht, in seinem Ausgang aus der Arbeit als Leiche, faktisch wie symbolisch; das Negative dieses Baren, aber Unmenschlichen seiner wirkt nach oder vor, mit häufiger Verschlingung des »unnützen Lebens« zu einem »frühen Tod«. So enthält der Müßiggang eine Art embryonales, die Einsamkeit eine Art Leichengift; beide treffen sich in dem Negativen des noch Nicht, um das die Menschen gebaut sind und bauen, ohne es selbst schon zugebaut zu haben. Beide schmecken darum auf die Dauer verzweifelt, auch wenn man nicht unsere dilettantisch faulen Sonntage oder unsere ganz verlassenen Einsamkeiten als Muster nimmt. Keiner ist ruhig auf dem Faulbett geblieben, auf das er sich beruhigt gelegt hat; ja selbst wenn ihm alle Resultate der Arbeit – bei der Kürze des menschlichen Lebens – sinnlos, ungenießbar erschienen: das völlige Nichtstun ist noch ungenießbarer. Da alle Religionen gegen dies Unzulängliche des baren Existierens, der »Kreatur« gegründet sind, hat auch noch keine das Nichtstun gelehrt, konnte es nicht lehren. Das ungekochte Leben (so wie der Freund den Hund auf dem Platz und den langsamen Bettler sah) wurde nie erreicht, auch im Süden nicht oder bei den Urvölkern. Wenn sie auch nicht unsere Arbeitswut haben und ihre Tage (nicht ihre Feste) von Ruhe durchzogener, gleichsam eingelegter sind als unsre, so hat die Romantik des Nichtstuns doch hier kein Beispiel; und kein Urvolk hielt es aus, eines zu bleiben. Noch die Kyniker mit ihrem radikalsten Abbau brachten es nur bis auf den Hund, und der war falsch. Auch die »höhere« Arbeitsflucht »privilegierter Schichten« (Athen, Adel, Klerus) konnte auf die Dauer keine bleiben, so hohl sie es oft schien; sie hätte die Langeweile und den Lebensekel nicht ertragen, der der Teil des arbeitslosen Existierens ist. Die Langeweile ist der Lohn, den das Leben ohne Arbeit gibt, sie ist jenes einsame Blei, vor dem man in Arbeit und Gesellschaft flieht, das Nichts oder eben noch Nichts, über dem alle Menschen leben, die Schlaf- und Gähnkammer unsres allzu unmittelbaren Zustands, die leicht eine Schreckenskammer werden kann. Auch in den Kreisen und Reihen der schönen Tage gab es also mindestens eine »Arbeit« des Vergnügens, gar der Repräsentation, die, so aufreizend oder so unecht sie aufzieht, die Faulheit doch färbte und zum *geschäftigen* Müßiggang machte. Es gab vor allem – durch Klostermauern davon getrennt – die *Muße;* als welche jedoch, wenn sie etwas taugt, wenn in ihr etwas »geschah«, grade so *wenig Müßiggang* ist, daß sie ihn vielmehr in *seinem eigenen Zentrum* angreift, und nicht nur kontemplativ. War die Arbeit Flucht vor dem Müßiggang, um etwas andres dagegen zu schaffen oder zu gründen, so ist die Muße Krieg gegen ihn an Ort und Stelle, damit er entgiftet und substanzvoll werde. Kurz, der absolute Müßiggang ist unser Feind als Freund verkleidet, und erst allerletzt unser Freund, wenn ihn die Arbeit, vor allem die Muße erfüllt hat; in ihm selbst ist der Stachel der Arbeit.

Nichts zu tun, zieht darum ebenso an, wie es keiner dort aushält. Es zieht an, weil wir uns scheinbar darin finden; es ist unerträglich, weil dort noch nichts wirklich zubereitet ist. Der Nichtstuende fängt Grillen, der Einsame hat das Gefühl zu fallen oder über einem Abgrund bodenlos gebannt zu sein. Auch Spuk oder Spukangst hat an Einsamkeit Platz, seit alters; in Gesellschaft verschwinden seine Erscheinungen, deren wahre Ursache wir selber sind, das ungenaue Sein von uns selber. Faulheit und Einsamkeit (beide locken und in nichts Gutes, beide locken als ruhig oder gegebenenfalls tief und machen doch unerträglich oder hart) haben eben darin Zusammenhänge, daß unser *Grundsein,* das sie sichtbar machen, nicht stimmt. Auf eine so scharfe wie noch offene Weise; erst die vorschreitende Lösung erläutert das Problem, als das Problem unseres menschlichen X. Faulheit und Einsamkeit sind die Kugeln links und rechts auf dem Eingang zu einem Haus, von dem viele träumen und in dem es keiner aushält. In dem selbst manche Künstler mit ihrer Berufung ebenso gegen jede Langeweile aufgestanden sind. Denn auch die Arbeitsflucht der Muße ist, wie gemerkt, gar keine, sondern nur eine andre Art von Arbeit. Ist Krieg im Feindesland des Müßiggangs selber, bewaffneter Angriff auf den Ort des Problems. Die Arbeit des *Alltags* flieht das unerträgliche Nichtstun und macht sich die Erde untertan (die anders unwirtlich oder unangemessen ist), damit wir auf ihr zuhause sein können. Die Arbeit der *Muße* (die der Zielbegriff jeder befreiten Arbeit bleibt und kein bequemer oder aristokratischer) räumt in der Trübe des Existierens selber auf; darin schafft sie ein Haus für ein andermal. Mitten im Existieren schafft sie dieses Haus, worin nicht nur das Hier-darfst-du, sondern vor allem das Hier-kannst-du des Nichtstuns endlich unser Freund sein kann (der bis dahin nur Lebensekel oder Verödung, also der Stachel der Arbeit selber ist). Das hindert nicht, daß Untätigkeit und Einsamkeit selbst noch die Muße bisher durchstarren konnten: wegen deren Nähe dazu, wegen deren Gangs in die Höhle des Löwen. Dürers untätig einsamer Engel Melancholie büßt seine Lust, indem er sie hat. Lockungen von Wiege und Grab tauchen hier ineinander wieder auf; des Embryo, der es ruhig, der Leiche, die es tief hat. Aber erst getane Arbeit gebiert uns auch richtig, schafft das Gift des nicht Gekochtseins und nicht Haltbaren aus uns heraus. Keine Arbeit war dazu noch die rechte; keine Ruhe hielt auch deshalb an. Wir sind nicht hier, um zu essen, sondern um zu kochen; gespeist wird später und zuletzt. Das Jetzt und Hier des Menschen, ohne Tun, schmeckt ihm nicht; nicht zuletzt, weil es so vortrefflich sein könnte und es nicht ist.

NUR DURCH FLEISS, SONST GAR NICHTS, KOMMT WOHLSTAND

Früh wird gekrümmt, was ein Häkchen werden soll. So auch in Lesebüchern für die Schule, wo immer es angeht, brav zu machen. Zufrieden zu halten mit dem, was man hat, leider gehört selbst der Stoff von Kanitverstan hierher. Anders und zugleich weniger anfechtbar tröstend sind spießige, Arbeit empfehlende Geschichten, obzwar gleichfalls im Engen beruhigend, weil Reichtum nicht beneiden lassend. Johan der muntre Seifensieder gehört hierher, der arm, aber fröhlich ist und sich mit Wenigem fleißig ernährt, während der Reiche vor lauter weichem Pfühl angeblich nichts zu lachen hat. Noch deutlicher gehört eine andere Geschichte hierher, auf dem – überdies magisch verzierten – Grundsatz aufgebaut: Unrecht Gut gedeihet nicht. Besonders rühmt sich darin das fleißig-zufriedene Leben, nur diese Morgenstund hat wirklich Gold im Mund. Bedeutet wird unter der Hand, daß die Wohlhabenden es nur sind, weil sie fleißig und sparsam waren, arm wäre sonst niemand. Der Bauer hat das wohl erfahren, von dem eben diese Geschichte handelt, und der reiche, doch zu Unrecht reich gewordene Goldschmied erst recht, von welch beiden Folgendes erzählt wird. Dieser Bauer, meist nur Bäuerlein genannt, traf nämlich, als er Holz in die Stadt fuhr, im Wald eine Hexe, die ihm zum Dank, daß er sie etwas mitfahren ließ, einen kleinen goldenen Ring schenkte. Der hatte, so erzählte sie, allerdings eine besondere Kraft, man brauchte ihn bloß am Finger zu drehen und ein Wunsch, zwar nur dieser eine, werde sogleich erfüllt. Als der Bauer sein Holz in der Stadt abgeladen hatte, ging er zu einem Goldschmied, um den Ring taxieren zu lassen. Viel Goldwert kam nicht dabei heraus, aber als der Bauer das mit der Hexe erzählt hatte, wurde der Goldschmied besonders freundlich, schenkte Wein ein, überredete den Bauern, bei ihm zur Nacht zu bleiben, und als der schlief, fertigte er in der Werkstatt genau den gleichen Ring in Kopie an, zog sie dem Bauern an den Finger, den echten Ring an den eigenen. Kaum war das düpierte Glückskind bei Morgengrauen aus dem Haus, so drehte der Goldschmied den Ring, rief, er wünsche sich viermalhunderttausend Taler, und sogleich regnete es davon aus der Decke herunter, immer mehr, schon bis zum Hals, über den Kopf des Manns, bis die viermalhunderttausend voll waren. Am Morgen wurde der Erstickte gefunden; die Erben sagten, es sei doch nicht immer gut, wenn der Segen so knüppeldick komme, teilten sich desto gesünder ins Erbe. Unterdessen war der Bauer nach Hause gelangt, berichtete seiner Frau von der Bewandtnis mit dem Ring; die wünschte sogleich, daß ein Zipfel neben ihrem Acker ihnen gehöre, der Bauer war dagegen für reifliche Erwägung, für Zeit zu ihr, und fuhr mehr Holz, konnte aus dem Erlös den Zipfel ohnehin kaufen.

So fort dann, immer neue Wünsche der Frau, immer mehr Arbeit des Manns, bis die Eheleute im Alter so wohlhäbig geworden waren, daß sie den Ring vergaßen – und schließlich gaben ihre Söhne ihn den Alten mit ins Grab. Das also war das Ende vom Lied, und Schulzweck, Spießerzweck dieser Geschichte: Schaffe, spare, Hüsli baue, unrecht Gut gedeihet nicht, und nicht Aufklärung über einen faulen Zauber ergeht (dem Goldschmied hat der Hexenring das Geld ja gebracht), sondern Klein-Leute-Zufriedenheit und Enge seien Trumpf, ohne Ausschweifung, Allotria, Ungewohntsein (es sei denn von der Obrigkeit angeordnete). Daher haben in solchen Schulbuchgeschichten auch fahrende Leute oder ähnliche Randfiguren so wenig Platz wie sie etwa – sehr anders, doch philisterhaft verwandt – in der Gesetztheit am Stammtisch geduldet würden.

Wie wirklich kindlich wirkt ein anderes Zeichen auf uns ein. Steht aber gewiß in keinem Vermögen bildenden Lesestück, vorbildlich für alle, die es im Spießerleben zu etwas bringen wollen. Wurde dagegen von dem liebenswerten Klabund einmal erzählt und soll sich ausgerechnet im August 1914, beim ersten Kriegsgrün also, ganz weltfremd, zugetragen haben. Frühmorgens auf den Marktplatz einer kleinen oberbayrischen Stadt rollte da ein gedeckter Karren ein; ein Mann und eine Frau an der Deichsel, machten Halt. Der Mann zog unter dem Verdeck, aus dem etwas brummte, zwei Stangen, Nägel und ein Seil hervor, will gerade die Stangen einschlagen. Jetzt kommt der Polizeidiener aufs Geräusch hin, der Mann zeigt seinen Gewerbeschein samt der Erlaubnis des Magistrats zu einem Tag Allotria. Der Schein lautet auf Alois Krautwickerl aus Straubing und Frau, alias Zauberer Salandrini und die Königin der Luft. Der Polizeidiener aber fuhr beide an, ob sie nicht wüßten, daß Krieg sei und alles andere verboten. Der Zauberer wußte es nicht, verstand überhaupt nichts davon, mußte auch einen kleinen Bären, der unterdes aus der Karre hervorgekommen war, dorthin zurückjagen, und die Vorstellung am Abend fand erst recht nicht statt. Trauer und noch mehr Hunger als sonst brechen nun an. Der nutzlose Mann fand endlich eine Stelle als Hilfsarbeiter im Gaswerk, die Frau half in besseren Häusern bei der Wäsche aus, nur der kleine Bär hockte weiter im Karren, wochenlang, sah in den buchstäblich immer bleierner werdenden Himmel. Nicht zu vergessen allerdings, daß ein Inserat im Stadtblättchen erschien, das lautete: Edeldenkende Herrschaften werden um Abfälle gebeten für den wahrsagenden Bären des Zauberers Salandrini. Aber nur der Zauberer und die seiltanzende Königin der Luft gaben Abfälle her, vom schmalen Vesperbrot; die zunehmende Kälte im Karren freilich blieb. Dem Mann wurde nur erlaubt, das Bärlein in eine Ecke des warmen Gaswerks mitzunehmen, doch eines Morgens nun, da war es tot. Ob verhungert oder wegen giftiger Abgase, das steht dahin; die Königin der Luft warf sich schreiend über die kleine Leiche und es sah aus, sagt Klabund, wie ein Bild von Piloty. (Für Spätergeborene: Piloty war ein Historienmaler um die Gründerzeit und sein bekanntestes Bild in der Neuen Pinakothek München heißt »Seni an der Leiche Wallensteins«.) Das Wahrsagende brachte am Schluß doch noch Glück; denn sein abgezogenes Fell interessierte den Drogisten am Platz, und er erwarb es vom Zauberer um ein Geringes, hing es bei sich auf und wenn er Gäste hatte, deutete er manchmal darauf hin, sozusagen wehmütig: »Ja, ja«, sagte er, »was waren das noch für Zeiten, als ich in den montenegrinischen Bergen auf Bären jagte!« Weil das von einem Haste was, so biste was gesprochen ward, hätte es wohl auch im Schullesebuch Gnade gefunden; Jägerlatein im Herrenzimmer ist kein seiltänzerisches Allotria.

ZEHN JAHRE ZUCHTHAUS, SIEBEN METER COURSCHLEPPE

Je rauher draußen, desto schöner, es warm zu haben. Reizlos, viel Geld zu zeigen, wenn es *alle* hätten. Wenn es kein Elend gäbe, das knirscht und zusieht, doppelt kontrastvoll besehen wird. Dünn, einsam, oben fängt erst das Leben an.

Aber es gibt heute keinen Schick mehr, sein Geld abzusetzen. Echt von den Armen abzusetzen, so daß es funkelt wie ein Stern im Dunkel. Das macht: die ganz und gar Verlumpten, der breite skorbutmäulige Stand von früher fehlt noch mehr als das große Geld. Fehlt noch mehr als die Ritter, welche Bauern peitschen; dazu wären manche imstande, doch der stille, vor allem sichtbare Lustmord wird immer schwerer, der den Herrn erst ganz zu einem macht. Die Großen des Barock hatten auf ihren Tafeln so englisch zubereitete, so wenig durchgebratene Gänse, daß sie noch schrien, wenn man sie anschnitt: erst vor den Augen der entzückten Esser sind sie gestorben. Bettler im Staub, Pack vorm Portal, das niedergeritten wurde, menschliches Ungeziefer in Löchern und Höhlen der Stadt, Tollkoben und Folterkammern gehörten zum Glanz wie die Qual des gefressenen Tiers zur Lust des fressenden. Ganz bedeutend muß der unterirdische Teil eines Eisbergs in die Tiefe reichen, damit der obere an der Sonne schwimmen kann.

Vor kurzem aber stellte eine arme alte Frau das richtige Verhältnis wieder etwas her. Seltsamerweise begriffen das die Reporter nicht, sondern haben geschrieben: »In der Matthäuskirche fand gestern abend die Trauung statt, die in doppelter Hinsicht Aufsehen erregte. Durch ihren Prunk, der in seltsamem Kontrast stand zu der Not, die herrscht, und durch einen erschütternden Zwischenfall, der sich nach Abschluß der Zeremonie ereignete.« Indes schon der Kontrast war gar nicht seltsam, im Gegenteil, und der Zwischenfall? Da trug die zu trauende Braut eine sieben Meter lange Courschleppe an ihrem Atlaskleid, und dieses warf endlich wieder seinen Schlagschatten, wurde so erst gänzlich reines Weiß. Denn eben mit dem Prunk an sich und so ganz allein, wie ihn die Ausbeutung ermöglicht, war es noch nicht getan, sondern die Armut hernach, gleichsam der Rückstand des Ausbeutungsvorgangs, ist eben die Folie, welche der Reichtum zu seiner Schaustellung vor allem braucht, wenn er nicht nur verdienen, sondern das Verdiente mit Sexualzauber in Szene setzen will. Das Inflationselend, das der sieben Meter langen Courschleppe nachsah, war noch lange nicht groß genug für so viel Reichtum, der an den Tag, vielmehr an die Nacht wollte. Erst der erschütternde Zwischenfall, wie ihn der Reporter nennt, hat richtig zugesetzt, nämlich kriminell, aus dem Zuchthaus. De profundis stürmte eine weißhaarige Frau in den Glanz, warf sich der Courschleppe in den Weg, soll geschrien haben: »Geben Sie mir meinen Sohn wieder. Geben Sie der Wahrheit die Ehre. Mein Sohn ist durch Sie ins Zuchthaus gekommen.« Ist die Courschleppe aus Courths-Mahler, so ist die weißhaarige Frau aus jenen echten Bezirken des Unglücks, die zum Ständestaat einmal mitgehört haben. Die das juste milieu unserer Tage auch jetzt so prächtig unterbrochen haben; eine Hochzeit im Barock.

Reiche haben wir noch genug, doch es fehlen gerade die malerischen Armen. Große Herren haben wir genug, doch es fehlen die richtig gekrümmten Würmer zu ihren Füßen, die Leibgarden des Kontrasts. Aus den Arbeitslosen kommt nur ein unruhiges, ja ein stellenweise höchst gefährliches Elend, nicht aber das nötige, gestimmte, ständisch gestimmte, das einst die Verliese unterhalb der gedeckten Tafeln heulen und so jedem seinen Platz ließ. Das erst ist national: den Reichen die jüdische Hast zu nehmen, sie zu einem Adel zu machen, der glänzt. Das erst ist nationalsozialistisch: die Armen zu lehren, es zu sein und zu bleiben, indem man ihnen wieder den Blick auf Edelinge frei gibt. Wann reiten wieder Könige übers Schlachtfeld, auf weißem Zelter, im Abendschein, über Krüppel?

SCHWEIGEN UND SPIEGEL

Ich habe einen etwas empfindlichen Freund, der alle sehr scharf sieht, sich etwas weniger. Einmal tadelte er einen Mann am Tisch aus allerlei Anzeichen so ärgerlich exakt, daß er sich selber ganz ausließ. Ich fragte ihn deshalb, wie ihm der Bewohner seines eignen Zimmers vorkäme, wenn er ihn nicht kennte und bloß aus Schuhen, Hosen abzulesen hätte. Dem nervösen Freund begannen die Lippen zu zittern; er mußte hier mehr gesehen haben als ich wollte und konnte. Dem Inhalt nach kaum vergleichbar, erhaben und dennoch verwandt, berichtet jedoch, wie ich später fand, Herodot, nach ihm leicht verschieden, doch gedrängter andre Schriftsteller, von einem Phänomen, das an die dunkle Schlafkammer des Freundes und unser aller offenbar angrenzt, und das ihnen wert war, so subtil, wie folgt, berichtet zu werden: Als Psammetich, der letzte ägyptische Pharao, nach der unglücklichen Schlacht von Pelusium vor Kambyses, den persischen Sieger, geführt wurde, begegnete ihm auf dem Wege zuerst seine Tochter als Sklavin, und der Pharao schwieg, danach sein Sohn, den man zum Tod schleppte; der Pharao blieb unbewegt. Aber als er einen Troßknecht seines Heeres sah, dem man die Hände gefesselt hatte, weinte Psammetich und beklagte sein Los mit großer Gewalt.

Warum weint der König, fragte ich den alle andern so scharf sehenden Freund, und warum weint er so spät? Daß hier etwas vorlag, das uns anging und sehr nützlich aufmerken läßt, war klar. Plötzlich stand der Vorfall, der so weit hergeholte, im eignen Haus, eignen Zimmer, wo man lebt. Die einfachste Erklärung war, daß der Knecht wie der Tropfen sei, der das Leid zum Überlaufen bringt. Das leuchtete aber zu sehr ein, um wahrscheinlich zu sein; hier geht es pharaonisch, nicht hausbakken zu. Das Leid des Königs kommt vielmehr deshalb so spät, meinte eine zweite Erklärung, weil es an sich selbst gesperrt, durch Stolz gesperrt ist. Besonders beim Stolzen scheint ja die natürliche Zeitspanne zwischen Schmerzreiz, Schmerzgefühl und Schmerzausbruch erheblich ausgedehnt. Ist der Schmerzreiz ein Topf, so ist schon beim gewöhnlichen Chok sein Dekkel nicht an Ort und Stelle, sondern kommt erst später; Reiz und Schmerzgefühl decken sich erst nachträglich. Und Alteration durch ein so großes Unglück wie das des Pharao ist gar wie ein Eisenbahnzusammenstoß, falls man dieses posthume Bild gebrauchen darf; die Wagen sind ineinander geschoben, so daß erst beim Knecht der Sohn plötzlich aufragt und die eigentliche Schmerzmelodie in einen ganz andern Takt einbricht. Aber auch diese Erklärung schien noch nicht die rechte, denn sie schiebt beim Pharao doch alles auf den blockierenden Stolz des großen Herrn; das beträfe die späten Leser seines Verhaltens kaum so sonderlich, wie es der Fall ist. Auch macht diese Erklärung den Knecht wieder zu zufällig, zu sehr zu einer bloßen Taktstelle, an der der entscheidende Schmerz verspätet, auch synkopisch einschlägt. Ist es nicht wahrscheinlicher, meinte eine dritte Erklärung, daß auch hier unser eigenes dunkles Jetzt und Hiersein eine Rolle spielt, eine besonders dumpf-verdunkelnde, verschweigende, verzögernde? Dergestalt daß das von uns sich Entfernende, ja ganz weit unten am Rand Stehende gegebenenfalls unsern eigenen Zustand uns besser spiegeln oder verraten kann als die zu große Nähe zu uns, samt eigner Tochter und Sohn. Der Pharao selber, sodann seine Tochter und ihm noch näher der Thronerbe Sohn sind eigenes Fleisch und Blut, unmittelbar Erlebtes und stehen infolgedessen in einer Zone des Schweigens; aber der Knecht als das ganz fern, nur fremd und doch noch zusammenhängend Erfahrene durchbricht das, *und der Pharao schreit.* So wie alle schreien würden, selbst in günstigen Lebenslagen, wenn sie einen andren an ihrer Stelle, in ihrem Lebensraum erblickten und nun die Intensität ihres dunklen Seinsgefühls mit der Verfremdung dieses Blicks verbinden könnten. Der Knecht in Ketten, an dem nicht einmal große Gebärden sind, wird dann zum Spiegel der eignen Lage, die an sich immer kritisch ist. Kein Mensch ist vor dem Tod glücklich zu preisen und im Spiegel des Tods erst recht nicht.

MITTEL, NICHT GESEHEN ZU WERDEN

Als ein streunender Junge sich besonders gut verstecken wollte, ging er nach Hause. Dort vermutete ihn niemand, er konnte die Jagd auf sich überstehen. Auf der Straße wäre er leichter erkannt worden, weil er hier so war und dort war, wo und wie man sich ihn vorstellte. Als ein englisches Schiff zum ersten Mal eine Fidschi-Insel anlief, wurde es gleichfalls von dorther nicht gesehen, obwohl es doch bedeutend weiter weg war als der Junge. Aber die Eingeborenen waren des Schiffs dort nicht nur nicht vermutend, sondern es gab noch andere Gründe, die es aus ihrem Gesichtskreis herausfallen ließen. Derart sahen die Insulaner, als das Schiff wegen der Riffe um die Insel draußen hielt und ein Kanoe ausgesetzt wurde, das mit großartigem Ruck-Zuck dem Strand zuschoß, nur dies Kanoe – wie Georg Forster über Cooks Seefahrten mitteilt – nicht aber das Schiff. Denn das Kanoe, so schnittig es war, konnten sie noch halbwegs mit ihren eigenen, plumpen Einbäumen vergleichen, so hatten sie zu ihm noch Zugang, optisch. Die großartige Fregatte hingegen, die draußen hielt, zu ihr fehlte jeder Zugang, es gab kein Fallreep des Vergleichs, sie blieb buchstäblich unter dem Horizont, der der des Wahrnehmens ist. Was ja unter Kulturen eine Parallele hat, worin der gereizte Babbit einem neuen Werk blind gegenübersteht, das seinen gewohnten Gesichtskreis überschreitet.

Solch Nichtsehen kann freilich auch sehr absichtlich bewirkt werden. Indem ein Blick schlau gesättigt wird, bevor er noch zuende, ans Ziel gekommen ist. So sorgte man, als die Preußen 1871 vor Paris standen, für ein sehr künstliches Nichtsehen gewisser Objekte, wieder einer Art Fregatte, aber einer ganz ungemeinen, eines Kunstwerks. Es handelt sich um die Mona Lisa, sie am wenigsten sollte gekapert werden. So wurde sie aus dem Louvre nicht nur in den Invalidendom gebracht, sondern dort eine Mauer durchbrochen, eine Rumpelkammer dahinter angelegt, mit viel Unrat und scheinbar hundertjährigem Staub auf dem Boden, Gerümpel aus alten Kirchenstühlen und mehr. Die durchbrochene Öffnung in der Wand wurde nach außen wieder vermauert, nicht zu sorgfältig freilich, gleich wie wenn Beutesucher durch ein nur notdürftig kaschiertes Versteck auch noch angelockt werden sollten. Das gelang dann auch einige Tage später: Pickelhauben drangen ein und fanden in der Tat nicht die Mona Lisa. Sie entdeckten vielmehr, in der Mitte des Raums, einen – übrigens ebenfalls echten – Festungsplan von Orleans, dem damals noch nicht eingenommenen, und standen befriedigt still, der Zweck ihrer Übung war scheinbar erreicht. Einige Schritte weiter lehnte mit dem Gesicht zur Wand das Bild der Mona Lisa unter dem Fenster, ungesehen, gerettet, indes die Besucher sich entfernten. Wäre es ein Marienbild gewesen, so hätten Fromme einer früheren Zeit vielleicht gesagt: Maria hat geholfen, sich selber geholfen. Kühler Verstand, um unsichtbar zu machen, der gleiche, der sonst sichtbar macht: er lenkte den gierigen Blick von der Hauptsache ab, indem er ihn an viel weniger vorzeitig befriedigte. Was ja minder positiv bei Vergaffern vorkommt, die gerade das Beste vergessen, übersehen. Doch andererseits sind Mona Lisas ja auch sehr selten, und – freundlich gesagt – besser noch ein Kanoe zum Nachahmen oder selbst ein Festungsplan, der ablenkt, als gar nichts.

Ich kannte einen, der wollte wohl aus sich heraus, aber das gedieh nicht. Im Versuch, umgänglich zu sein, wurde er schief, verstummte wieder. Doch dazwischen geschah manches, dem man merkwürdig ansah, wie es lebendig sein wollte und doch immer anders wurde.

Fragte man diesen, wie er geschlafen habe, so kam: »Wann denn? heute abend?« Behauptete man, er sehe heute wieder besonders mürrisch aus, so fühlte er sich, als habe er recht bekommen, als habe auch er einen gewissen freundlichen Beitrag zur Gesellschaft gegeben. Diese Freude stammte nicht aus Eitelkeit, sondern eben aus dem befriedigten Willen zur Liebenswürdigkeit. So antwortete er, mit seinem geringen Lächeln: »Das sehen Sie auch? ich fand das schon gestern abend im Spiegel beim Händewaschen.« Oder es wurden kleine, sehr flache, übrigens allen unbekannte Fische serviert, in dem südfranzösischen Gasthof, wo man den melancholischen Münchner traf. Er beugt sich weit über den Teller und ruft: »In der Isar gibt es auch Flundern!«, erschrickt und sagt leiser: »in der Isarlust«, noch leiser: »Kuchen meine ich.« Also veränderten die Fische und Worte, die der sonderbare Mann aus einem Inneren hervorholte, offenbar, wie Tiefseefische, ihre Gestalt, sobald er sie an die Oberfläche zog und im Licht herumreichte. Folglich nahm er sie zurück, aber gewiß nicht mehr in ihre vorige Gestalt.

Dieser Münchner und Kenner des Sprachlosen nun erzählte eines Nachmittags, als man schon allerhand in der Runde getrunken hatte, folgende Geschichte, abrupt und lakonisch, doch ironisch bedacht: Ein Herr, der viel herum kam, hatte etwas gefunden. Es war ihm gegeben, nicht auf der Straße, sondern in Brüssel im Theater. Das Stück interessiert ihn nicht, und er sieht nach der Frau, die ihm schon vorher aufgefallen war, in einer Loge gleich über ihm. Sie war gewiß sehr schön, soll ausgesehen haben wie aus einem Roman, blickt auch den Herrn an, hält einen Zettel in der Hand und winkt. Der Herr steht auf und verläßt das Theater, die Treppe hinauf in den ersten Rang, zur Loge der schönen Dame. Die reicht ihm den Zettel, mit einem kurzen Blick, und zieht die Tür wieder zu. Der Herr liest den Zettel, das heißt er wollte ihn lesen, aber er konnte nicht, denn er verstand nichts darin, es waren völlig unverständliche Zeichen, in einer ihm vermutlich ganz unbekannten Sprache. Der Herr stand ganz ratlos, aber der Logenschließer war schon um ihn herum, sah in den Zettel herein, von der Seite und sprach nur: Kommen Sie mit. Der fremde Herr wird grob, der Diener noch gröber, der Herr wütend, der Diener geht den Direktor holen. Der Fremde hörte schon gar nicht mehr hin und studierte den rätselhaften Zettel, die Zeichen waren mit einer farblosen Tinte geschrieben, sehr rund und verkringelt, man kennt sich nicht aus. Indem kam der Direktor, sehr erstaunt, aber kaum sah er den Zettel, so kehrt er sich um, winkt der Theaterwache und ersucht den Herrn, das Theater zu verlassen. Völlig benommen folgt der Herr dem Polizisten die Treppe hinab zur Kasse, wo sein Eintrittsgeld bereit lag, vors Theater, auf den weiten stillen Platz. Dort blieb der Herr lange für sich und konnte nichts ins reine bringen, entschloß sich endlich eine Droschke ins Hotel zu nehmen, um stadtkundige Aufklärung zu verlangen, rief den Geschäftsführer und erzählte ihm den unwahrscheinlichen Vorfall. Der Geschäftsführer kannte den Fremden als einen ehrenwerten Mann mit feiner Wäsche und wohlhabenden Manieren, empörte sich genügend über die Rückständigkeit, die hier herrsche, räsonierte über die phantastischen Zustände in hiesiger Stadt, speziell im Theater. Doch als er nun selber den Zettel sah, kaute er an allerhand Worten herum, wie an einer Sache, die ihm nicht schmeckt, und sagte schließlich: Es ist, wie es ist, auch ich bitte den Herrn, das Hotel zu verlassen. Ja ich rate, da der Herr immerhin unser Gast war, noch heute nacht aus Brüssel zu fliehen, nach Frankreich oder über den Kanal. Dem Herrn schwindelt und er stürzt an die frische Luft; hier nun – so fuhr der Münchner unwillig fort – kann man sich leicht denken, was alles noch geschah, in der Nacht und später. Im Grunde war der Herr ein zurückhaltender Mensch und Brüssel war ihm unbekannt, keiner Mücke hatte er je einen Zahn aus dem Maul geschossen, also wer sollte ihm hier etwas anhaben? Er wollte nur manchmal aus sich heraus, aus seinem fühllosen Alltag, oder er wollte sich manchmal an etwas erinnern aus seinem unbemerkten Leben, das er von einem zum andern Tag vergaß. Aber nicht aus Abenteuerlust, nicht einmal aus Schwärmerei war er der unbekannten Frau in die Hände gefallen, ja schließlich, mit dem Zettel in der Hand, dem Unbekannten überhaupt. Nun, das hatte er jetzt in Fülle, und die phantastische Geschichte wurde in England, wohin er fuhr, nicht besser. Auch hierher war das Gerücht schon gedrungen, Bekannte auf der Straße blieben absichtlich eine Weile zurück, Geschäftsverbindungen lösten sich, wie in England, so auch in Frankreich, Deutschland, selbst in dem weit entfernten, indolenten, doch abergläubischen Spanien. Dabei gab niemand Auskunft; dem Geheimnis, das alle verstanden oder zu verstehen schienen, nur er nicht, war nicht beizukommen. Da erhielt der Herr, dessen Post nur noch aus Schmäh- und Drohbriefen bestand, eines Morgens aus Nordamerika einen Brief von einem alten Geschäftsfreund, dem zu entnehmen war, daß man dort drüben von seinem Unglück noch nichts wußte. Voll Begierde, wieder unbefangene Menschen zu sehen, voll frischer Hoffnung, hinter die Chiffren zu gelangen, schiffte er sich nach New York ein, eilte dort unverzüglich aufs Büro eines ihm bekannten Rechtsanwalts und Notars. »Ich habe Ihnen einen Vorschlag zu machen«, sagte er kurz, schloß die Tür ab und legte einen Browning auf den Tisch. »Ich lasse mich auf nichts mehr ein«, fuhr er fort und erzählte knapp. »Ich weiß, mein Herr, haben Sie den Zettel erst gesehen, so quittieren Sie meine Bekanntschaft und der Boykott beginnt von neuem, auch hier. Deshalb wählen Sie: lösen Sie mir die Schrift, so gebe ich Ihnen zehntausend Dollars, die Hälfte meines jetzigen Vermögens. Halten Sie es wie die Andern, so schieße ich, erst auf Sie, dann auf mich, es ist mir gleich.« Der Advokat sah den Scheck, sah den Revolver, reichte eine Zigarre, wie üblich, und sprach: »Selbstverständlich werde ich Ihre Wünsche erfüllen. Ich bitte um das Dokument.« Der Herr öffnete seine Brieftasche, griff, suchte, griff nichts, das Fach war leer, den Zettel hatte er verloren. –

Derart erzählte der Münchner seine unmäßig enttäuschende Geschichte, man sah ihm das Bedauern an, wieder so stark versagt zu haben. Aber war schon nichts greifbar, so sprach man doch höflich und anspruchsvoll weiter. Konnte man nicht selber in den Zettel sehen, immerhin, genug Wirkung war da. Wie den Advokaten und den armen Herrn, so trieb das Ungelöste die Gäste weiter, zurück, voran, zur Frage, was denn nun auf dem Papier gestanden haben mochte. Ein Journalist machte sogleich ein Preisausschreiben daraus, wie die Welt noch keines gesehen hatte. Ein Romancier, sonst höchst phantastisch, wollte auf den Cant bauen, vermutete etwas von einer abenteuerlichen sexuellen Aufforderung; aber dieses Gebäude stürzte sogleich ein. Ein Philologe zog sich in die Lagerräume seines Wissens zurück, kam wieder hervor mit einer Wanderfabel, einem alten Stoff, einem indischen, astralischen, der hier verweltlicht worden wäre. Doch er konnte ihn nicht vorzeigen, sondern sagte nur: »Die Amerikaner kommen doch, in ihrem Wunsch, die Welt zu verblüffen, auf die ausgesuchtesten Delikatessen.« Ein Metaphysiker des Unwesentlichen saß dabei, für solche Fragen sonst sehr zuständig; dieser Spezialist für kleinere Weltnüsse äußerte plötzlich, zur größten Freude, er besitze die Lösung. Aber als man in ihn drang, war es nur, daß er meinte, er finde die Sache vollkommen richtig. Einem andern fiel Ödipus ein, der alle Rätsel gelöst hatte; nur daß er der Sohn des Laertes war, dies merkten die Thebaner früher als er, seinen Spruchzettel konnte er vor allzu großer Nähe nicht lesen. Doch da zwischen dem modernen Herrn und Ödipus, zwischen der Wanderfabel und der großen Mythe keine nähere Ähnlichkeit bestand als die der Parodie, blieb es bei der Andeutung; ohne jenen Kanal zwischen Magazin-Geschichte und Antike, den ein Surrealist vielleicht gefunden hätte, wäre er nicht verreist gewesen. Der Münchner Melancholiker sagte gar nichts mehr, antwortete auch nicht auf Fragen. Aber hatte er nicht vielleicht, wenn nicht von sich, so doch von dem Fremden mancherlei erzählt? Von dem zurückhaltenden Mann, der sich bloß an etwas aus seinem unbemerkten Leben erinnern wollte, von seinem Ungeschick und seiner einsamen Schwermut. Und war die Entzifferung des Zettels eigentlich nicht schon längst gelungen, ist das allerletzte Unglück des Verlusts, kurz vor dem Ziel, nicht der Kern der Sache selbst? War die Schatulle nicht schon von Anfang an leer: als jenes Unsagbare im Menschen, das nichts zu sagen hat, als eine erhaltene Tiefsee, die gar nicht ist, als das vertrackte Inkognito von Leere und Langeweile? Wirkte nicht der Herr der Wanderfabel, genau wie sein farblos tiefer Erzähler, als Präparat absoluter Langeweile; dies sein Zeichen kann er selber nicht lesen, er erkennt es nur an der Wirkung auf andre, als eine Wirkung ohne Ursache, als eine Flucht vor dieser Wirkung ohne Ursache. Wie die ihm vorübergehend attachierten Zuhörer seiner Geschichte, so hat er nur dumpfe Neugier und bohrend fruchtloses Grübeln um ein Nichts seines Abgrunds, um das Sprachlose seines Spruchzettels.

Doch es sei erlaubt, noch ein Tönenderes aus dem Münchner herauszuhören, dem schließlich so unterhaltend gewordenen. Es gibt mancherlei Menschen heutzutage, in einer bürgerlich hohlgehenden, verlorenen Zeit, die gleich dem plötzlichen Erzähler dieser Ulkgeschichte herumgehen wie lauschende Kinder unter Erwachsenen. Diese Erwachsenen wissen alle etwas, was er nicht weiß oder auch: es ist etwas, was er als Erwachsener nicht gefunden hat, was eben in dem überlasteten Blick steckt, wenn er sich beim Abschied aus einem Mietzimmer umsieht, was er vergessen haben könnte, oder was in dem genau so überlasteten Unbehagen steckt, wenn er einen Satz nicht wiederfindet, den er im Augenblick hat sagen wollen, und der grade indem er verschwunden ist, so ungeheuerlich wichtig zu sein scheint. Der Münchner befand sich, auf nicht ganz sonderlingshafte Weise, selber dauernd in jener Art Aufklärungszeit, die man sonst nur als sexuelle kennt, die hier aber eine existenzielle ist. Ein derart typisch gewordener Sonderling ist sogar imstande, mit seiner überlasteten Ulkgeschichte wie eine nicht geschriebene, doch vorhandene Romanfigur dazustehen, wie eine herumhorchende sozusagen. Da die Figur beschäftigungslos ist, auch einsam, stellt sie ihre Ohren nach mancherlei Eindrücken oder Ausdrücken, von denen ein solider Mann gottlob nichts weiß. So wenn der Münchner bei Gelegenheit eines Satzes, den er im Vorübergehen hörte, ohne ihn verstanden zu haben, bekennt, es steige in ihm ein alter Verdacht auf, daß er etwas besonders Wichtiges nicht wisse, dem er nur durch Zufall auf die Spur kommen könne. »Andre wissen es, vielleicht alle, obwohl sie gar nichts damit anfangen

können und wollen, nur ich nicht, und ich versäume mein Leben, weil ich dies Wichtige nicht weiß, was kann es sein?« So
bleibt der Zettel verloren, gesucht vom enfant perdu, ohne
Fundbüro. Freilich soll sich, was die gleichfalls unbefriedigende
Geschichte angeht, keiner zu stark von ihrem – übrigens wie
von einem Tod ausgeblasenen – Kurzlicht dispensiert fühlen;
es ist ja nicht agnostisch. Freilich hätte sich auch der Landver-
messer K. in einem so öffentlichen Streckbrief, wenn er ihn
mit sich herumgetragen hätte, nicht wiedererkannt.

AUGENBLICK UND BILD

Sind wir matt, so merken wir erst recht nicht, was geschieht.
Das erfuhr ein Mädchen, als es den Freund abholte, ihn nach
langem wiedersah. Auf dem Weg nach Hause gab man ihr
einen verspäteten Brief, den der Freund geschrieben hatte. Sogleich ließ das Mädchen den Freund beiseite und las die ge-
schriebenen Worte, die ihr wichtiger waren als die eben gespro-
chenen. Unfähig, das Unmittelbare zu leisten, flüchtete sich das
Mädchen in die Liebe als Brief. Floh das Erleben an sich, ging
mitten darin in ein Äußeres über, in ein Erinnern oder bereits
Gestelltes, das das unmittelbare Erleben ersetzte. Das war ihr
leichter zu sehen als das Hier und Da, das nebelt und an dem
wir uns nicht lange halten können. Sind wir aber stark und leibhaftig da, so wird das Jetzt anders leer. »Warum bist du denn
so klein?« – man erinnert sich an den Vater, der das zur wiedergefundenen Tochter sagte; ein Teil davon gehört auch hierher, zum gelebten Augenblick, in dem man wenig sieht, wenn
man grade ganz unmittelbar, ohne Brief darin ist. Man kennt
freilich den Willen, immer an den Ort zurückzukehren, wo
uns ein großes Glück geschah oder begann. Jedoch wenn die
Geliebte, die dieses Glück brachte, sehr fern, verloren oder tot
ist, wendet sich, einmal darauf aufmerksam geworden, ein
sonderbares Gewissen von der Rückkehr ab. Man fühlt nicht
nur, daß das eigene Dasein unter dem Licht nicht derart aus-
genutzt werden darf. Sondern es schneidet sich eben auch das
Dunkel des dort wieder grade erlebten Augenblicks versuche-

risch oder zerstörend mit der längst aufbewahrten Erinnerung. Es schneidet sich gleichsam mit dem Brief davon im Gedächtnis, der das Unmittelbare immer heller machen kann, ja im Bild nachreifen ließ. Denn in dem Maß als wir etwas wert sind, bestehen wir unser Leben nicht nur unmittelbar, sondern halten es auch erinnernd zusammen, schreiten die Front des Gewesenen auch als einen Zug von Bildern ab. Aber weil wir den Augenblick von damals auch im starken Brennen nicht hatten, wird auch sein Bild nicht recht. Man kehrt zurück und merkt, daß wir am damals Erlebten zwar frischer, doch oft auch seiner weniger bewußt, an geretteter Substanz leerer sind.

POTEMKINS UNTERSCHRIFT

Der Fürst Potemkin hatte Stunden, in denen er keinen zu sich ließ. Totenstill war es dann in seinem Zimmer, niemand wußte, was er trieb. Die Geschäfte ruhten und die Räte hatten gute Zeit, kein Vortrag fand statt, die Spitze war verhüllt. Einmal aber, als der Anfall ungewöhnlich lang dauerte, liefen grade die eiligsten Akten ein. Sie waren zwar ohne den Präsidenten zu erledigen, doch nicht ohne seine Unterschrift. Die Räte warteten in den Vorzimmern; keiner wagte es, vor den Fürsten zu treten, auf die Gefahr, seine Stelle zu verlieren oder verschickt zu werden. Bis ein junger Beamter, mit Namen Petukow, die große Chance seiner Karriere sah. Er holte das Aktenbündel und trat zum Präsidenten ein, mit einem Ruck, ohne anzuklopfen; Potemkin saß ungekämmt und völlig stier in einer Ecke des halbdunkeln Zimmers, kaute Nägel. Petukow legte die Schriftstücke wortlos vor, reichte dem Fürsten die Feder, und dieser nahm die Fäuste aus dem Mund, unterschrieb Verfügung nach Verfügung, mit Augen wie im Schlummer, eine um die andre. Der Beamte stürzte aus dem Zimmer: Triumph! Der Fürst hat alles unterschrieben! – und zeigte die Akten. Kuriere eilten herbei, die Erlasse nach Moskau, Kiew, Odessa, zu den Generalgouverneuren zu bringen. Doch vor Schluß der Kassetten nahm ein älterer Beamter noch einmal den Akt heraus, der von seinem Ressort ausgegangen war. Stutzte, holte die übrigen Papiere, zeigte sie: gewiß, sie waren alle unterschrieben. Unter jedem Akt stand mit der Hand des Fürsten Potemkin: Petukow, Petukow, Petukow...

Puschkin, der so ähnlich das mitteilt, hat damit nicht nur das unheimlichste Dokument zur Melancholie geliefert, zu dem sich hintersinnenden Brüten, das im Nebel wühlt, zudem Kopf im namenlosen Zwielicht, der den Namen Petukow nimmt, weil sich da wenigstens etwas regt, zu dem Kopf im Gallenlicht, das noch alle Namen grau machen kann, Petukow oder Potemkin, gleichviel. Sondern indem die Geschichte vom *Fürsten Potemkin* geht, dem glücklichsten Mann und Günstling, indem die Glücklichen überhaupt (nicht nur die Despoten) auf der Höhe ihres Lebens leicht melancholisch werden (die noch Ehrgeizigen und Glanzträumer sind leichter manisch), so zeigt sich, wie wenig Höhe es schon über dem Nebel gibt, der der Mensch ist, wie sein Name und Charakter oft nur wie eine Insel darin steht, eine vielleicht schon fester gehobene als die Potemkins, aber immer verfinsterbare und hebridenhafte, ja daß dieses, was man so schon Himmel nennt, sei er selbst nach den Maßen der glücklichsten Zeit gemalt, bei manchen auf die Dauer, worauf es ankommt, doch erst eine Pflanzschule von Blicken sein dürfte, die aus dem Nebel des Daseins, der Trauer der Erfüllung noch wenig heraus sind.

EIN INKOGNITO VOR SICH SELBER

Der Vorfall war klein, hat es aber in sich. Ward nur als Betriebsunfall aus einem Zirkus berichtet, der am Platz gastierte. Der dumme August hatte gerade eine Pause auszufüllen, war dazu über die Rampe geklettert, weiter aber wurde nichts daraus. Der Herr Stallmeister fragte ihn, wie üblich: Was wollen Sie denn hier? Der August antwortete, er suche den Herrn Table d'hôte, der um diese Zeit, wie er hörte, hier zum Essen fällig sei. Diese Antwort war vorher verabredet und ebenso noch das, was der Stallmeister nachher fragte: Wer sind Sie denn, wie heißen Sie? Doch kam nun etwas ganz wider Abrede, der August verlor nicht nur den Faden, sondern das Bewußtsein, wenigstens das von sich selber. Er begann zu schwanken, schlug mit den Armen um sich, murmelt mit veränderter Stimme immer wieder dasselbe: Weiß nicht, weiß nicht, weiß nicht. Der Stallmeister kam nun auch aus dem Verabredeten, was ganz verständlich: Sie müssen aber doch wissen, wie Sie heißen, wer Sie sind. Fragte das mehrere Mal, vergeblich, der Niemand schwieg, dem verehrten Publikum und titl. Adel der Umgegend verging das Lachen. Bis der so plötzlich Namenlose zu sich kam, erwacht sozusagen und wieder eingereiht, wie das Publikum auch, das nur Spaß versteht, haben will. Der Abhandengekommene schrie aber jetzt verblüffend: Nein! ich bin ein Clown und heiße der dumme August. Die Träne quoll, der Alltag oder Allabend hatte ihn wieder. Dabei gehörte doch der dumme August, als den sich der vorige, plötzliche Niemand, Nobody erinnerte, selber zu gar keinem prosaischen Beruf, à la Amtsrichter oder Verkaufsleiter, womit er sich so wichtig macht als sei ers. Er gehörte doch vielmehr zu fahrenden Leuten, also selber unseßhaften, ob auch wenig geachteten, wenig Milch und Honig leckenden. Immerhin sie stehen, schlürfen, springen, hanteln, stemmen am Rand dessen, was der Spießer ein Künstlervölkchen nennt, und treiben nichts Eintöniges. Dennoch gab der vorübergehend Namenlose zu denken, gleich wie wenn er als solcher ebenso zu sich gekommen wie erst recht sich wieder als so oder anders Eingereihten verloren hätte. Ist denn das Allabendliche wirklich seine Rolle, in der er auch laut Paß, Gewerbeschein gewickelt ist, und ist es unsere Definition überhaupt, in die uns gerade auch ein seßhafter Beruf tauft, selbst ein durchaus nicht verfehlter? Hat der beruflich gut Untergekommene, sozusagen gut Benannte nicht immer noch ein Namenloses in petto, das ihm schon an der Wiege nicht gesungen wurde, geschweige von seinen späteren Lenkern zum nützlichen Mitglied? Früher glaubte man, daß Räuber Kinder verschleppen, um sie für ihre Bande aufzuziehen, abzurichten. Der Fall liegt viel weniger ammenmärchenhaft, wenn man unser uns selber Verstecktes in uns bedenkt. Wie es überhaupt noch in keinem uns gegebenen Namen, dummen oder auch klugen August unterkommt, an seinen Tag kommt. Weiß nicht, weiß nicht: diese Trübung seiner selbst, plötzlich die »eigene« Identifizierungskarte vergessend, diese Schwäche und ihr Anfall war gewiß krankhaft. Jedoch das dann früher oder später glücklich eintretende Aha-Erlebnis, ein August oder auch eine andere Maske vorm unsichtigen Gesicht zu sein, ist freilich nicht allemal gesünder, das heißt uns identisch wiederherstellender. Der Bursche im Zirkus regte in nuce zu solcher Einsicht an wie auf, und vielleicht mancher seiner Zuschauer verstand ihn, gerade verstehend, wenn er an sich selber dachte. Bei wie vielen mindestens ist ihr Paß gefälscht, gerade weil er kraft des Meldeamts echt ist.

MOTIVE DER VERBORGENHEIT

Erst recht vor andern können wir fast immer nur scheinen. Zuweilen durchscheinen, aber es bleibt fraglich, ob auch dies Halbe, Werdende stimmt. Denn nicht nur das Jetzt ist noch dunkel, in dem wir uns jeweils befinden. Sondern es ist eben vor allem dunkel, weil wir uns als Lebende in diesem Jetzt befinden, es ganz eigentlich sind. In diesem und als dieses zerstreute Jetzt lebt der noch zerstreute Mensch selber, nach seiner inneren, zeitinneren Bewegung. Aus diesem immer nur erst »Augenblicklichen« kommt das Viele, weiterhin das individuelle Sosein, in das kein Fremder leicht eintritt, und man selber nur uneigentlich und selten. Je »böser«, das heißt, ichsüchtiger ein Mensch ist, desto »dunkler« wird er auch sein, im gleichen Zug; doch eben darum, auch hier: man kann nie wissen, nie bereits völlig hineinsehen, gar richten. Ist das Sosein »bedeutend«, das ist, nicht zerstreut, sondern existenzielle Kräfte sammelnd, so wird es den Andern dennoch nicht deutlicher. Es hat ebenfalls seinen individuellen Hof, genau ums »Helle«, teils weil die Augen noch nicht dafür bereit sind, teils weil die Tiefe noch zu wenig Bewohner hat, um nicht individuell und einsam zu sein. Das ist das echte fruchtbare Inkognito, um dessen Lichtung das ganze Geschäft geht; nicht das falsche der Langeweile, das nichts zu sagen hat. Wir wollen von dem echten einige kleine Geschichten erzählen, bloße ausgeführte Fingerzeige, chinesische, amerikanische, jüdisch-russische. Schon an der kleinen chinesischen Geschichte, mit der wir beginnen, kann sich der Respekt der Verborgenheit ein Beispiel nehmen.

Einst, wird hier erzählt, wurden Bauern auf dem Feld vom Wetter überrascht. Sie retteten sich in einen Heustadel, aber der Blitz zog nicht ab, kreiste um die Hütte herum. Da begriffen die Bauern, daß der Blitz einen von ihnen meine, und sie kamen überein, ihre Hüte vor die Tür zu hängen. Wessen Hut der Sturm zuerst abreiße, der solle hinausgejagt werden, damit nicht wegen eines Sünders die Schuldlosen mit verderben. Kaum hingen die Hüte draußen, so packte ein Windstoß den Hut des Bauern Li und riß ihn weit übers Feld. Sogleich stießen die Bauern Li hinaus; und im selben Augenblick schlug der Blitz ein, denn Li war der einzige Gerechte.

Ist hier der »Gute«, so ist in einer anderen Geschichte, die Richard Wilhelm so schön gesammelt hat, der »Böse« verborgen. Ein Pächter ritt vom Feld zurück, hielt an einem Bach, um sein Pferd zu tränken. Da sah er wenig unterhalb einen Drachen liegen, vom Gebüsch halb verdeckt, leise zischte ihm die Flamme aus Maul und Nase. Der Pächter riß sein Pferd zurück und jagte durch den Wald, daß die Bäume sausten, fiel erst in Schritt, als er sein Dorf erblickte. Da kam ihm sein Nachbarsohn entgegen, ein Knabe von zehn Jahren, grade auf dem Weg zum Bach: – der Pächter packt den Jungen noch vom Pferd herab, setzt ihn hinter sich und erzählt ihm von dem Ungeheuer, nicht ohne sich umzusehen, als ob ihn der Drache noch hören könne. Der Knabe hält sich an dem Reiter fest, vor großer Angst, und fragt doch immer weiter: »Hatte der Drache große Augen? und seine Zähne,· hörte man sie knacken? und zischte die Flamme, als er das Wasser soff?« Der Pächter fuhr den Knaben an, zu Hause, in der Stube sei zu allem Zeit, aber der Junge ließ nicht nach: »So sieh mich doch an mit meinen Faxen, sah der Drache so aus?« Wütend dreht sich der Mann um: der Drache hockte hinter ihm und zerriß ihm die Brust. Am Abend war der Nachbarsohn wieder zu Hause am Tisch und die Wedel vor den Türen wurden neu geweiht, gegen die Dämonen, als man den zerfleischten Pächter gefunden hatte.

Wieder umgekehrt, zum Inkognito des Lichts, läuft folgende Geschichte, ohne Spuk, mit dem Ernst des jederzeit

Möglichen und wahrscheinlich wirklich Vorgefallenen; ich erinnere mich an sie aus einem Knabenbuch, aus Coopers »Spion«, und sie stammt aus der Zeit des amerikanischen Freiheitskriegs, des Kampfs zwischen den blauen Rebellen und englischen Rotröcken. Hier zog mit den Blauen lange Zeit ein Krämer umher, war billig und wegen seiner Späße beliebt. Doch bald wollte man bemerkt haben, wenn sich Birch grade gezeigt hatte, so brachen die Engländer an schwachen Stellen ein. Immer häufiger, und zuletzt kein Zweifel mehr: der scheinbare Krämer war ein Spion, die Truppen wurden gewarnt, ein Preis auf seinen Kopf gesetzt. Den Dragonern des Leutnants Dunwoodie gelang es endlich, den Verräter auszuheben, in einem Hohlweg zwischen den amerikanischen und englischen Truppen versteckt. In seinen Taschen fand man einen Ausweis des englischen Hauptquartiers selbst, den Krämer Harvey Birch ungehindert bei den Truppen Seiner Majestät passieren zu lassen. Mit Sack und Pack in eine Scheune gesperrt, einen Posten davor, sollte der Spion bei Morgengrauen gehängt werden. Einen Prediger bewilligte man ihm auf seine Bitte, der zurzeit im Lager umherkrächzte, finsteren Gesichts; der ging zur Nachtzeit in die Scheune, sprach dem Sünder ins Gewissen, begann die Melodie eines Psalms abzusingen. Nur zuweilen hörte man den Krämer dazwischen schreien oder seufzen, gegen Morgen ward es still, der Gottesmann öffnete die Tür und fragte die Wache: »Guter Freund, ist das Buch im Lager: ›Des christlichen Verbrechers letzte Augenblicke oder Trost für alle, so eines gewaltsamen Todes sterben sollen‹?« Die Schildwache lachte und schüttelte den Kopf: »Nein, das muß ein hübsches Buch sein!« Der Prediger donnerte ihn an: »Frecher Sünder, hast du nicht die Furcht Gottes vor Augen? Hole mein Pferd, ich will den frommen Bruder in Yorktown fragen, ob er das Brevier besitzt.« Wieder hörte man den erbärmlichen Krämer drinnen heulen und winseln, die Wache riegelte ab, der Priester ritt davon. Als man aber den Krämer beim ersten Dämmer zum Galgen trug, war der Prediger noch nicht zurück, der Leutnant wollte selber die Gebete sprechen: doch freilich, als es heller wurde, war der Gottesmann sehr pünktlich zur Stelle, viel zu sehr zur Stelle, denn man erkannte ihn im

Morgenlicht als den Krämer, vielmehr in des Krämers Kleidern gebunden und geknebelt und Harvey Birch war längst in Sicherheit. – Monate gingen seitdem ins Land, die amerikanische Hauptmacht, unter unvergleichlicher Führung, drang vor, schlug General Clinton bei Yorktown entscheidend aufs Haupt, und im glücklichen Oktober des Jahres 1781 wurden die Friedensverhandlungen eingeleitet, das freie Amerika wählte sich seinen besten Mann zum Präsidenten. Viele Laue jubelten jetzt der Republik zu, Proskribierte wurden wieder in ihre bürgerlichen Ehren eingesetzt, nur Verräter blieben von der allgemeinen Verbrüderung ausgenommen. Birch war verschollen, nur manchmal wollte man gehört haben, daß er sich, unter anderm Namen, irgendwo in den neuen Ansiedlungen des Westens oder Nordens verkrochen habe. Da ritt eines Abends – seit dem Freiheitskrieg war ein Menschenalter vergangen und Washington ruhte längst im Grab – der amerikanische General Dunwoodie mit seinem Adjutanten übers Feld, in der Nähe des Niagara, wo noch ein spätes Scharmützel gegen die Rotröcke aus Canada stattgefunden hatte. Wie Dunwoodie das Pferd kehrt, sieht er zu seinem Erstaunen einen erschossenen Zivilisten liegen, einen Franktireur offenbar oder auch nur einen Leichenräuber, der an den Unrechten gekommen war. Der General steigt ab – und sieht einen längst proskribierten Mann, blutig und verwittert seit damals, wo ihn der Leutnant Dunwoodie ausgehoben und in die Scheune gesperrt hatte, den Spion Harvey Birch, und gibt dem Kadaver einen Fußtritt, daß er kopfüber in den Schmutz flog. Eine Kette war vom Hals des Toten gefallen, an der hing eine kleine zinnerne Dose, der Adjutant brachte sie auf einen Wink herbei und Dunwoodie fand zu seinem Erstaunen einen Zettel darin, ein vergilbtes Papier, er las es und seine Lippen wurden bleich. Denn auf dem Zettel war geschrieben, mit wohlbekannter Schrift: »Umstände, von denen das Wohl des Landes abhing, hinderten bis jetzt zu bekennen, was keiner außer mir wußte Harvey Birch galt als Spion in englischen Diensten, so gelang ihm, den Feind zu täuschen und mir die wichtigsten Nachrichten über seine Pläne zukommen zu lassen. Auch nach Kriegsende durfte ich die Wahrheit nicht offenbaren, einen Mann restituieren, der jede Belohnung abwies, dem das Vaterland tief in Schuld steht, den ich mit Stolz meinen Freund nenne. Menschen können ihm nicht vergelten, was er getan hat, sein Lohn steht bei Gott. Georg Washington.« – General Dunwoodie legte seinen Degen auf die tote Brust; der Spion wurde ins Lager getragen und unter Kanonensalven, ins Sternenbanner gehüllt, begraben. –

Wie schön weiht das schon Knaben dahin ein, daß der Andre dunkel und keiner fertig zu beurteilen sei. Trennt diese Geschichte entzwei, was einer ist und was einer vorstellt, so setzt das eine chassidisch-russische kräftig fort, etwas wieder in dem »niederen« Ton, den schon der zugelaufene Bettler im chassidischen Bethaus hatte, man erinnert sich an ihn und seine Märchenerzählung vom Extraumkönig. Man erinnert sich auch an den verkannten »Meister des Gebets«, der am Schluß so hoch vorgetreten ist. Aber das wirklich »Große« wirkt bei alldem verborgen und unscheinbar, ist ein Mensch und kein Spektakel; so folgt die chassidische Geschichte, tiefer als der Tag gedacht, und tiefer, als selbst der Rabbi Rafael von Belz sein sonderbares Erlebnis zuerst begriffen hat.

Dem war einst, während er träumte, ein Engel erschienen. »Neben wem werde ich dort drüben sitzen?« fragte ihn der Rabbi. »Du wirst drüben neben Jizchak Leib aus Lodz sitzen«, sagte der Engel und verschwand. Nun war der Rabbi Rafael berühmt wegen seiner Frömmigkeit und geheimen Wissenschaft in ganz Israel. »Neben wem werde ich dort drüben sitzen? – neben Jizchak Leib? – ich habe im ganzen Leben seinen Namen noch nicht gehört.« Am nächsten Tag ließ der Rabbi anspannen und machte sich auf den weiten Weg nach Lodz. Es war Freitag nachmittag, als er ankam, und ließ sich sogleich beim Vorsteher der Gemeinde melden. Der empfing mit Ehrfurcht den großen Kabbalisten, aber von Jizchak Leib konnte er ihm nichts berichten. Sie fragten gemeinsam weiter, bei den älteren Männern, bei den jungen, eben erst zugezogenen, lange vergebens, bis endlich der und jener sich zu erinnern glaubte: an der Mauer wohnt einer, der viel auf Reisen ist und sich nie blicken läßt, wir glauben, das ist Jizchak Leib. Der Rabbi ließ sich den Weg durch das hölzerne Lodz zeigen, das damals noch ein Dorf war, es kamen die ersten Sterne, als er vor der richtigen Türe stand, und er freute sich, den Sabbateingang mit dem Frommen zu feiern. Aber Jizchak Leib war nicht zuhause; »er hat Geschäfte«, sagte ein altes Weib auf der Straße und grinste. »Geschäfte am Freitagabend?« – der Rabbi wußte nicht, was er von den Worten halten sollte, »nun, dann werde ich im Hause auf ihn warten.« Er saß lange in der Stube und dachte an seinen Traum, blickte auf das armselige Gerät und es fiel ihm das Wort des Rabbi Elieser ein: der Mensch sei leichter zu erlösen als zu ernähren; er dachte an den Sabbat der oberen Welten und wie er ihn feiern wolle, mit dem, der von dorther kam, er dachte an Gideon, der die Sonne angehalten hatte, und ans Krüglein der Witwe, an David und Jonathan – da trat Jizchak Leib ein, ein ganz verkommener alter Mann und, wie es schien, betrunken. Kaum sah Leib den Gast, so fragte er mißtrauisch, ob er noch einen Handel mit ihm machen wolle. »Nein, Jizchak Leib, ich habe euch besucht, weil« – der Rabbi kam nicht weiter, denn der Leib hatte schon zu essen begonnen, ohne auch nur das Tischgebet gesprochen zu haben. »Aber Jizchak Leib, ihr habt ja noch nicht einmal den Segen gesprochen«; der armselige Mann schüttelte den Kopf, sagte, er habe das Beten verlernt, und der Rabbi sprach die Worte für ihn. Als der Rabbi aber auch dann noch, nach dem Ende des Mahls und vielen Aufforderungen Jizchak Leibs, unter denen nur keine zum Essen war, kein Geschäft vorschlug, wurde der Schächer zornig und warf seinen Gast mit vielen Flüchen aus dem Haus. Da stand nun der Rabbi auf der Straße, im verlorenen Sabbat und im eignen Spiegel. »Also neben diesem großen Sünder werde ich dort drüben sitzen? Wahrhaftig, Gott, ich muß sagen, du hast kuriose Einfälle!« – *und schlug ohnmächtig hin.* Als ihn ein Mann fand, war es schon Tag, er ließ sich den Weg nach der Herberge zeigen und befahl dem Knecht augenblicklich anzuspannen, nach Belz zurück. Alle Würden wollte er abtun und sich kasteien, damit ihm Gott seine große Sünde zeige und vielleicht vergebe. Fühllos saß er im Wagen und merkte nicht, wie sie an einen Fluß gekommen waren, der Hochwasser führte und hatte fast schon die Brücke zertrümmert, nur halb faßte der Wagen auf den Bohlen Grund.

Glücklich waren sie hinüber, da hörte man vom Ufer rückwärts Lärm und sah den Jizchak Leib, wie er auf die Brücke sprang und rief. »Ihr könnt nicht kommen, die Brücke ist entzwei«, schrie der Rabbi: da warf der Jizchak Leib seinen Kaftan ins Wasser und fuhr auf ihm quer übers Wasser den Fluß herüber ans Land. »Das Gebet hat mir doch gefallen«, sagte Jizchak Leib; »so habe ich es zuletzt von meinem Vater gehört, aber ihr müßt es mir noch einmal sagen, ich habe ein schwaches Gedächtnis und die Worte kann ich nicht behalten.« – »Jizchak Leib«, sagte der Rabbi Rafael und weinte, »was kann ich euch lehren? gebt mir euren Segen!« Jizchak Leib schüttelte den Kopf, legte dem Knienden die Hände aufs Haupt, warf seinen Kaftan wieder aufs Wasser und trieb stehend zurück. Rabbi Rafael aber fuhr sehr getröstet zurück in die heilige Stadt Belz. –

Ist diese Geschichte nichts, sagen die Märchenerzähler in Afrika, so gehört sie dem, der sie erzählt hat; ist sie etwas, so gehört sie uns allen. Aber freilich, keiner hat auch hier alles davon, sie wird nicht hell. Sie wird auch nicht fertig mit dem seltsamen Mann, der sich erst falsch, dann nur in Symptomen, und nicht einmal in Rätseln äußert. Weder die Züge noch die Bräuche deuten an Jizchak Leib das Übermäßige an, nicht einmal Güte in der erkennbaren Form. Die Früchte, die er treibt, lassen ihn höchstens ahnen, doch nicht erkennen; denn das Wasserwandeln ist ebenfalls nur ein Symptom, eines, das in der kabbalistischen Rabbiwelt und noch woanders, wie man weiß, zwar höchsten magischen Rang, doch noch keinen Inhalt anzeigt. Bei den drei Greisen in der Tolstoischen Volkserzählung, die manches mit der chassidischen Geschichte gemein haben, und die gleichfalls über Wasser wandeln, übers Meer zum Schiff, um das Vaterunser zu erlernen, ist alles viel plakatierter, auch viel gekommener entschieden; »sie lächeln immer und strahlen wie die Engel des Himmels«, sie erscheinen genau, wie man sich Fromme denkt, auch stehen sie bereits bei Jesus. Aber im Inkognito Jizchak Leibs ist überhaupt nichts schlüsselfertig, gleichsam; da ist vielleicht ein wirklicher Schlüssel und ein bestelltes Haus, doch er dreht sich nicht, öffnet die »Engelstür« nicht im geringsten, auch nicht halb; vielleicht eben, weil sie es wirklich ist. Das ist chassidisch, daß die Meister, von denen das Leben abhängt, verborgen sind, *vielleicht sogar vor sich;* sie wissen vielleicht, daß sie »groß« sind, aber sie fühlen es nicht. Und vor allem, was die letzte Initiation unsrer selbst angeht: in wenigen Geschichten ist das Inkognito auch des »vollkommenen« Menschen, gegen alle bisherigen psychischen, sozialen, religiösen »Bestimmungen«, so berunruhigend, so außerordentlich gewissenhaft durchgehalten. Es gibt gewiß feste Charaktere, zuverlässige Gesichter und Richtung des Gesichts: aber auch sie sind aus der letzten Unbestimmtheit (die sie sogar vor sich selber haben) noch nicht fertig heraus. Sie sind gerundet, aber nicht geschlossen, nichts Bedeutendes ist aus dieser strengen Offenheit bereits sich schließend hervorgetreten, auch der große Eingeweihte sah den Erz-Augenblick seiner, also unsrer selbst noch nicht enthüllt; vom Rabbi zu schweigen, der ihn erst mißverstand und nachher ahnte, aber ebenfalls nicht erkannte. Früher oder später, sagt Tolstoi, wird man das alles einmal erfahren: man wird wissen, woran die Menschen sind, die halben wie die ganzen; die Verborgenheit hebt sich, die immer die eigene Verborgenheit ist. Der mögliche Glanz geht auf, der, wenn er ist, immer der menschliche Glanz ist oder zu ihm gehört. Tolstoi meint als Schlüssel zu uns allen den Tod; dieser dürfte kaum dazu ausreichen.

NUR KLOPFEN

Wären wir noch gar nicht, so wären wir auch für niemanden da. Aber das Halbe, in dem wir sind, kann von außen leicht gestört werden. Es ist nicht zu wenig genug und dann wieder nicht schon gesammelt genug, um dem zu widerstehen. Was uns aber störte, in dem geht schon Sterben um, und es zerstreut noch mehr als man das schon ohne weiteres ist. Klopfen, das aus dem Schlaf reißt, selbst aus starker Arbeit, erschreckt nicht nur, sondern sticht und lähmt. Schon vom Tod hört sich etwas in diesen Störungen; die starke Arbeit sammelt doch nicht genug, im Gegenteil, sie macht noch empfindlicher. Und der Riß heraus führt nicht immer zu uns, öffnet nichts

Gutes. Da kann etwas Unzeitiges schon schmecken, wenn auch schwach und wahrscheinlich falsch, aber es ist doch da und stockt. Freunde können dann leicht fremd werden, freilich, es zeigt sich auch, was wir und was sie uns sind, wenn der kleine störende Schlag aufhört. Man spürt dann, daß man noch nicht fertig ist, grade nicht gut aufhören kann. Es ist jedenfalls nicht immer das Erwartete, das an die Tür klopft.

DER BETTZIPFEL

Das erfuhr einer noch näher und trieb erst recht von sich ab. Er hatte sich während eines einsamen Ausflugs etwas verletzt, während er sich die Hände wusch. Eine Spitze, die nicht vom besten Metall war, ging ziemlich tief in die Haut. Aber das Zeug blutete nicht oder vielmehr schön nach innen, so daß kein Taschentuch draufging und der Nachmittag überhaupt ungestört war. Gegen Abend ließ sich der Mann, er wußte nichts Besseres anzufangen, in dem Garten des Kursaals nieder; eine Sommerbühne war dort aufgeschlagen, übles Varieté für ein paar Faulenzer. Grade stand ein Cut oben und quälte arme kleine Hunde, Spitze und Foxterriers, die durch Reifen springen mußten oder in kleine Häuser trippelten und wieder herauskamen oder Nachthauben aufhatten und sich ins Bett legten oder sich aufs Töpfchen setzten und ähnliche Späße mehr. Hier ist nachzutragen, daß sich der Gast, so untalentiert zur Krankheit wie nur möglich, dennoch oder deshalb eine kleine Blutvergiftung, vor einem Jahr, an der Hand zugezogen hatte, die eben noch gut ausgegangen war. Er wußte also, was Infektion ist, kannte wenigstens, mit allem Abscheu vor dem Zeug, die Zeichen. Jetzt formierten sich die Tiere zu einem unsäglich blöden Marsch, die Pfoten auf dem Rücken des armen Vorderhunds, die Musik wurde flott und die Gäste lachten. Da spürte er mitten in die goldige Szene hinein einen heftigen Schmerz im Arm, so daß die Tasse Kaffee, die er hielt, auf dem Teller klapperte. Der Augenblick erinnerte gut an Wunden, vor allem an diesen Abend, vor dem widrig lustigen Muff der armen Tiere in der Gegend: unter so etwas konnte man wohl verrecken, wenn man Pech hat, die kleine Gefahr war völlig richtig möbliert, sie konnte wohl aufs Sterben bringen, auf das gleichsam Sächsische, Betthafte am Sterben. Das Hohle, Nüchterne, Mickrige, Weißliche dort oben winkte mit dem einen Zipfel, den die Todesfahne davon hat. Selbstverständlich stand der Gast nur am Anfang der Gefühle und sie gingen ihn gar nichts an, aber er verfolgte sie, wie sie ihn selber verfolgten, weit zurück, bis in die Windeln zurück und Bettpfannen und »pflegende« Weiber darum herum. Hier war ein Stück wirklicher Fremde; man war verschlagen und nicht in Abenteuer, sondern ins Gegenteil, von seinen Menschen fern. Kleinbürgerlicher Kitsch paßt überhaupt gut zu dem Todesbreichen, das das Kind bekommt.

KLEINE AUSFAHRT

Auch wer einschläft, wird allein, kann freilich sein wie einer, der reist. Wach sitzen wir am liebsten mit der Wand hinter uns, den Blick aufs Lokal gerichtet. Aber wie erstaunlich: beim Einschlafen drehen sich die meisten der Wand zu, obwohl sie dadurch dem dunklen, unbekannt werdenden Zimmer den Rücken zukehren. Es ist, als ob die Wand plötzlich anzöge und das Zimmer paralysierte, als ob der Schlaf etwas an der Wand entdeckte, was sonst nur dem besseren Tod zukommt. Es ist, als ob außer Stören und Fremde auch der Schlaf aufs Sterben einschulte; dann scheint die Bühne allerdings anders auszusehen, sie eröffnet den dialektischen Schein von Heimat. In der Tat hat darüber ein Sterbender, der im letzten Augenblick gerettet wurde, folgende Aufklärung gegeben: »Ich legte mich der Wand zu und fühlte, das da draußen, das im Zimmer ist nichts, geht mich nichts mehr an, aber in der Wand ist meine Sache zu finden.« Später schien dem Mann, als hätte sich in statu moriendi ein Organ des Todes gebildet; die Wand ging auf, der fast Sterbende glaubte in die Wand zu reisen, und ein neues Auge blickte gleichsam hinein, wie mit der Salbe des Derwischs aus Tausendundeiner Nacht bestrichen, die das Innere der Felsen und Gebirgswände erkennen ließ, als funkelndes, wo nicht eignes. Das Innere der Wand war nur klein, aber die umgedrehten Sinne sahen darin etwas, das ihnen sonderbar wichtig vorkam. Exitus, Exodus – ja ein Gleichnis davon kommt sogar noch schärfer wieder, außerhalb des Betts, oder, wie verständlich, in dem obenhin entfernenden Zustand der *Abreise*. Bereits die offenbare Unfähigkeit aller Menschen, auch der vertrautesten und innerlich reichsten, sich bei der Abfahrt vom Eisenbahnwagen zum Bahnsteig herab oder umgekehrt zu unterhalten, beruht darauf, daß der Zurückbleibende aussieht wie ein Ei, der Abfahrende dagegen wie ein Pfeil, daß sich beide also schon in verschiedenen Räumen aufhalten, fast schalldicht voneinander abgeschlossen, mit andren Inhalten, Krümmungen und Gestalten. Dazu ist, wer abreist, meist stolz, wer zurückbleibt, meist wehmütig gestimmt. Bei der Ankunft sind beide in gleicher Lage und Laune, doch dadurch variiert, daß der Gast noch vom neuen Tag geblendet ist, während es dem Gastfreund vergönnt scheint, ihn zu belehren. Sieht man völlig fremder Ankunft zu, etwa der eines großen Schiffs, mit dem man niemand erwartet, so mischt sich in die mögliche Leere der Enttäuschung doch ebenfalls ein sonderbares, uns mitbetreffendes Phänomen. Denn der Stolz der Abreise, in dem bereits das Glück, der Stolz des Sterbens mitschwang, wird hier deutlich von irgendeinem Triumph der Ankunft erfüllt. Vor allem, wenn das Schiff mit Musik ankommt; dann verbirgt sich in dem Kitsch (dem nicht kleinbürgerlichen) etwas vom Jubel der (möglichen) Auferstehung aller Toten.

GRAUEN UND GLÜCKLICHE AHNUNG

Doch aufs Dahinter gehen wir eben nicht immer so guten Mutes zu. Der Schlaf kennt auch gemütlosere Höhlen, sie sind vermutlich jene, in denen wir stürzen, nicht funkeln. Darin braut sich dicke Luft, und sie ist es, indem hier die helle viel seltener weht.

Eine nicht eben gesunde Frau träumte so, es käme auf sie, die nicht von der Stelle konnte, ein altes Weib zu, entsetzlich grinsend, mit ausgestreckten Händen und weit aufgerissenen Augen, immer näher auf sie zu und murmelte: Du brauchst dich nicht zu fürchten, du brauchst dich nicht zu fürchten, du brauchst dich nicht zu fürchten. Davon wachte die Schlafende nicht einmal auf, sie ist ohnmächtig geworden. Die Zähne biß sie vor Angst zu Brei zusammen, noch mehrere Tage fühlte sie sich gelähmt. Nun läßt sich kaum glauben, daß das durchdringende Grauen solcher Bilder noch auf menschlich bekannte, wenn auch unbewußte Störungen weist, auf sexuelle oder sonstige Wünsche und Verdrängungen, vielmehr scheinen Angstträume besonders gute Höhlen- und Versteckwanderer zu sein; sie geben postvitalen, kurz Todesschreck wie isoliert. Und die Vermutung drängt sich auf: hier halluzinieren sich gewisse finster-utopische Möglichkeiten entweder unsres Inkognitos selber oder dessen, was unser Inkognito (wenn es nicht positiv bewehrt und gelichtet ist) erwartet. Auch das Gespenst des beschriebenen Angsttraumes wirkt merkwürdig echt: im Zwiespalt seines Lachens und seiner Hände, seiner Hände und seiner Worte; manchmal wissen blutrünstige Jahrmarktsbilder, alte schnöde, gleichsam fidel entsetzende Geisterbilder ein Schlaflied davon zu singen. Es gibt keinen bekannten, immanent ausreichenden Anlaß für diese Bilder; eher sind sie mythisch erinnert, doch auch dafür sind sie zu stark, fremd und vor allem zu gegenwärtig.

Viel seltener kommt aus dem Dahinter Freude, welche nach Hause zeigt. Sie war in dem einfachen Behagen an der Wand, im Glück der Abreise, im Stolz der Landung. Sie wird aus ebenso sonderbaren Quellen gespeist wie der Angsttraum und hat wie dieser keinen äußerlich ausreichenden Anlaß. Dem Schreck der Angstbilder entspricht etwa, auf der andern Seite, die warme, träumerische Kolportage von Hanneles Himmelfahrt. Im Film geht Hannele über den Christmarkt, berührt scheu mit namenlosem Lächeln die Ketten und Kugeln; ein Straßensänger zupft die Harfe und das armselige Kind steht im Licht. Ruhelos fühlt sie sich gerufen und das edle Reis blüht, das schutzlose und niedergetretene; noch aus dem Wasser, in dem sie sich ertränkte, hat ihr Jesus gerufen, und der Fiebertraum im Sarg, wenn er mit allen Wunschgestalten der Erfüllung aufrauscht, ist ohne Vergleich zu Hanneles empirisch gewordenem Leben. Er empfängt nur die gehörten Märchen daraus, einen Tag, der höher leuchtet, eine Ahnung wahrer Existenz, die ihr von fernen Himmeln herabweht, ur-einfache Vorwegnahme eines Paradieses oder der Berufung dazu. Zwar sehen wir zuletzt wieder das trostlose Bett, vom Traum ist bloß ein wohltätiger Trug geblieben, der den Pessimismus für hier, den Atheismus für dort nicht aufhebt. Dennoch – auch bei vollster Nüchternheit der Enttäuschung – ist ein Ideal Gott, das bei Licht (oder bei Nacht) besehen, aus der ganzen Szene (dieser und realerer) verschwunden ist, nicht ganz verschwunden, sondern im Lächeln über den kleinen Schmuck geblieben, den ein armes Kind nie besaß oder in der Gnade eines Fiebertraums, der wahrhaftig Engel und Heilande aus so verstecktem Kern halluziniert hat. Der Weltwinter hat diesen hellen Kern so wenig widerlegt wie irgendein Frühling das Übermaß der Angstträume oder sonstiger Schrecken widerlegen kann, die ebenfalls im Kern sind.

Aber auch wach leuchtet manche Freude hinüber, ohne daß sie schon hell machte. Mancher erinnert sich des Glücks, das man als Knabe empfand, wenn man einem Handwerksburschen sein Taschengeld gegeben hatte. Schon die leere Wohnung machte froh, an der ein Fremder schellte, gar das Hinausreichen aus dem Fenster verschaffte eine Freude, gegen die selbst die erste glückliche Liebe nicht aufkam. Es war eine großartige Fröhlichkeit im Kleinen, in einer Handbewegung mit etwas darin; und sie hatte eine gewisse präzise Mystik, als wäre hier vom Wunschtraum und von mehr etwas erschienen. Kant spricht einmal, in seinen psychologischen Vorlesungen, über die »moralischen« Organe und wie merkwürdig es doch sei, daß das unpraktische Vermögen zu einer sittlichen Handlung in der Kreatur überhaupt vorkomme. Aber, fährt Kant fort, wie das Kind im Mutterleib bereits Lunge und Magen habe, obwohl ihm diese Organe doch gar nichts taugen, in seinem Zustand, so besäße auch der Mensch, obzwar ins Arge dieser Welt eingeschlossen, dennoch Organe seiner höheren Bestimmung, seiner andren Bürgerschaft. Jedenfalls bedarf es starker Vorwegnahmen (in Kants unkritischem Gleichnis selbst), um nicht nur der »interessefreien« Handlung, sondern auch dem Evidenzgefühl an ihr Raum zu geben, das am Geschenk für den Handwerksburschen als Glück erschien, als über den Leib hinausgreifendes, geringes Moment des guten Tods, Nachtods. Auch hier wächst etwas tropischer als es die bekannten Breiten unsres Subjekts (und der Welt) bereits zulassen; übermäßiger Schreck wie »grundlose« Freude haben ihren Anlaß versteckt. Sie sind im Menschen versteckt und in der Welt noch nicht heraus; die Freude ist am wenigsten heraus und wäre doch die Hauptsache.

EXKURS: MENSCH UND WACHSFIGUR

Schon unten war alles still. Späte Straße, auf der niemand mehr ging. Verschlafene Kasse, die Zimmer oben scheinen leer.

Eine Stunde vor Schluß, die beste Zeit für dieses. Das Panoptikum war nicht auf dem Jahrmarkt, sondern mitten in der Stadt. In einem verstaubten Bau, achtziger Jahre, wie die, in denen man als Kind gewohnt hatte. Unten standen Blattpflanzen in künstlichen Grotten, unsre Eltern haben das schön gerichtet.

Ein Herr und eine Dame treten ein. Die Treppe war weiß wie Marmor, das Geländer bronziert, roter Plüsch zum Halten. Sie war aus einem schlecht geträumten Herrenhaus. Ein Besucher kam herunter und sah die beiden an, aber er hielt sein Bein in der Luft, trat nicht auf. Er war aus Wachs und die Herrschaften, die hinauf gingen, der Herr, der herunter kam, tauschten einen überzwerchen Blick. Kehre um den letzten Absatz herum und man sah in einen großen, hellerleuchteten Saal. Sozusagen niemand war darin, nur über und über war er gefüllt mit Fürsten, Krinolinen, Uniformen und Riesen am Eingang. Die Dame ging nicht weiter und ihr Begleiter hielt auch an, hatte einen bösen Genuß. Sie setzten sich auf die Stufen und er erzählte von der Angst, die er so gehabt hatte, wenn er als Knabe von verrufenen Schlössern las, in denen niemand mehr wohnte, aber in stürmischen Nächten waren oft alle Fenster erleuchtet. Was war da, was saß da, was hatte Licht, was beschien es: vom Blick in diese Versammlung hatte er geträumt, den Leib am Sims hochgezogen, den Kopf an den Scheiben des unsagbaren Saals. Oder von dem Bruder Ali erzählte er, aus Tausendundeiner Nacht, lang schon her, jung wie wir, und dem Spukhaus in Kairo, in das dieser gegangen war; seit Jahr und Tag hatte sich niemand mehr hinein gewagt, denn wer dort übernachtet hatte, wurde am Morgen nicht mehr gesehen. In diesem Haus lag Ali im Bett und alles war still, die Kerzen brannten auf den prächtigen Möbeln, kein Schatten war im Zimmer, in dem sich etwas verstecken konnte. Nur gegen Mitternacht rief es von außen, über die Treppe herab: Ali, sollen wir herunter kommen? Wie mit Kinderstimmen wurde gerufen, noch einmal, und Ali antwortete nicht, da hob sich sein Bett, die Tür öffnete sich und Ali flog mit dem Bett die Treppe hinauf in den Saal, von wo es gerufen hatte. Die Kinderstimmen gehörten dazu, sagte der Mann, waren süß wie Chloroform; denn die echte Gefahr ist zwar leblos, aber unsichtbar. Inzwischen war man oben im Saal, unter der rosigen, auch starrenden Assemblee.

Die meisten waren völlig mit sich als Puppe beschäftigt. Nur einiges Wachs stand gebeugt herum, mit einem Covercoat-Mäntelchen, und sah das andre an. Vor einem Leutnant wurden die Besucher selber ruhig; denn er war genau wie einer der Offiziere aus der alten Gartenlaube, bei der Großmutter am Ofen. Wie sie dort über den Christmarkt gingen, mit Pickelhaube, viel zu dunklem Tuch und Epauletten; wie sie im Biwak saßen, ums Lagerfeuer, bei Mars-la-Tour. Bourbaki stand neben dem Wachsleutnant, ja man hatte eine ganze Vitrine voll Deutscher und Franzosen: Napoleon und Bismarck vor der historischen Hütte, auch historische oder romantische Augenblicke aller Art, den Kaiser, den Zaren und König Humbert, die Jungfrau von einem Gorilla geraubt, Charlotte Corday ersticht Marat im Bad, die Lebensmüden mit Strick und Meer, die schöne Hexe auf dem Holzstoß – patriotische und polizeiliche Stellage aller Art mit den Augen des Auflaufs gesehen. Die Nummern selber waren eine ganz vertrackte Kreuzung zwischen Porzellan in Vitrinen und den Stationen eines Kalvarienbergs, lauter Totes, das Menschen ist, und ebenso schrecklich, wenn es sich bewegen würde, wie geheimnisvoll, daß es sich nicht bewegt. Seine Kleider hängen um Prothesen, um Werg, das aus einer geplatzten Rocknaht hervorkommt, aber der Kopf ist blühendes Leichenwachs, die Augen glänzen und der Charakter steht fest unter der Zeitlupe aus Stille und Vitrinenglas. In solchem Panoptikum wurde einmal – das hatte der Begleiter im Kino gesehen – ein Liebespaar zur Nacht eingeschlossen; und er erzählte es jetzt. Unter dieser Zimmerpalme saßen sie auf der Bank, hatten schräg gegenüber die Krönung Napoleons in Notre-Dame: den Kaiser, den Papst, die knienden Marschälle. Grade küßte der Liebhaber im Film sein Mädchen auf der Bank und man hatte in Großaufnahme ihre Augen, die sich schlossen, die sich nicht schlossen, sondern wach wurden wie nie und schrieen. Denn man sah mit den aufgerissenen Augen: der Kaiser Napoleon bewegte sich, der Papst senkte die Krone und die wächsernen Marschälle huldigten in der Nacht. Hier war Liebe nicht stärker als der Tod, oder war sie es, dann nicht stärker als der Tod, der sich bewegt. Als ein Scheinleben, das sich plötzlich als Scheintod gibt; so trieb der Erzähler mit Entsetzen Scherz, wie es sich gehört und verstärkte die Aura als Führer. Vorüber gingen sie an den künstlichen Leichen und Abbildern, der eigene Leib wurde ihnen fremd, das Tote in Leibgestalt nicht verwandter.

Da rief man von unten, von der Kasse, daß bald geschlossen werde. Das Herz solcher Kabinette heißt Schreckenskammer; man setzt in ihr Räuber und Irre als Brillen auf, um Fleisch zu sehen. Aber nicht die Verbrecher werden hier sichtbar, obwohl sie im Kreis stehen, blaß und bald blutig. Sondern nur ihre Nähe zur Anatomie erscheint, die Wundränder und der Irrsinn der letzten Qual. Ein abgeschlagener Kopf, dem das Blut in den Bart floß, ein Gehängter, der seine Zunge durchgebissen hatte – alles in Wachs, unter Vitrinen, hinter den Verbrechern, die das liefern. Viel Platz auf unserm Leib für Schmerzen, fand der Mann, genau war die Folter auf ihn abgestimmt gewesen; oder er für sie, wieviel reicher als für die Lust. Könnte man die Eiserne Jungfrau und das Weib davor halb so hoch nach oben drehen wie nach unten reichen, in die

Fleischhülle, dann häufte sich ein Berg von Glück und wir wären wie Götter, die auf ihm wohnen. Wie Götter? fragte die Dame, sie müßten dann aus Glas sein und keinen Tropfen Blut in sich haben, sie müßten überhaupt aus nichts sein, um Götter zu sein. Sie sagte das im anatomischen Kabinett, wo das Wachs völlig sachlich wurde, nicht mehr scheinlebendig oder scheintot. Charlotte Corday ersticht nicht ewig Marat und ist gebannt dasselbe zu tun, als »Erscheinung« in Wachs, auch wenn sie sich bewegte, sondern hier ist der offene Leib selber als Ding da und ebenso unwiderruflich. In einem Schneewittchenkasten ruht Venus ohne Ausdruck, mit Spitzenhemd und Kaiserschnitt. Abgeschnittene Arzthände wippen noch auf ihrem Leib, mit dem Messer nach unten und blauen Manschetten, kommen aus der Luft und stehen wie Schmetterlinge über dem Schlachtschnitt, durch den man das Kind sieht. Aber sonst ist Venus nur Demonstration geworden, keine Figur mehr; denn auch die Präparate umher: Fäulnis und höllische Farben an der kranken Haut, dämonische Plastik unter der gesunden – sind nicht mehr der bekannte lebende Mensch. Erster Preis für anatomische Plastik, sagt das Diplom über der Tür; in der Tat, verdient, noch kein Bildhauer hat den Darm unter der Haut gemeißelt, der bronzene Apollo ist Oberfläche, Porträt und Kunstgeschichte bewegen sich nur längs des Leibs, nicht in dieser seiner Tiefsee. Über die zwei Vigilanten kam der Ekel, den sonst nur die Pubertät hat, dies finstere Staunen der Eingeweide dicht neben der Liebe, dieser Röntgenblick in Blut und Kot neben dem Frühling. Selbst nachher, selbst Chirurgen, wenn sie einen aufgeschnittenen Leib vor sich haben, isoliert, und mit bedecktem »Gesicht« des Kranken, finden keinen direkten Weg vom blutigen zum Menschenphänomen. Was für eine Uhr sahen sie wieder, die uns im Sack steckt. Eine Falle Apollos und christlich ein Babel, trotz des Haupts voll Blut und Wunden. Was für eine *gute* Vogelstraußpolitik trieb man in der Gesundheit, die das alles nicht merkt, was für eine *bedenkliche* mit der Schönheit, die an der Leibuhr nur das Zifferblatt sieht und auf dem nur mitteleuropäische Zeit. Was für eine *tiefe* Vogelstraußpolitik, aber immer eben, immer erst diese ist der Orgasmus, der die Augen mit Lust

blockiert. Hat das Blut noch eine andre Mündung als in den lebenden, sprechenden, sozialen Menschen (die es doch nicht hat),
eine wirklich genaue und sich dionysisch aufschlagende, umschlagende? Sieht die Vogelstraußpolitik des Orgasmus, gar
der Rausch des Lustmörders den Blutleib wahrer oder künf-
tiger als unsre sanften, oberflächlichen Augen, die nur um die
Hautküste fahren und schaudern, wenn sie ins Innere kommen? Hier an diesem herausgerissenen Herzen, mit Aorta,
Tintenfisch-Aura, Pumpwerk aus so rätselhaftem und verwes-
lichem Material, war jedenfalls nur der Schreck, sich in diesem
Maße nicht zu sehen, wenn man den Leib von innen sieht. Erster Preis für anatomische Plastik auch hier, soviel organische
Vernunft, aber niemand weiß, was in dem Blutleib darinsteckt, außer dem schon sichtbaren Außenmenschen, der
doch auch nur halb und nicht einmal halb darinsteckt. Da war
nicht mehr das Märchen Alis, sondern ein Spukhaus selbst, an
den Tag gestellt. Griechisch war ihnen nicht zumute, das Licht
der humanistischen Welt wurde schmal. Auch die Puppen und
Vitrinen des Rückwegs hatten ihr Staunen an die lebende Welt
abgegeben. Das Panoptikum wurde geschlossen, die Blattpflanzen am Eingang bekamen noch frisch Wasser und der ewig her-
abgehende Herr wurde vom Diener auf der Treppe abgestaubt.

DANEBEN: WIRTSHAUS DER IRREN

Einer, der manchen Schritt abseits tat, sagte, darüber befragt,
folgendes. (Er sprach in Bildern, doch nicht blumig oder enthu-
siastisch, als solle er etwas prophezeien, sondern eher leicht frivol, als wolle er mit bescheidenen Tropen etwas auflockern.
Fern von dem üblichen Ernst, mit dem man Narrenfaxen
aufschreibt und die Irren, auf ihrem Weg, wissenschaftlich
klassifiziert, als wären sie Affen und der Psychiater gar nichts.)
    Die Irren, sagte er, wollen nur ein wenig über Land gehen.
Sie möchten vor unserm Dorf einen kleinen Spaziergang machen. Bis zum nächsten Wirtshaus, von dem sie Gutes gehört
haben. Aber zwischen dem Dorf und dem Wirtshaus ist ein
Wald; durch den gehen die Irren. Im Wald ist kein Weg, son-

dern lauter Unterholz, gestürzte Bäume und dergleichen, so daß man leicht abkommt. Auch gibt es Kakadus, Papageien, sogar Affen darin, die sehr schreien. Die Fußgänger werden betäubt, verfallen in Murmeleien und natürliche Geisterstimmen, schreien am Schluß mit, aus Vergnügen, aus Angst, aus Wut. So daß sie zuletzt nicht mehr wissen, wie sie in den Wald gekommen sind. Ja sogar vergessen, was sie auf dem Spaziergang eigentlich wollten. Und die Ärzte stehen hinten am Dorfrand, gegen den Wald zu, rufen in ihn hinein, rufen den Irren zu, sie möchten doch zurückkommen. Die Irren hören das vor Lärm im Wald gar nicht, wollen ja auch nicht zurück, sondern ins Wirtshaus. In den »Roten Ochsen« oder »Fröhlichen Schlesier« oder die »Dreifaltigkeit«, wovon bei uns nur die Schilder hängen, aber nichts gehalten wird.

Ich selbst (sagte der Erzähler) habe auch von dem Wirtshaus gehört und Sie (er wandte sich an seinen Freund), wie mir scheint, nicht minder. Aber ich gehe nicht durch den Wald selber, sondern mache einen kleinen Seitenweg um ihn herum. Kann sein, leicht möglich, daß ich manchmal mit einem Fuß oder beiden kurze Zeit in den Wald hineintrete, wenn der Weg zu schlecht ist. Sie übrigens auch (er apostrophierte wieder seinen Zuhörer, obwohl der das gar nicht wissen wollte), Sie kommen sogar öfter hinein als ich, schreien nicht grade mit dem tropischen Zeug auf den Bäumen, aber werfen mit Kokosnüssen danach; so sieht das manchmal wenigstens aus oder hört sichs an. Doch hält man sich an den Pfad herum, so kommt man ganz gut ins Wirtshaus jenseits vom Wald. Zwischen Kraut und Rüben liegt dort der Hase im Pfeffer. Wird in heißer Liebe gebraten und jenem Gewürz, das aus unseren besseren Nachtträumen stammt. Wer der Wirt ist, weiß ich natürlich nicht; er hat sich wohl erst allmählich gebildet und ist selber noch nicht da. Von dort werde ich den Irren zurufen, kurz und gut: den Verirrten, die objektlos rasen, den braven und im Grund höchst sinnvollen Touristen. Sie werden mich selbstverständlich hören, ganz anders als die Ärzte im Rücken, deren Dorf sie überhaupt nicht interessiert. Auch die Papageien werden dann nichts mehr zu sagen haben, denn das Objekt vor der Nase, von dem es ruft, hat eine bessere Akustik. In den Faxen und Faseleien lebten ja nicht diese selber, sondern nur das verfehlte Ziel. So treibe ich den Wald durch sein Ziel aus und die »Umnachtung« durch die Wirtshauslichter (Fensterkreuze). Dann ist der Irrsinn abgeschafft; einige Marode der ersten Generation ausgenommen, die im Wald bleiben. Auch Leute vom Dorf werden nachkommen, wenigstens gelegentlich, nach Belieben. Mir selbst wird man wahrscheinlich ein Denkmal setzen, an der neuen Autostraße, mitten im Wald, wo es Kehren gibt. Ein Denkmal in Gestalt eines S-Zeichens oder auch nur eines Wegweisers mit einem Arm. Selbstverständlich ohne meinen Kopf, den braucht dann keiner mehr. –

Bekannter Nachtrag: Der vollkommene Psychiater (auch Indologe, Philosoph usw.) hört in dem Augenblick auf einer zu sein, wo er es ist. Er wird ein Objekt der Psychiatrie (auch Indologie, Philosophie usw.).

TABLEAU MIT BOGEN

Wer in Not, mag gern leichtgläubig sein. So auch jener Arme, hungrig, krank, arbeitslos, der im Schlaf eine recht erstaunliche Stimme zu hören glaubte. Sie erzählte ihm, unter dem zweiten Pfeiler der alten Brücke in Prag läge ein Schatz, der schon seit vielen Jahren auf den Heber warte. Der Mann, des Trosts bedürftig war selber durchaus bei Trost, nahm aber den Traum ernst, machte sich nach Erwachen reisefertig, kratzte seine schwache Barschaft in der Klitsche zusammen, machte sich auf den weiten Weg nach Prag. Dort bekam er Erlaubnis, unter dem Pfeiler zu graben oder graben zu lassen, das störte ja nicht den Verkehr. Der Effekt war und blieb, wie auch der Brückenwärter voraussah, Kies, Kies und nichts als Kies. Bis der Mann seinen gehabten Traum samt Botschaft dem Brückenwärter erzählte, und der antwortete: »Auf so etwas fallt Ihr herein? Auch ich habe einmal im Traum eine Stimme gehört, in einer Stadt weit weg (der Wärter nannte hier eben den Ort, woher der Mann gekommen war) warte ein Schatz auf mich, sogar viel bequemer als unter einem Brückenpfeiler, nämlich unter meinem Ofen dort, den ich gerade anheizte. Meint Ihr, ich sei deshalb hingefahren, hätte den Blödsinn geglaubt?« Und der Brückenwärter hatte zweifellos recht, so sehr, daß auch der kuriose Kiesgräber ihm recht gab. Allerdings nicht zuletzt durch den Namen seines eigenen Wohnorts, sogar seiner Straße ermuntert, die ihm der Wärter mitgenannt hatte, beiläufig und ahnungslos durchaus. Der enttäuschte Schatzsucher hörte auch gar nicht weiter hin, schämte sich vielmehr vor dem seßhaft gebliebenen, normalen Wärter, zog ernüchtert ab nach Hause. Aber als er, der winzige Don Quichote, in seiner Klitsche wieder angekommen war, nach all der Ausfahrt und mit all der traurigen Heimkehr, hungrig und frierend, fand er indes kein Holz mehr, seinen Ofen anzuheizen, riß darum, es war nun alles gleich, den Boden auf, um Holz zu haben, und fand nun – Tableau mit Bogen – endlich seinen Schatz. Tableau mit rückkehrendem Bogen also, damit endet die Geschichte, in die Ferne schweifend und das Gute lag nah.

Der Mann hätte die Sache zweifellos billiger haben können, und er hat sich das nachher vermutlich selber gesagt. Doch ebenso ergeht die Frage an den nachdenklichen Hörer seiner Geschichte (ähnlich soll sie auch chassidisch vorkommen und ihr Verwandtes findet sich in Tausendundeiner Nacht, in der 351.): war die Reise nach Prag umsonst? Sind nicht schon so viele Einsichten, Gewinne, Lösungen auf entfernenden Umwegen, gerade mittels ihrer, erlangt worden? Die dann also gar keine Umwege waren, sich vielmehr als echte Wege zum Ziel darstellten, ja in ihm sich dankbar erhielten? Dem Banausen freilich erscheint jeder Umweg, im Leben wie in Studien, als unnütz und Allotria; er zieht nur Ablenkung daraus. Der wirkliche, Schätze suchende Kopf kann das Wort, das zu ihnen führt, oft genau an entlegener Stelle hören und dort den Schlüssel zu dem finden, was zu Hause auf ihn wartet. Würde, sagte Mann, Marx endlich Hölderlin lesen und erst recht Hölderlin Marx, so stünden wir anders da. Wobei gewiß der arme Teufel, der an den Traum geglaubt haben soll und geradezu dennoch das Gesuchte fand, kein Beispiel abgibt, wohl aber ein Zeichen, ein überdies lustiges, daß Frage und Lösung zuweilen nicht am gleichen Holz wachsen. Die berichtete Geschichte, soweit sie ein Merke hat, läßt freilich nicht nur nach Prag reisen. Sie hebt auch die Dielen in der armseligen Klitsche ihres Bewohners hoch und auf – Umweg auch hier, nicht Treue zum Angestammten.

EINIGE SCHEMEN LINKERHAND

»Sollte man«, sagte einer, »denn nur schlafend träumen und wach gar nicht? Ich meine, da unten bildert es immer, man merkt es nur schärfer, wenn man müde ist. Wenn einer so vor sich hinstarrt und Zeug von gestern oder morgen in sich umgehen läßt. Aber vielleicht träumt man auch, wenn sich der Fuß manchmal ganz dunkel sträubt irgendwohin zu gehen, wo man ihn nachher bricht. Oder die Haut schaudert uns wie Tieren, an Stellen, wo etwas nicht geheuer ist. Von Angstträumen geht da schon viel hinüber, auch von sogenannten warnenden. Mit offenen Augen spürt man genau so träumerische Luft, in der es weht, vielleicht sogar spukt. Wäscht man sich die Augen, so ist auch das freilich vorüber, ja so gut wie nicht da.«

»Ich weiß nicht«, bemerkte Herr A., »ob es das nicht gibt, aber es geht uns jedenfalls weniger als Träumen an. Vor kurzem las ich erst den sonderbaren Fall eines Berliner Anwalts, eines Manns, dem ich fast glaube. Der stand gegen elf Uhr morgens in seinem Büro und diktierte, als neben ihm eine Flamme hochschoß bis zur Decke. Die Sekretärin schrie und wie der Anwalt noch die Tür aufriß, sank das Stichfeuer wieder in den Boden, aus dem es gekommen war, das Parkett war völlig unversehrt, die Decke ohne Ruß. War das wach geträumt, so war es immerhin zu zweit geträumt, als wäre es wirklich mehr draußen als drinnen geschehen. Der Schriftsatz ging weiter, eine Viertelstunde später schellte nur ein Agent um zu erinnern, daß die Feuerpolice abgelaufen sei. Das machte mir den größten Eindruck: so viel Trommeln und so wenig Soldaten dahinter; wenn der Agent wirklich der Soldat gewesen sein sollte. Wie ist das alles abgestanden, *fern* von uns und dumm, vielleicht halten sich die Tiere damit auf dem laufenden. Aber was menschlich herauskommt, sieht doch meist aus, als ob man vierspännig einen Hering zum Abendbrot fahre.«

»Wenn das nur so wäre«, meinte Herr B., »dann müßten diese Dinge doch mindestens so lächerlich wie unheimlich sein. Ich habe das Gefühl, daß die Flamme bei der Lebensversicherung gar nicht ankommt, vielleicht überhaupt nicht anzukommen braucht oder, wenn sie landet, dann oft sehr bei uns. Sie vermuten, die Tiere halten sich damit auf dem laufenden, das ist schon sehr merkwürdig; verstehe ich Sie recht, so halten Sie also die törichte Flamme für eine Art Witterungssprache, sozusagen für eine Art Rundfunk zwischen dem tierischen Nervengeist. Kommt man aber in seinen Stromkreis hinein, so erschrickt man doch seltsam vor den dämonischen Lauten oder Bildern, als an unsrer Tür. Und ich kenne Fälle, wo die gewarnt beunruhigten Menschen allerdings im *eigenen Haus* ankamen, meist zu schlechterletzt. Eine ähnliche Geschichte wie die des Anwalts hörte ich einmal von einem Polen, der sie mir selbst von sich erzählt hat, vielleicht hat er auch gelogen und sie bloß gelesen; immerhin, er schrie mit und der Agent nachher war nicht sehr lächerlich. Vor kurzem, erzählte mir der Pole, sei er in einem Seebad gewesen und habe dort, obwohl es ihm so wohl ging wie nie, ein sehr merkwürdiges Gesicht gehabt. Er trat aus seinem Hotel auf die völlig leere Straße und wunderte sich noch über die große, mittägliche Stille: da kommt um die Ecke ein Wagen aus Glas und darauf ein offener Sarg, ebenfalls aus Glas, neben dem geht ein Knabe, der in eine Art kleinen Sternhimmel gekleidet war, mit vielen Knöpfen und Punkten, und bittet ihn, wie der Wagen an der Tür hält, in den Sarg einzusteigen. Im Augenblick hört er hinter sich seinen Namen rufen und der Spuk verschwand; eine junge Engländerin stand hinter ihm, dieselbe, mit der er sich all die Tage über amüsiert habe, und sie sei jetzt seine Frau. Die erste Stadt der Hochzeitsreise war Paris, wo sie gegen Abend ankamen und grade in den Lift zum Speisesaal einsteigen wollten, als der Mann seine junge Frau noch aus der Tür zurückriß. Denn genau diese Verbeugung hatte er halluziniert gesehen, dieses Gesicht des Liftjungen, diese Uniform – als sie auf der Treppe waren, hörten sie schreien, der Lift war gestürzt und die Leichen der Passagiere wurden im Erdgeschoß herausgetragen. So ungefähr wenigstens«, schloß Herr B., »erzählte mir der Pole sein Glück im Unglück – ich meine, die Halluzination hat ihm doch ganz Nützliches zugefahren, mehr als bloße Heringe. Sie scheint nicht nur im Tierkreis zu liegen, für Tiere; oder Gefahr und Tod liegen ebenfalls darin, wir haben sie mit allem Lebenden gemein. Durch das zweite Gesicht wurde hier etwas genau so getroffen und umgangen wie mittels der Feuerpolice; die Vor-sicht ist freilich verschieden.«

»Sie vergessen zu lang die Toten«, meinte ein Herr C., »das Fahle, das sich im Dunkel umtreibt. Es gibt doch nicht nur eigene Ahnungen, sondern auch solche von nachher oder von drüben oder wie man das sagen soll. Aus ungekanntem Zustand, worin sich weder Tier noch Mensch aufhält; ich gebe zu, das hat nicht unsre Zeit, aber auch keine Vorzeit, sondern eben einen *abgesunkenen Raum*, und den merkte die Vorzeit nur besser. In dieser Welt wuchs das Nachtgrauen und heute noch das grausige Behagen an der Sache, das gar nichts Frivoles an sich hat, selbst wo es versucht wird. Sondern das eben, wie ich meine, der menschliche, der gleichsam warme Anteil an einer Welt ist, die früher oder später doch die unsre sein wird. Dieser Raum, scheint mir, ist immer um uns, auch wenn wir nur an seinen Rändern saugen und nicht mehr wissen, wie dunkel die Nacht ist. Die Jugend merkt es noch manchmal; ich möchte eine der unheimlichsten Erinnerungen aus meinem Leben erzählen.«

»Wir hatten einmal einen Jungen bei uns, einen etwas dikken und bleichen, aus dem man sich wenig machte. Wir ekelten uns fast vor ihm und er nannte sich selber geschlechtskrank, aber freilich, man konnte sonderbar mit ihm sprechen. Er sprach ebenso gern vom Grab wie vom Bett, und von den Würmern, die den Leib hochheben, als ob er atme, von dem Spuk, der auch aus uns wird. Sechzehn Jahre alt machten wir einmal mit andern Jungen einen Ausflug ins Nachbardorf und kamen bald wieder auf Tod und Fortleben. Als Bourrier gar, so hieß der Bursche, ein Lichtbild hervorzog, das von einem Geist gemacht worden sein sollte, blieb ich mit ihm etwas zurück und einer versprach dem andern, daß er ihm erscheinen werde, wenn er früher tot sei. Schon ein Jahr später hatte sich mein Verhältnis zu Bourrier ziemlich abgekühlt, auch fehlte er immer häufiger in der Klasse und kam aus unserm Gesichtskreis. Da sagte der Klassenvorstand eines Morgens, höchst überraschend, daß unser Mitschüler nach längerer Krankheit gestorben sei und wir uns folgenden Tags zur Beerdigung bereit zu halten hätten. Der Primus hielt nun am Grab eine Rede über Raupe und Schmetterling, an die er selber nicht glaubte, bei unsrer lappigen Erinnerung; und Erde schütteten wir über den Schulfreund, der so oft mit Kellnerinnen bis zum Montagmorgen auf dem Billardtuch geschlafen hatte. Eine illegitime Kneipe des Heimwegs half uns bald von dem Begräbnis weg und am Abend des Tags – meine Eltern waren auf einen Ball gegangen – konnte ich aufbleiben, solange ich wollte, hatte den Bücherschrank für mich, verbotene Memoiren, den Zarathustra und andre Götter, für die uns der Bart gewachsen war. Wie immer an solchen Abenden fühlte ich meine Studentenzeit vor, nur wunderte ich mich an diesem, daß ich immer wieder von Zeit zu Zeit ins dunkle Zimmer nebenan sah, zerstreut und schließlich sonderbar traurig, auf den Regen hörte, der gegen die Scheiben schlug, auf die Schritte von der Straße, die immer stiller wurden und schließlich in der Ferne verhallten. Meine Träumerei wurde völlig einsam und jetzt schoß eine ferne Erinnerung, ein Bild durch aus dem Nichts: den Frühlingstag sah ich wieder auf der Landstraße ins Nachbardorf, mit dem toten Bourrier an der Seite, und dem Versprechen, zu dem wir uns verschworen hatten. Hier fühlte ich, wie ich vom Kopf bis zu den Füßen zitterte, umkreist war ich schon lange und die Zeit war da, schrecklich in der leeren Wohnung plaziert. Hinter mir ging eine Tür auf den Korridor, durch den ich nachher in mein Schlafzimmer mußte, neben mir war eine offen zu dem dunklen Salon, in dem undeutlich die Möbel standen und nur etwas Gaslicht von der Straße auf die Decke fiel. Meinen Weg ins Bett habe ich vergessen, doch ging ich einen verschiedenen Weg gleich nachher und träumte furchtbar, den Traumweg des Rapports aus einer wirren Kneipe nachhause; das war auch eine Gefangenschaft auf dem

Weg, wie im Zimmer, nur eine verkehrte: hinter mir schloß sich die Straße auf den Fersen zu und vor mir flog sie in einem weiten Winkel beiseite bis zur elterlichen Wohnung, bis zur offenen Gartentür, auch die Haustür war offen, trotz der Nacht, die Fenster auf der Treppe, sogar die Wohnungstüren des ersten, zweiten Stocks, alles breit offen im Dunkel. Ich stieg zum dritten Stockwerk, wo ich endlich zuhause sein mußte, doch noch eine Treppe ging weiter hinauf, ich mußte falsch gezählt haben, auch diese Tür gähnte sperrangelweit, dickes Dunkel dahinter und gänzlich fremd. Plötzlich fiel Licht auf das Messingschild, aber das war nicht das gewohnte, sondern ein Emailleblech wie an Wartezimmern, und darauf stand als Name: *Bourrier*, mit einem Sterbekreuz dahinter. Im Augenblick fühlte ich mich angesehen, von oben her, und über mir sah ich wohl zehn Treppen, die alle noch höher gingen, auf der letzten Bourrier selber, in einem Nachthemd, mit der Kerze übers Geländer gelehnt, und grinste mich an. Unter diesem Lächeln bin ich eingeschlafen, bis in die Morgenstunden, und hörte nur noch einen Schrei, ganz zuletzt – meine Mutter hörte ich schreien von der Treppe her, und wie ich aus dem Schlaf zu den Eltern hinausstürze, glauben wir von dem oberen Stockwerk ganz langsam eine große schwarze Kugel die Treppe herunterfallen zu sehen, fast stockend, aber genau in der Mitte. Die Türe schlugen wir zu und blieben wach bis zum hellen Tag, ich erzählte meinen Traum, und er war noch menschlicher als das Unbeholfene dort draußen über die wirkliche Treppe herunter. Nur ein Symbol, wie Sie sehen, doch wahrscheinlich aus der großen Armee; eine Leiche fährt sie in den Traum, eine Kugel rollt sie vor die Füße, wie das Meer Wellen – nicht mehr, nicht weniger.«

Die Freunde schwiegen still, es war schon spät, die Kugel hatte eingeschlagen. Halluzination und Mythologie schienen ununterscheidbar durcheinander zu gehen, bei dem Mann; erfahren mochte das sein, aber die große Armee, der ganze geglaubte Höllenkram? Herr D., der noch nichts gesprochen hatte, fuhr lebhaft auf und machte eine Handbewegung, als wolle er das ganze Jenseits auf die Füße stellen. »Ich weiß nicht«, sagte er, »ob nicht viel weniger schon grauen läßt, obwohl es von hier ist. Man braucht vielleicht nicht so viel hinüber zu gehen und Ihre Angst ist doch dieselbe. Mir fällt nur ein kleines Erlebnis dazu ein, aber es zeigt, was lebende Menschen schon können. Auch ich stieg einmal spät nachts meine Treppe herauf, gar nicht träumend, sondern als gesunder Student, sang noch etwas vor mich hin. Da spüre ich an der ersten Kehre Stoff an mich streifen, etwas Faltiges bald hinter mir, bald vor mir, bald geduckt, bald flatternd. Die Treppe rase ich herunter, es läuft und tanzt der Schatten mit, schaukelte noch lautlos an der Haustür. Endlich hatte ich den Schlüssel gedreht und die Tür aufgestoßen, da schoß das Tanzende an mir hoch und ich sah in der Laterne ein altes Weibergesicht, weiß und über die Maßen entstellt, das schrie wie ich noch nie Schreie gehört oder geträumt hatte – gellend hoch, Mund, Augen, Leib alles aufgerissen. Zwei Männer kamen vorüber und die Wirtschaft nebenan hatte auch noch Licht: als wir das Wesen nun anhielten, tanzte es noch in unsren Fäusten weiter und wieherte – eine Irre, wie sich nahher herausstellte, die entsprungen war und sich eben in meinem Hausflur versteckt hatte. Hier war sie eingeschlossen worden und hatte wohl die halbe Nacht umhergetanzt und gesucht, durch das dunkle Haus, in dem alle schliefen, bis auf sie und den Studenten auf der Treppe. Mir aber wurde auch nach der Erklärung nicht wohler, fühlte mich noch am nächsten Tag von einem Gespenst gepackt, ja habe jeden Spuk, den ich träume, höre und nicht glauben kann, im Weib von damals gegenwärtig. Diese Irre war doch auch ein Gruß aus den Höhlen des Lebens, wo es nicht stimmt, keiner aus unsern Träumen oder problematischem Grabdunst. Sondern, wie ich sagte: es war ein hiesiger, der aber fast alles enthielt, als er in meinen Hausflur kam. Ich lernte daran, daß das ganze irrende Seelenzeug, das wir fürchten, verwandt ist; in dem nämlich, daß es doch wohl die halbgaren Schrecken selber sind, die in uns und mehrerem noch möglich sind und sich manchmal heraussetzen. Mit bloß negativer Aufklärung vergehen sie nicht, wie meine Figura zeigt, vielleicht aber vergehen sie mit Licht in dem Halbsein persönlich, das auf der Treppe spukt und meist eben nächtig, schrecklich ist. Auch die Dinge auf der Treppe, selbst in meinem Zimmer sind ja nicht geheuer, wenn sie nachts an sich rücken und die andre Hälfte zeigen, unter dem Tagraum; sie werden dann mindestens ein guter Schauplatz für das ›Parapsychische‹, eben für das Ungewordene, Larvenhafte linkerhand. All das kommt vom ›menschlichen‹ Herd und geht ihn doch mehr an, als es der Skeptiker möchte und der Geisterseher überschlägt. Das Wehende, Düstere, Schreckende geht ihn an, das dort noch lauert und möglich ist, weil der wirkliche ›Mensch‹ noch nicht im Haus ist. Aus Krämpfen steigt es auf, mediale Kräfte bilden halbgare Fratzen, meine Irre stellte das Leben und Treiben im Unterholz psychisch dar. Spukhäuser (von den Krämpfen Halbwüchsiger betrieben), dämonische ›Erscheinungen‹ drükken es in den äußeren Zwischenräumen durch – eine fatale Produktion, die mehr unsre eigne Versäumnis als die zwischen Himmel und Erde ist. Auch die Begegnung mit meiner Irren setze ich als Gespenstergeschichte, als hiesige; sie war so deutlich und trocken wie ein gutes Drama. Kommt die fahle Hand immer nur von drüben, so mischt sie zu viel Blumen und Musik in die Karten; das stumpft ab und macht wohlig, veropert die Schrecken, vom Mythologisieren zu schweigen. Bei einem Gespenster-Pitaval, den ich mir sehr wünsche, mag das anders sein, wenn wirklich nur Vorgefallenes berichtet wird; kalt, mit dem ganzen ranzigen Öl der Sache. Alles andre Grauen, scheint mir, ist doch über die Hälfte das Behagen des nervösen Zuhörers und nicht, wie Herr C. sagte, die Betroffenheit des künftigen Teilhabers. Ein gesprenkeltes Feld, Mysterien für Unfromme, Metaphysik für Unmündige; immerhin, man streift es leicht, besonders nachts – wüßte man nur genau, wo es liegt.«

Hier trennte man sich, die einen überreizt, die andern dachten an vieles. Ein Spötter zitierte Mark Twain und sagte, wir alle hätten jetzt Gesichter so feierlich und nichtssagend wie die Rückseite eines Grabsteins. Es war Herr A., der das sagte und hinzufügte, man sehe auch darum, wie wenig uns Spuk und Verwandtes angehe, in dem nichts sei als er selber. Als einer der Teilnehmer zuhause war, schrieb er in sein Notizbuch: »Der Spuk ist allerdings nichts Genaues; denn er zeigt, daß die rechte Hand nicht weiß, was die linke nicht tut.«

Nimm mich mit, das wünschen nicht nur Kinder und rufen so. Wer immer sich erweitern, gar verändern will, ist für diesen Wunsch anfällig. Schon ein Glas lockt dann bescheiden, an seinem Klaren teilzunehmen, sich dem Wein darin zu widmen. Und auch Bilder sind Gläser, höchst eigen gefüllte, die der Blick trinkt, in die er eindringt und zuweilen nicht nur als Blick? So daß der Rand zu verschwinden scheint, der hier der Rahmen ist. Chinesische Legenden lassen ihre Menschen, sterbend, im Bild, auch Gedicht sogar verschwinden. Das ist wohl das seltsamste bekannte Wunschzeug um und in Malerei und Dichtung. Derartig volle Nimm-mich-mit-Märchen sind bei uns kaum als nachgeahmte bekannt; ein einziges ausgenommen, das jetzt noch folgen soll. Sein Motiv ist alt, hängt auch mit Traumglück und Gewecktwerden zusammen. Paul Ernst kannte die Geschichte gleichfalls, ohne rechte Ahnung, was sie bedeutet. Sie hat durchaus keinen chinesischen Rang, doch stellt dafür das Normale, sozusagen, wieder her.

Ein junger Mensch, wird erzählt, kam von der Universität nach Hause, mit der Verlobten zu sprechen, die er nicht mehr sonderlich liebte. Nach Tisch saß er allein in der elterlichen Stube, blickte vor sich hin. Seine Braut rief von draußen, alle seien schon fertig zum Aufbruch, wo er denn bleibe. Aber er hatte gar keine Lust zur Landpartie, heute am wenigsten; voll Ärger schlug das Mädchen die Türe zu. Rudolf hörte das schon gar nicht mehr, denn zum erstenmal seit langem, seit seiner Knabenzeit, betrachtete er mit Ernst das alte Bild über dem Stollenschrank. Ein Rokokopark war darauf zu sehen, mit Damen und Kavalieren auf der Promenade und im Hintergrund, von den Wipfeln halb verdeckt, ein Lustschloß mit hohen Fenstern, die zum Boden führten, und vergoldetem Gitter. An einer Wegkreuzung im Park stand eine Frau, ganz allein, und in der Hand hielt sie ein weißes Blatt oder ein weißes Tuch. Das wußte Rudolf schon als Knabe nicht genau: liest sie einen Brief oder hält sie ein Taschentuch, weint sie? Ganz nahe trat er jetzt an das Bild heran, und wie er sich in die Farben, Konturen versenkte, da bewegten sich mit einem Male die Herren und Damen leicht an ihm vorüber, er selber schritt, spürte den feinen Kies des Wegs, auf die Frau schritt er zu, die unbeweglich stand und ihm entgegensah. Und nun, mit einem Schlag, wußte er, sie liest einen Brief, seinen Brief, vor langem hatte er ihn ihr geschrieben. »Bist du endlich gekommen, Geliebter«, rief sie und ließ den Brief sinken, »ohne Unterlaß habe ich auf dich gewartet, du schriebst mir, daß du kommen wirst, jetzt aber ist alles gut, du bist bei mir.« Sie küßten sich, verloren sich tiefer im Wald, der Abend kam, sie kehrten ins Schloß zurück, ein festliches Mahl war bereit, die Kavaliere und Damen grüßten den heimgekehrten Schloßherrn, bald ruhten die Liebenden im geschmückten Gemach. Gesang der Vögel tönte in ihre Morgenträume, viele Tage vergingen ihnen so, viele Nächte unter dem wechselnden Mond. Spiele, Feste, Jagden, bedeutendes Gespräch verkürzten die Zeit, junge Freude war endlich wieder in den lang verödeten Zimmern. »Alles ist dein«, hatte die schöne Frau gesagt, »nur eine Tür darfst du nicht öffnen, willst du nicht, will ich nicht alles verlieren.« Aber eines stillen Nachmittags, der Schloßherr stand in den Gängen am Fenster und blickte in den Garten, wo das Laub sich zu färben begann, schien ihm plötzlich, als würde gerufen, als würde er bei einem Namen gerufen, den er dunkel kannte, und der doch nicht sein Name war. Aus einem Zimmer schien der Ruf zu kommen, das er noch nie betreten hatte, er öffnete die Tür, das Gemach war völlig leer, aus der Wand schien die Stimme zu dringen, aus einem Bild, das an der Wand hing. Der Schloßherr trat näher und sah ein gemaltes Zimmer, das ihm gleich dem Ruf dunkel bekannt erschien; wie aus fernen Zeiten blickten die Möbel zu ihm her. Das Bild zeigte an der Wand darin im Hintergrund wieder ein Bild, doch das Rufen kam aus der gemalten Tür. Er horchte immer erstaunter darauf hin: – da stand Rudolf auch schon mitten in der elterlichen Stube, die nicht mehr gemalte Tür flog auf und die Braut rief: »Wann kommst du, Rudolf, wie lang soll ich noch auf dich warten, der Wagen ist vorgefahren, soll ich den ganzen Tag verlieren, wegen deiner Launen?« Der Mann fuhr nur wenig zusammen, dann nahm er die Hand seiner Braut und trat mit ihr vor das alte Bild: »Sei still, siehst du nicht, sie weint, das ist ein Taschentuch, kein Brief.« Die Braut hat diesen Ausruf zuverlässig nicht verstanden, die anschließende Wagenpartie des Träumers muß kurios gewesen sein.

Soweit die Fabelei, eine keineswegs besondere, doch doppeltürige. Rudolfs letzter Satz ist sentimental, obwohl das Quidproquo: Taschentuch-Brief zum ohnehin schon künstlichen Bau gehört. Aber auch bedeutend Einschlägigeres gehört dazu, nämlich ein zweimal verschwindender Rahmen. Erst der des gemalten Schloßbilds in der elterlichen Stube, dann der der gemalten elterlichen Stube im Schloß. Dies Schloß ist überdies – ganz verkleinert – auch innerhalb seiner selbst nochmals vorhanden, nämlich an der gemalten Wand des gemalten Wohnzimmers in der verbotenen Stube. Außer dem chinesischen Motiv: Eintritt ins Bild sind so auch japanische Einschachtelungen in der sich spiegelnden Spiegelei bemerkbar. (Es sei denn, man denke an die »Merkwürdige Gespenstergeschichte« in Hebels »Schatzkästlein des Rheinischen Hausfreunds«, wo dieser Almanach an einer Schnur vom Kamin herabhängt, und der Herr so die eigene Geschichte, in der er mitten darin ist, fast lesen könnte, – auch nochmals mit dem Kamin darin und dem darin hängenden »Hausfreund«-Almanach, gespiegelt in infinitum.) Doch gleichwohl läßt Rudolfs Brautfahrt das chinesische Eintrittsmotiv überwiegen, wenigstens anfangs, um es dann freilich desto erwachter zu verlassen. Dergestalt eben, daß der Eintritt erst vollführt, dann zurückgenommen wird, indem sich der doppelt wegschwingende Rahmen zu einer Art Drehtüre verwandelt.

Wohin sie führt? sicher in ein Besitztum des poetischen Sinns, auch wenn noch nicht einmal ausgemacht ist, wo es liegt. Hier jedenfalls, in der schraubenden Bildgeschichte, wirft es den Besucher, seinen nur träumerisch angerührten, wieder zurück; der Alltag hat ihn wieder, und das stimmt, leider, in Rudolfs Fabel am besten. Es sei denn, man nehme den Silberblick, den er immerhin an der Frau, dem wartenden Bild hatte, für bare Münze, die es so noch nicht gibt, so noch nicht gilt.

Wer wir sind und wann wir eigentlich leben, weiß bis heute niemand. Noch dunkler, wie und wohin wir dann gehen; Sterbende treten ab, als was? Das fault und stäubt ein wenig, doch darum handelt es sich nicht. Der schlechte oder gute Name geht in die Erinnerung einiger Überlebender, bleibt dort eine Weile stehen. Aber die Menschen selber, als Kerne dieser Nachrede, fahren zu einem unbekannten Ziel. Selbst das Nichts, das die Ungläubigen zudiktieren, ist unvorstellbar, ja im Grund noch dunkler als ein Etwas, das bliebe.

Geht einer aus der Türe, so kann man ihn zwar gleichfalls nicht mehr sehen. Auch er verschwindet, als ob er stürbe, mit einem Male, der Zug biegt um die Ecke. Dennoch besteht, selbst bei weiten und gefährlichen Fahrten, der einleuchtende Unterschied, daß der lebend Abreisende auf unsrer Ebene bleibt, und zwar buchstäblich: man kann ihn auf unserm Plan ohne Auf oder Ab der Bewegung wieder erreichen. Jedoch der Sterbende *wechselt* die Ebene; er geht entweder als pure Leiche in ein unvorstellbares Nichts, das höchstens chemische Vorgänge übrig läßt, oder aber er steigt auf, der »Seelenvogel«, verschwindet in einem offenen, hochgelegenen Tor. Die Türe, aus der er weggeht, wird zu einem Maul, das ihn so einsam und hohl verschluckt wie jeder seinen Tod allein bestehen muß; oder aber sie wird zum Eingang in ein Etwas, das man nicht weiß und das keine Körpermauern mehr hat. Dies Letztere ist das »einleuchtend« Näherliegende, obwohl keinerlei Realurteil darüber ergehen kann. Aber die Betroffenheit ist sonderbar, die das Tor überall hervorruft, wo es an Bildern und Geschichten erscheint; die Wand des Einschlafens und das Tor des Sterbens.

Es gehört wenig dazu, einen sofort in dieses Bild mit zu nehmen; man erinnert sich des ungeheuren Eindrucks, den schon ein purer Film mit dem Tormotiv ausüben konnte. – Ein schönes Mädchen war hier zu sehen, fuhr mit dem Geliebten übers Land. Die beiden saßen allein in der Postkutsche; an der letzten Haltestelle steigt ein alter Mann ein. Blickt unverwandt auf das Mädchen, vor allem ihren Geliebten, müde und streng, mit hartem Gesicht. Der Wagen rollt durchs Tor in ein Städtchen ein, grade unter einem Wirtshausschild hält er still. Der Alte folgt dem Liebespaar und nimmt am gleichen Tisch Platz, trinkt dem Mann zu. Sogleich erscheint im Becher des Geliebten, im Brautbecher, aus dem Lil, das Mädchen getrunken hat, ein Stundenglas; der Sand rinnt im Glas, ein schlimmes Zeichen. Dem Mädchen fällt der Becher aus der Hand und zertrümmert, sie will die Wirtin rufen und kommt zurück; da ist der Tisch leer, das harte Gesicht verschwunden, mit ihm ihr Geliebter. Im Augenblick noch, sagen die Gäste, ist er mit dem Alten vor die Tür gegangen, Lil stürzt vors Haus, niemand will die Beiden gesehen haben: nur dort drüben, ein Bettler deutet, dorthin sind sie gegangen, und auch am Nachtwächter, schon am Ende der Stadt, gingen sie vorüber. Das Mädchen sucht unter Bäumen, an den dunklen Wiesen immer weiter, dem Geliebten nach bis zu einer Mauer hin, einer hohen, steinernen, ihr entlang, die kein Ende nehmen will, die im Kreis zu führen scheint und nirgends ein Eingang. Da kommt übers Feld, im Mondlicht, ein seltsamer Zug: Knaben, Männer und Frauen, jung und alt, Bauern, Bürger, Ritter, Priester und Könige, Gestalten aller Zeit, nebelnd und weißlich, langsamen Schritts; und mitten darunter Lils Geliebter. Sie schreit seinen Namen, will ihn umarmen und zu sich reißen: da wendet ihr der Schatten nur leicht den Blick zu, unendlich entfremdet, kaum stockt der müde schleifende Schritt und mit den Andern verschwindet der Tote in der Mauer. Lil fällt ohnmächtig nieder; so findet sie der Apotheker des Städtchens, der die günstige Stunde des Vollmonds gewählt hatte, um zauberkräftige Kräuter zu sammeln, Wohlverleih und Teufelsabbiß, Salomonssiegel und Tausendgüldenkraut. Auf seinen Schultern bringt er das Mädchen zu sich ins Haus; er läßt sie allein, stärkenden Tee will er ihr kochen, an einen Tisch ist sie hingesunken, Retorten stehen umher, Sal, Sulphur, Merkurius und Flaschen mit Gift, viele Bücher liegen aufgeschlagen und Lils verwirrter Blick fällt auf sie, fällt auf die offene Bibel und den kräftig unterstrichenen Satz: »Denn die Liebe ist stark wie der Tod.« Buchstäblich wird er gelesen, verstanden, gewertet in seiner magischen Equilibrierung von Kraft und Last. Lil greift nach dem Gift, öffnet, trinkt: und im selben Augenblick steht sie vor der Mauer. Mit einer unerhörten Bewegung streicht sich das Mädchen über die Stirn, höchstes Befremden und vollendete Erleuchtung, Schlafwandel und Erwachen, die Mauer ist nicht mehr geschlossen, sondern ein brennender Spalt, ein gotisches Tor mit unendlich geahntem Licht dahinter führt in die Tiefe. – Was in der Tiefe geschah, ließe sich wohl erzählen, wenn nicht das Tor heller gewesen wäre als die Todeskammer mit den vielen Kerzen dahinter, die nun folgte, oder der Auferstehung wie üblich. Aber wenigstens das Tor verwandelte die Zuhörerschaft fast zu einer Gemeinde (tu res agitur); über dem trivialen Kunststück des Kino wirkte tiefere Regie, und sie brachte, mit ihrer Gleichzeitigkeit von Ausgang und Eingang, das letale Ursymbol der *Pforte* zum Bewußtsein.

Doch eben was hinter dieser liegt, war kaum in Bildern oder gar in mehr zu zeigen. Die Welt ist leidvoll und das spärliche Glück darin stumm, kaum nach außen, gar nach »oben« auszubreiten. So läßt sich auch der Ort, zu dem wir verschwinden, eher mit Schreckensbildern als mit Glücksgöttern bevölkern. Soll seine Unbekanntheit auch nur »ahnungsweise« gelichtet werden (das ist, nach dem, was uns hier an Schreck oder Freude übermäßig, transzendierend betraf): dann gelingt die »Hölle« meist sehr reich, spannend und voll Abwechslung, während der »Himmel« in Bild und Wort matt bleibt, ganz eigentlich langweilig, ja dem Schrecken des bürgerlichen Sonntag gefährlich nahe. Nur nebenbei findet man manchmal noch andre Züge, bunte, doch bescheidene Abglänze, die genau das *Tormotiv* etwas fortführen, aber *mit den Eintretenden* selber, nicht mit fremdem, großem, ausgeführtem Spektakel. Lehrreich sind derart chinesische Motive, als welche zwar nur von Künstlern handeln und ihrem Gang ins Werk, doch damit ihr eigenstes Duft- und Klang-Orplid so aussparen wie einsetzen. Eine Philosophie leben, heißt durch sie sterben lernen, sagt Montaigne senecahaft, ja fast noch magisch weise; auch einige chinesische Endmotive verschlingen eben das Werktor mit dem Todestor, merkwürdig und kaum von ungefähr, mit höchstem bildenden Ernst und an Ort und Stelle kaum artistisch. Es genügt sie anzudeuten, als ein Spiel, das nicht verstärkt werden kann und letzthin puren Wunsch bedeutet, das aber darin immerhin merkwürdig ist, daß es als neue Fahne im Werk, nicht nur als Fahnenflucht aus der Welt möglich ist. Die Geschichte von dem alten Maler gehört so hierher, der seinen Freunden sein letztes Bild zeigte: ein Park war darauf zu sehen, ein schmaler Weg, der sanft hindurchführte, an Bäumen und Wasser vorüber, bis zu der kleinen roten Tür eines Palasts. Aber wie sich die Freunde zu dem Maler wenden wollten, das seltsame Rot, war dieser nicht mehr neben ihnen, sondern im Bilde, wandelte auf dem schmalen Weg zur fabelhaften Tür, stand vor ihr still, kehrte sich um, lächelte, öffnete und verschwand. Oder die andre Geschichte, eine Abwandlung des gleichen Mythos, welche Balács in seinen »Sieben Märchen« forterzählt hat, die Geschichte von dem Träumer Han-tse gehört hierher: des Dichters, der das Buch seiner Geliebten dichtete, der schönen Li-fan, die ihn verschmäht hatte. Ins Tal der silbernen Apfelblüte schrieb er das Mädchen, schrieb ihr einen herrlichen See und ein Schloß aus Jade, die köstlichsten Gewänder, Feste und Gespielinnen, und der Mond ging nicht unter im Tal der silbernen Apfelblüte. Das alles träumte sein magisches Wort, ja er konnte noch Li-fan selber aus dem Buch zu sich rufen, bis sie der Tag wieder vertrieb: übermächtig war so sein Leben geteilt, in den traurigen, alternden Tag und die geheimnisvolle Schöpfung, die zu ihm kam und ihn immer wieder verließ. Bis zu jenem letzten Morgen, die Verwandten suchten Han-tse in seiner Hütte, lange vergeblich, man fand ihn nicht, doch auf dem Tisch lag sein Buch aufgeschlagen, mit einem neuen, dem letzten Kapitel: Die Ankunft Han-tses im Tal der silbernen Apfelblüte. So hat sich ein Dichter selber in sein Werk hineingeschrieben, »hinter die Mauer aus ewigen Buchstaben«, ästhetisch wirklich »produktiv«, also noch hinter das Werktor (Mahlers letzte Musik wirkt manchmal so im Realen). Aber ist das Dunkel, das uns erwartet, durch solche Märchen auch etwas gefärbt, wenigstens mit unsern Wunschträumen und ihrer keineswegs selbstverständlichen und weltregulären Gestaltbarkeit, ja Bewohnbarkeit, und wachsen grade die buntesten chinesischen Blumen an der Finsternis des letzten Tors, als ob es wirklich unser realstes wäre: so sind das alles doch erst tiefe Märchen eines Vorscheins, aus denen uns ein Speiteufel wieder zurückwirft, auch in frommen Zeiten, auch aus tieferen und solideren Entrückungen als denen der Maler und Dichter. Die Wohnungsnot der Menschen auf der Erde geht mit einigen Ankunfts-Symbolen weiter, ohne daß sie das lebende Tor des halben Existierens oder gar das fatale Tor des möglichen Nichtexistierens mit anderm als Träumen erhellen konnten. Sie haben noch kein Blut getrunken, erst recht noch keine irdisch-überirdene Praxis gehabt: immerhin ist die irdische Wohnungsnot mit einigen Glückssymbolen eine gute Präparandenanstalt für Realträume hinterm Tor.

DINGE

HALB GUT

Wir also haben uns kaum. Aber erst wir und die Dinge, wer findet sich hier durch? Das Tuch um uns schützt zwar immer, dies geht noch an. Aber freundlich wärmt man sich am Herd, nur ein wenig näher und man verbrennt. Die Hände selber muß man davon weglassen.

DER NÄCHSTE BAUM

Ich kenne einen, der kehrt nicht gern um. Muß er es doch, so braucht er meist einen Halt, ein Ziel von außen. Das kann ein Baum, eine Laterne oder ein Felsstück rechts vom Weg sein; bis dahin noch, dann trägt der Baum gleichsam das leichte Unrecht, daß etwas unterbrochen sei. Wir haben ihn für uns benutzt, fast hingegeben, als könne er das besser tragen, ja besser machen als wir. So sehr traut man dem Baum, obwohl er doch nichts von unsern Zwecken weiß. Gar von so läppischen, und von den andern erst recht nichts. Denn auch die Säge liefert von dem Baum keine genaueren Ansichten, nur möbliertere.

BLUME UND ANTI-BLUME

Einige können ihr Ich in einem Äußeren aufgeben, ohne sich darin zu verlieren, im mindesten zu verlassen. Vorausgesetzt daß sie mit der Sache draußen auf gutem Fuß stehen, so gestern wie heute wie besonders morgen. Als am achtzigsten Geburtstag Monets ein Kameramann zu ihm aus Paris kam, antwortete ihm der Maler: »Kommen Sie im nächsten Frühjahr und photographieren Sie meine Blumen im Garten, die sehen mir ähnlicher als ich.« Anderen wieder hätte ein vertrauter alter Schrank im Zimmer den selben Dienst geleistet. Dann gehörte auch gerade Anti-Blume, nämlich Unverwesliches ins Stilleben, gestillte Leben zwischen Mensch und Dingen.

DIE LEIDNER FLASCHE

Desto merkwürdiger, daß sich benutzen läßt, was wir überhaupt nicht kennen, als wäre es für uns da. Der Elektriker Siemens bestieg einmal die Cheopspyramide, schon unterwegs hatten ihm die Gesichter seiner Begleiter nicht gefallen. Oben blieb wenig Zeit, die Aussicht zu bewundern, denn die Beduinen griffen zur Pistole, plünderten Siemens aus. Aber dieser, dem schon lange die elektrische Ladung der Wüstenluft aufgefallen war, warf in höchster Schlauheit seinen Gummimantel unter die Füße, hob den durchnäßten Finger in die Luft und senkte ihn, grade als der Scheich vor ihm stand, langsam auf dessen Nasenspitze. Ein Funke fuhr aus der lebenden Leidner Flasche hinüber. Die Beduinen rannten schreiend davon und Siemens, als er den mühseligen Abstieg, allein und ohne Magie, endlich hinter sich hatte, staunte selber noch lange über »seine« Kraft. Er hatte sich durchaus als Zauberer bewährt; aber wie kommt die Aufklärung zum Aberglauben, die Regeldetri zum Hexeneinmaleins? –: sie lacht darüber und sieht ihm schließlich ähnlich. Der berechnete Funke sprang über, wie früher vielleicht der besprochene; diesmal »gut«, ein andermal »schlecht«, denn beides geht ihn nichts an.

DIE ERSTE LOKOMOTIVE

Gar über Stephensons Debut läuft folgende wilde Legende. Soeben hatte er den ersten fahrenden Kessel aus dem Schuppen gezogen. Die Räder rührten sich und der Erfinder folgte seinem Geschöpf die abendliche Straße. Aber schon nach wenigen Stößen sprang die Lokomotive vor, immer schneller, Stephenson vergebens hinter ihr her. Vom andern Ende der Straße kam jetzt ein Trupp fröhlicher Leute, hatten sich beim Bier verspätet, junge Frauen und Männer, ihr Dorfpfarrer darunter. Denen also rannte das Ungeheuer entgegen, zischte in einer Gestalt vorüber, die noch niemand auf der Erde gesehen hatte, kohlschwarz, funkensprühend, mit übernatürlicher Geschwindigkeit. Noch schlimmer, wie in alten Büchern der Teufel abgebildet wurde; da fehlte nichts, es kam nur etwas hinzu. Denn eine halbe Meile weiter machte die Straße eine Biegung, grade einer Mauer entlang; auf diese fuhr die Lokomotive los und explodierte mit großer Gewalt. Drei von den Heimkehrern, wird erzählt, fielen am nächsten Tag in ein hitziges Fieber, der Pfarrer wurde irrsinnig. Nur Stephenson hatte alles verstanden und baute eine neue Maschine, auf Geleisen und mit Führerstand; so wurde ihre Dämonie auf die rechte Bahn gebracht, ja schließlich fast organisch. Die Lokomotive kocht jetzt wie von Blut, zischt wie außer Atem, ein gezähmtes Überlandtier großen Stils, an dem man den Golem vergißt. Die Indianer sahen bei den Weißen zum erstenmal ein Pferd; dazu bemerkt Johannes V. Jenssen: wüßte man, wie sie es sahen, so wüßte man, wie das Pferd aussieht. Und am Irrsinn des Pfarrers sah man, wie einer der größten Umwälzer der Technik aussah, bevor man sich daran gewöhnte und die Dämonie dahinter verlor. Nur der Unfall bringt sie zuweilen noch in Erinnerung: Krach des Zusammenstoßes, Knall der Explosionen, Schreie zerschmetterter Menschen, kurz ein Ensemble, das keinen zivilisierten Fahrplan hat. Der moderne Krieg tat erst recht das Seine; hier wurde Eisen noch dicker als Blut und die Technik gern bereit, sich an das Höllengesicht der ersten Lokomotive zu erinnern. Kein Weg geht zurück, aber die Krisen des Unfalls (der unbeherrschten Dinge) werden ebenso länger bleiben wie sie tiefer liegen als die Krisen der Wirtschaft (der unbeherrschten Waren).

DER STÄDTISCHE BAUER

Ich kenne einen, der auf schöne Weise feig ist. Zwar mit Tieren steht er gut, unter Menschen stellt er seinen Mann. Aber wie ein Bauer mißtraut er, obwohl in der Großstadt geboren, den Maschinen, dem Schlagen von Eisen auf Eisen, den Explosionen von Öl, mittels derer wir uns so sanft von der Stelle bewegen. Die Gefahr, pflegt er zu sagen, in Berlin geboren zu werden, ist sehr groß; und ich bin ihr erlegen, bin ihren Folgen heute noch nicht gewachsen. Selbst mit dem Lift fuhr dieser Mann nicht gern und deutete auf den dünnen Strick, an dem der Kasten hing: »Sieht man nur so etwas, dann braucht man für meine Abneigung keine Psychoanalyse.« Oder es stießen einmal zwei Schiffe, zur Nacht, im Wannsee zusammen. Die Zeitungen begriffen bald, denn es waren beide Kapitäne betrunken gewesen. Aber der Bedenkliche schüttelte nur den Kopf und sagte: »Das macht mir die Sache erst recht rätselhaft. Es ist schon bei Tag und nüchtern ein Kunststück, auf dem Wannsee zusammenzustoßen. Gar bei Nacht, wenn man nichts sieht, und noch betrunken.« Also war ihm der Unfall ein gelungenes Preisschießen von Schiffen aufeinander, vielmehr die Lust, sich als Schiffe zu zerstören; denen selbst war es kein Unfall, im Gegenteil. Erst derart meinte dieser Mann die Sache zu verstehen: die Dinge wollen immer wieder in ihr eignes Leben zurück; gelingt das, so wird es ihnen recht, uns katastrophal. Ist die Katze fort, so springen die Mäuse auf dem Tisch herum; wendet sich der Herr ab, so erinnern sich die Diener daran, daß sie keine sind.

DAS HAUS DES TAGS

Am wenigsten unser dürfte der äußere Morgen sein, so frisch er ist. Er zerstreut wie Tee und ist schönste Oberfläche, alles ist daran blank und auswendig. Ein Dasein, das von frühauf schon überall und daher ebenso nirgends zu sein scheint. Das kein Haus hat, und in dem man endlos weiter gehen kann, ohne anzukommen. Es gibt grüne Schatten, aber sie sagen noch nichts.

Das ist nachmittags freilich anders oder gar am Abend, wenn auch draußen alles niederer wird. Oder wenn das Land am menschlichen Haus teilnimmt, wie einmal sehr deutlich bei einem Freund wurde, mit einem Einklang von innen und außen, der auch draußen ein Haus vortäuschte oder gab, eben unsres. Das ist eine Erinnerung, die zunächst hierher gehört, als scheinbares oder wirkliches Korrektiv der Ding-Einwohnung ohne Unfall, ohne Endlosigkeit und Verirrung. Ich speiste einst mit diesem Mann, die Schüsseln waren abgetragen, die Bauerntochter, die seine Geliebte war, ging in die Küche. Wir Freunde uns schweigend gegenüber und rauchten die Pfeife, die Tabakwolke roch, wie wenn man hinter Waldarbeitern hergeht, so kräftig und gut nach Zimt; draußen das weite bayrische Land mit Kuppelwolken am unbewegten Himmel, eine Fliege summte in der Stube, die Bauerntochter klapperte mit dem kräftigen Geschirr. Ein höchst heiteres Kreisen ging fühlbar zwischen Drinnen und Draußen, Schein und Tiefe, Kraft und Oberfläche. »Hören Sie«, sagte da mein Freund, »wie gut das Haus in Gang ist.« Und man hörte die Ruhe, das richtig Eingehängte, wie es läuft, die wohlbekannte Kameradschaft mit den Dingen, die jeder Gesunde fühlt, die Lebensluft um sie her und die taohafte Welt. So nahe und fast aus dem gelebten Augenblick heraus, so selber darin zuhause genossen wir das »Land« und brauchten nicht einmal eine Strecke wegzugehen, um es in voller Figur zu sehen. Wir lagen zwar im Bann, aber der schien gut – freilich gehörte das menschliche Haus dazu und der Tag war im Haus, filtriert, nicht das Haus im Tag. Von dem wir doch sagten, daß er – vor allem als Morgen – keines hat oder hat er eines, dann jenes unmenschliche, von dem nun eine zweite Erinnerung handeln mag, und das keineswgs genau so »gut« im Gang war. Der Morgen hat kein Haus, wenn man in ihm weiterläuft, aber ein furchtbares kann er freilich werden, *wenn man radikal in seinen Anfang hineingerät*. In die erste Frühe, die noch vieles in sich hat, nicht nur blanke Oberfläche, am wenigsten den makrokosmischen Atemraum, nach dem sich Faust am Pult sehnt. Das Leben kreist dann keineswegs goethisch, im gesunden Welttakt, das Tao des Glücks versinkt, Natur wird kein Buch lebendig, unverstanden, doch nicht unverständig. In ihrem Welthaus konnte man sich nicht gesund baden, es lehrte nicht unsre Brüder kennen, war auch kein abendliches Haus, mit bedeutender Nähe von allem. Sondern die *umgekehrte* Dämmerung nahm auf, die grade früheren Zeiten unheimlich war, die Embryonalenge des Tags kurz vor Hahnenschrei. Diese war eine entschieden menschenferne Umschließung, und sie geschah gegen vier Uhr morgens im Juni an der süditalienischen Küste.

Von der frühen Helle geweckt trat ich ins Freie. Nicht in der Luft, aber in der Landschaft war stockende Wärme. Das Meer schien dumpf, ja breiig, schlug nicht; die Felsen, sonst so abweisend, wirkten weich, möbelhaft, durchaus dienstfertig. Im Raum war die Stimmung eines Zimmers, in dem sich einer versteckt hält oder besser (da erst nichts Angsterregendes da war), in das ein Gast eingezogen sein mußte, von dessen Ankunft man nichts gewußt hat. Eine lange Wolkenbank lag über dem Meer am südlichen Himmel, sehr flach, machte den Raum noch niederer und gleichsam gepolstert. Aber links stand Jupiter, der einzige Stern an der milchigen Haut. Jupiter im Aufgang; ein starkes Auge, das durch seine Stärke erst recht nahe schien. Und zugleich wurde fühlbar: *mit diesem Blick steht die Landschaft im Einverständnis*, ja, Jupiter hat das unfaßbare Zusammen erst erregt, als Gast im Raum oder als der spannende Herr unter seinen Geschöpfen. Der Stern herrschte so stark, daß er selbst den Beschauer von seiner kontemplativen Terrasse herunterriß, mitten in die dichte Szene, wo es keine Augen oder Abstände für ein Draußen-, gar Darüberstehen mehr gab. Betäubt und pathisch nahm man lediglich eine Art Durchklang oder Rundklang in sich auf; dieser zog ins Ensemble, ohne auch nur eine Atemstelle für den Kopf übrig zu lassen. Der Zeuge wurde zum Glied eines namenlosen Organismus; er fühlte sich wie im Inneren eines Tierleibs, eines Welttierkörpers mit Jupiter als seinem Innenauge. Hier gab es nur Interieur und keine Schauseite, nur Einrichtungen und Eingeweide, aber keine Bewohner, außer dem Weltleib selber und seinem niederen Sternauge. Man fühlte sich von den Säften eines Totems genährt, durchströmt, gebannt, der keineswegs im Ebenbild des Menschen geschaffen war. Nur allmählich ließ der mythische Zustand nach, der Tag wurde heller, umschloß nicht mehr oder man konnte, mit aufsteigender Sonne, in sein höher gewölbtes Gebäude nicht mehr eintreten; über die gehobenen Stufen der Tagestür. Aus einem Zimmer, ja Leib waren Stockwerke geworden, schließlich der scheinende Palast, in dem man sich wieder verlaufen konnte, mit Erdparterre, Bergen und Himmelskuppel, und zuletzt der alte fröhliche Morgen, der selber in den Tag hineinlebt und sich ausstrahlt.

Doch das Bild einer Frühe blieb, die uns grade auslöscht und keines Menschen Freund ist. Was nachher am jungen Tag zerstreut oder äußerlich ist oder schöne Oberfläche oder gar Glanz der Weite, sah in seinem Nest schlechthin unmenschlich aus. Das Erlebnis war zu einmalig und eben zu sehr »Erlebnis«, um viel zu tragen; da kein Auge in ihm Platz hatte, so gibt es vielleicht auch kaum die rechte Erinnerung und sicher keinen Begriff an Ort und Stelle. Es war ein äußerst trübes, sozusagen kopfloses Bewußtsein, obzwar völlig normal und nur vom erfahrenen Objekt bestimmt. In seiner Atemlosigkeit hielt es vielleicht die äußerste Entfernung von »Vernunft«, war schlechthin atavistisch determiniert, von Orten in der Welt her, die noch nicht einmal die uns bekannte Mythologie *gefärbt* hat, geschweige, daß sie die Vernunft *erhellt* hätte. Will man Kategorien von Bachofen anwenden, so muß man sie umkehren: hier schien etwas Weites höhlenhaft, etwas Himmlisches »chthonisch« geworden zu sein, voll Nähe und Brutwärme, ohne aber deshalb, wie das Chthonische sonst oft, ein »Heimliches«, gar Menschennahes mit sich zu führen. Ekelangst und Ehrfurcht blieben als erinnerte Mischaffekte: Ekel vor einem Moloch mit Verdauungssäften statt mit Feuer; Schreck-Ehrfurcht wie vor alten Tiergöttern.

MONTAGEN EINES FEBRUARABENDS

Vor der Türe geht es schneidend her. Menschenleer die Straße im Frost, die Steine sind unter sich. Passen gut in die Kälte, auch die kreischenden Schienen. Alle anderen Laute sind gedämpft, die Bäume noch einmal so kahl, selbst das Holz will verschwinden. Je neuer die Straßen, desto besser verstehen sie, doppelt kalt zu wirken.

Der Atem raucht darin als gänzlich fremde Fahne. Über Nacht verlegte der Nordwind die Stadt dorthin, von woher er kommt. Versetzte sie wie den Palast Aladdins, die Haustüre geht aber plötzlich auf Grönland. Kein Übergang mehr, keine Nebel, kein verhängter Himmel, kein bloß gewanderter Norden und das Mittelmaß, zu dem ihn die Wärme sonst mischt, sondern hart und zu Hause er selbst. Aufdringlich dringt vor, was keinen Atem braucht und übrig bliebe, wenn der letzte erloschen wäre.

Doch gar nicht passend scheint das Licht. Geht einige Wochen vor März nicht mit nach Norden. Und ist gerade deshalb desto fremder, denn die Sonne strahlt kalt. Die öden Straßenzüge führen kanalisierten Eiswind, und er paßt zu ihnen. Nur im Gebirge, dem hohen, ganz unkünstlichen, schickt die Sonne Wärme mit, bringt Südbilder in die reine Luft. Hier in der Stadt aber sind diese Bilder abgetrennt, ja enthüllen ihren Süden als bloße Assoziation, die fehlen kann. Italienisch trotzdem die Sonne, die Frühlingsabendwolken, ihr leichtes Rosa mit Gold, ungemein schwebend und ohne Flucht entronnen: in einer Landschaft außer jedem Frühling, im Hochdruckwetter über Stadt-Grönland. Wenig später gar ein hesperidenhafter Mond, mit dem Abendstern ganz nahe tritt er an einen Himmel, der sich aufs südlichste Türkis versteht. In zartem Anfang wird hier das Weib im Mond, das Mädchen im Mond; über einem Rokokogarten, in sanften Abendlüften, könnte die Sichel leuchten, über dem Lied Susannes. Oder sie war über den alten Gärten Bagdads, die Bajadere, die über Liebe, Palmen, Quellen, Verse mit ihrer Silberfackel (notturna face bei Mozarts Susanne) regiert hatte, ja aus Versen selber an den Himmel gestiegen ist. Hier aber reimt sich Orient gerade auf klirrenden Norden und bald auf Sterne, die gänzlich zum Norden gehören. Eiskalt bleibt die Polarnacht in alter Weise; ihr herrliches Gebiß frißt die Wolken und das Weib im Monde auf.

Reimt sich der Mond doch? Er reimt sich auf eine Lage, der nichts mehr gewohnt ist, die ihre Dinge umstellt, Bekanntes trennt sich, eine gekündigte Landschaft erscheint, gewohntes Nebeneinander fällt in dem angegebenen Berliner Abend 1932 aus. Dagegen zeigen sich weit entfernte Elemente in dem schlichten Anblick ineinandergebracht, wie durch die kostbar fremden Syzygien eines Gedichts von Rimbaud. Die Frühlingswolken sind keine, das Mädchen im Mond, das einmal die ge-

hörnte Astarte war, verläßt Frühlingsabend, Zephyr, Liebe und
wie sehr erst die landschaftliche Familie des neunzehnten Jahrhunderts, worin es mit festen Assoziationen gewohnt hatte;
der Mond Bagdads steht als solcher mit unbekanntem Ziel
über einer arktisch vertragenen Stadt. Das Licht oben ist kein
Trost mehr, nicht einmal eine aufreizende oder sehnsüchtige
Entgegensetzung, die die himmlischen Straßen dahinzieht;
auch diese Art Zuordnung ist erloschen. Ein veränderter Blick
merkt neue Ensembles im Naturbild, und nicht nur für den
Blick ist die Stadt an solchem Abend versetzt, das Naturbild in
Person wandert aus den Verabredungen des romantischen
Jahrhunderts, selbst noch aus einem mythologischen, aus. Es
bleibt zwar Schönes, doch macht betroffen; hat es nichts deutlich vor sich, so den Einsturz alter Sphären, die Montage ehe-
mals undurchdringlicher Zonen hinter sich. Eisviolinen oben
spielen einen neuen Ton an, die Wolken sind Blumentiere aus
dem Meeresgrund, der Tod ist von türkisgrüner Helle, das
Mädchen im Mond, das dem Frost sich verschwistert, beweist
die Zwiedeutigkeit, die es im Naturbild des Zephyr nur an Susanne hatte. Abende wie dieser reißen aus der Gewohnheit, jedem Element des Naturbilds schon seinen Ort zu geben statt
seines Wagens. Das Ineinander eines solchen Abends ist Montage, Nahes trennend, Fernstes zusammenbringend, wie das
auf Bildern von der Art Max Ernsts oder auch Chiricos so sehr
gesteigert ist. Dies Verspellte in den Dingen liegt durchaus objektiv vor, wenn auch der mehr oder minder treffend auffas-
sende Sinn dafür jetzt erst erwacht ist, durch das soziale Erdbeben vermittelt. Maler, wie gesagt, und Dichter gingen in
dieser erfaßten Querverbindung der Dinge, der sehr weiten,
voran. Die sanfte Wolke dieses Februarabends hält sich ganz
objekthaft im unsanften Zirrus-Eis auf, und das Mädchen im
Mond, samt dem so freundlich blickenden Abendstern, gehört
nicht nur zum warmen Liebeslied der Susanne im arabischen
Garten, sondern versteht es gleichzeitig, den uralten Tod so
kühl und frisch geschickt zu tragen wie ein neues Kleid. Das
Dasein ist voll Figuren, doch nicht auch voll eingeräumter, mit
allem und jedem an seinem festen Platz. Vielmehr wird überall
noch ein *Echo allegorischer Bedeutungen* widerhallen, ein lehr-

reich hin und herschickendes, vieldeutig reflektierendes, bevor
eine Gestalt dasteht. Als gute Frau, die gute Frau ist; als unser
Tag, wie er – in doppeltem Sinn, in dem des Vorbei wie dem
des Gefolges – die vieldeutige, bedeutungsreiche Dämmerung
hinter sich hat.

EIN VERQUERENDER FLANEUR

Ich kannte einen, der ohne sich auszukommen verstand. Nicht
daß er ohne bemerkenswertes, gern sogar etwas spukhaft schei-
nendes Ich gewesen wäre. Auch eitle Züge fehlten nicht, nur
lebten selbst diese gleichsam erst außerhalb seiner auf. So bereits in der Lust, die diesem Herrn Kähler zufiel, wenn er jeweils angemessen angezogen war, dem jeweiligen Umstand ge-
mäß, worin er sich unter Menschen und Dingen befand. Die
Ich-Du-Beziehung trat überall auch in die Ich-Es-Beziehung ein,
voll Fragen des richtigen Verhaltens des Menschen auf der
Strecke zu jeglicher Art von Draußen. In einem nun wieder
ganz selbstvergessenen Bemühen, einem gerade allerhöchst
sachlich gemeinten, dem jeweiligen Nicht-Ich adäquat zu begegnen. Das schon in der Frage beginnend: »Kann ich meinem
Weinglas gegenüber so hemdsärmelig sitzen wie zweifellos vor
meinem Bierkrug?« Oder am Bett einer Kranken, sehr unruhig,
fast verzweifelnd die angebotene Zigarette weglegend und
nachher beim Weggehen draußen: »Würden Sie mich bei Ihrer
Frau Gemahlin entschuldigen, aber ich weiß wirklich nicht, wie
man in einem Krankenzimmer eine Zigarette raucht.« Oder:
»Weichen Sie einem Wagen, gar mit zurückgeschlagenem Verdeck, lieber aus, wenn er leer oder wenn er besetzt ist?« Oder,
oder auch, dem Kählerschen nachgebildet: »Zwei Offiziere treffen sich in Gesellschaft, jeder mit hohen Orden geschmückt, der
eine mit kaum merklich höherem als der andere. Frage: wer
von beiden darf zuerst das Gespräch auf Auszeichnungen bringen?« Derart war hier jede Beziehung zu Menschen wie zu Dingen – und das eben auf ganz gleicher Ebene beider – bestickt
mit guten, das heißt richtigen, ja endlich wahr gemachten, sach-
gerechten Manieren. So einen endlich freundlichen Verkehr er-

öffnend, dabei zugleich, entgegen dem altmodischen Anschein, einen durchaus demokratischen, ohne alles Unten-Oben, Oben-Unten im geradeaus sich begegnenden Blick, einem auf brüderlicher Ebene mit allem. Sonderlingshaft durchaus, das auch komisch Befremdliche dieses täglich geübten Verbindens von neuer Höflichkeit und antreffender Einsicht ins Gegenüber ist offensichtlich; Kähler hat es zuletzt selber noch überboten. Denn als ich ihm einmal in den ersten Kriegsmonaten 1914 wieder begegnete und den sonst so weltoffenen, nicht eben patriotischen Mann beinahe mit Pour le Merite geschmückt sah, antwortete er mir auf meinen kalten Blick, nachdem seine Züge sich mit zunehmender Trauer bedeckt hatten: »Wenn Sie mich nicht verstehen, wer soll es? Sehen Sie nicht, daß dieser elende Krieg mir eine einzigartige Gelegenheit bot, den angemessenen Umgang mit Granaten zu erlernen? Ich habe ihn gelernt, und mit Vaterlandsverdienst hat das nichts gemein.« Mir blieb nichts als sozusagen Beschämung bei solch echt Kählerschem Wiedersehen mit oder in solcher Narretei. Dennoch, auch hier blieb ein Rest: welch ein kameradschaftliches Verhalten suchte, hatte dieser skurrile Mann zum Fremdesten.

Jedenfalls, so einen Kerl oder besser Nichtkerl sieht man im Leben nicht immer ungern. Auf einer seiner vielen Reisen ist Kähler gestorben, übrigens unter verdächtigen Freunden, sonst verschollen. Seine Ars amandi des Flaneurs mit allem, was in der Erscheinung ausliegt, hatte schon vorher aufgehört. Kein Schriftliches hat er hinterlassen, woher auch die Worte nehmen und nicht stehlen? und was sonst denn anstelle der guten schweigenden beiwohnenden Manieren im Umgang mit allen Dingen? Die Hand ist da nicht nur, wie man sagte, die Hausfrau am menschlichen Körper, sondern Wegweiser des richtigen Worts, wonach dann erst die Dinge in die ausgestreckte Zeigehand, Worthand einschlagen würden. Mehr war mit Kählerschem nicht anzufangen, doch jede versuchte Deutung kann von solch ausgedehnter Tafelsitte, Bettsitte und ihrem höflichen Bemerken eine Spur in sich aufnehmen.

Feine Zungen und feiner Kopf gehen oft gut zusammen. Je eleganter der Sinn fürs Kleine wie fürs Passende, desto buchstäblicher ist er im Schmecken vorgebildet. Durch den Geschmack ward der Sinn für Nuancen vorzüglich gefördert. Grobes hat keinen Platz darin, wohl aber so Skurriles in der Feinheit, daß es sich zugleich bewundern und verspotten kann. Das in einer alten chinesischen Geschichte vom Olivenessen, schön zu hören, grotesk zugespitzt vor lauter Aufmerksamkeit aufs Kleine, Karikatur des Feinsinns, indem er völlig belanglos bleibt, und doch er selbst, wo er aufs Feinste sich selber schmeckt. Ein Schuß davon gehört in jenen Sinn fürs Nebenbei, dessen Zunge am wenigsten froh ist, wenn sie Regenwürmer findet.

Folgendes soll sich lange, fernen Ortes zuweilen zugetragen haben. Es war ein Olivenessen, doch ein ganz besonderes, wie man gleich hören wird, und unter besonderen Leuten. Im alten Nanking, zweimal im Jahr, versammelten sich junge Literaten, verspeisten sehr ruhig und geschmackvoll jeder je drei Oliven, wenig also, doch voll eigener Bewandtnis in der Zubereitung. Ausgesuchte Früchte wurden nämlich erst jede für sich in einen Krammetsvogel eingenäht, dieser dann in eine Wachtel, die in eine Ente, die in eine Gans, die in einen Truthahn, der in ein Ferkel, das in einen Hammel, der in ein Kalb, das in einen Ochsen. Sodann ward das Ganze über gelindem Feuer am Spieß langsam gewendet und gebraten. Hernach warf man den Ochsen weg, das Kalb, den Hammel, das Ferkel, den Truthahn, die Gans, die Ente, die Wachtel, nahm aus dem Krammetsvogel die Olive und brachte sie zu zwei anderen, ebenso spinös zubereiteten auf die Tafel. Mitten aber im folgenden Verzehr hielt einer der Literaten peinlich still, doch nicht nur in sich gekehrt, zerdrückte seine Speise sehr langsam, ganz Zungenspitze und Gaumen, mit Blick zur Decke und sagte zuletzt: »Ich möchte kaum annehmen, daß ich mich irre, mir scheint, der Truthahn bei dieser Olive war nicht ganz jung.« Und die Freunde am Tisch lobten die nicht nur belesene, sondern die untrügliche Zungenspitze, obwohl sie das Schweigen unterbrochen hatte, lobten vorzüglich, weil sie das Aroma eines Saft-

spenders aus der Mitte herausgefunden hatte, nicht etwa die
nähere, obzwar kleinere Wachtel oder auch den mächtigen, alles
umschließenden Ochsen. Soweit die altchinesische Geschichte,
mikrologisch durchaus lehrreich werdend fürs Mehrere, wo
nicht nur Oliven oder auch Spielwiesen zur Frage stehen. Obwohl es doch soviel Wichtigeres, mindestens ebenso Wichtiges
in der Welt gibt, das durch ungeschmeckte, unentdeckte Trut-
hähne, gar durch Hechte verdorben wird.

EINEN PUNKT MACHEN

Man war noch nicht soweit, daß alles totgeschwätzt wurde.
Sondern in Zeiten vor der Zeitung, wenn auch nicht vor redne-
rischem Gewäsch, trug sich in Sparta folgende schöne Abfuhr
zu, vor dem Rat der Alten. Eine Abordnung der Messener war
erschienen, ihr Sprecher sprach und sprach, breit, verschwom-
men, endete nur mühsam. Der Älteste der Gerusia entgegnete:
»Eure Rede war zu lang. Als Ihr in der Mitte wart, haben wir
den Anfang, als Ihr fertig wart, den Anfang und die Mitte vergessen. Wissen nicht, was Ihr wollt, schickt neue Gesandtschaft.«
Diese, nur zwei Mann hoch, erschien wirklich wenige Tage später, ihr Sprecher: »Hatten Mißernte, leiden Hunger, brauchen
Getreide«, und setzte sich. Der Älteste der Gerusia: »Haben
verstanden, Rede war kurz, Bitte gewährt. Hätte aber genügt,
einen leeren Sack vorzuzeigen.« Womit das Zeremoniell schloß,
lakonisch bis zur Empfehlung des leeren Sacks als sprachlosem
Zeichen, perfekt wortkarg. Vielleicht steckt auch ein Mißtrauen
gegen alle Worte darin, nicht nur gegen den heißen Brei, den
sie darum herumreden, auch gegen frechen Leichtsinn, Dinge
zu nennen, zu benennen, die gar nicht etwa so heißen oder überhaupt nicht heißen. Der Messener wars jedenfalls zufrieden, so
dingfest gleichsam beantwortet zu sein, zog ab. Der leere Sack
allerdings, den die aufwendigen Redner, besonders sie, seitdem
mitbringen, ist wiederum nur mit Worten voller geworden, ja
die Schwätzer sind selber nur der leere Sack ihrer selbst. Bloß
größere Aufmerksamkeit auf sein Geschwätz, besser beredtes
Stillschweigen, wo man nichts zu sagen weiß, lassen hier Ab-

hilfe schaffen. Es gibt manche Messener, die eine einzige (ber-
linisch gesprochen) Anjabe sind, denn sie geben immer so an;
nur lakonisch weiß man, was man hat.

DER RÜCKEN DER DINGE

Sagt man, ein Tuch sei rauh, so bleibt das gleichsam unter uns.
Denn nur an der Haut ist das Tuch rauh, »für sich« mag es anders sein, etwa grob gewebt. Aber sehen wir eine Rose als rot,
so steht die Farbe gleichsam an Ort und Stelle, wo wir sie sehen,
die Empfindung scheint dann eine Eigenschaft geworden. Sie
hat als eine nicht mehr an unsere Haut gebundene den gleichen
dinglichen Anschein wie das grobe Gewebe, sie scheint auch unabhängig vom Auge rot. Ob das Ding, dessen Eigenschaft sie
ist, freilich »Rose« heißt, wirklich auch als das Wesen Rose ist,
dies scheint der respektvollen Überlegung wieder weniger frag-
los. Ob es die Rose weiß, daß sie eine Rose ist, diese Frage ist
nicht nur ein später Witz des Verstands, sondern sie liegt bereits
Kindern nahe, grade weil sie sachlich sind und jedes Wort in
bar haben wollen. Ganz einfach, ganz früh hingesehen: was
»treiben« die Dinge ohne uns? wie sieht das Zimmer aus, das
man verläßt?
  Das Feuer im Ofen heizt, auch wenn wir nicht dabei sind.
Also, sagt man, wird es dazwischen wohl auch gebrannt haben,
in der warm gewordenen Stube. Doch sicher ist das nicht und
was das Feuer vorher getrieben hat, was die Möbel während
unseres Ausgangs taten, ist dunkel. Keine Vermutung darüber
ist zu beweisen, aber auch keine, noch so phantastische, zu widerlegen. Eben: Mäuse tanzen auf dem Tisch herum, und was
tat oder war inzwischen der Tisch? Grade, daß alles bei unserer
Rückkehr wieder dasteht, »als wäre nichts gewesen«, kann das
Unheimlichste von allem sein. Erzählen die Dienstmädchen
von Geistern, die sich nachts auf dem Speicher mit Holz werfen, das dort aufgestapelt ist: so erregt die Kinder doch am
meisten, daß das Holz am Morgen wieder daliegt wie zuvor.
Oder: obwohl alle Leinwand gerefft worden war, segeln die
Toten auf Hauffs Gespensterschiff nach rückwärts; sind trotz-

dem die Segel am Morgen »noch unverändert« gerefft, so verstärkt das das Grauen der Nacht, statt es als Traum oder wie sonst zu widerlegen. Es ist vielen von frühauf ein ungeheuerliches Gefühl, *die Dinge nur zu sehen, während wir sie sehen.* Es schlägt sechs Uhr und Knaben schlagen im Kursbuch nach: jetzt fährt ein Zug von Ulm ab, vielleicht tanzt eine Sklavin im Harem von Timbuktu; aber auch wo niemand ist, gibt alles vor zu sein und es funkeln Sterne über dem Polareis – funkeln sie wirklich und als Sterne? Glaubt man der abgewendeten Seite des Monds ihre Nacht und Steine, der Venus, daß hier mögliche Wälder unter riesigem Wasserdampf liegen? – obwohl man sie nicht sieht, nur die Analogie des hiesigen Ausschnitts hat, den man sieht, während man ihn sieht? Wird selbst der Tisch notwendig immer als Tisch geglaubt und daß er sich nicht genug darin tun kann, ein Tisch zu sein – nur nach der scheinenden Vorderseite, die er dem Blick zuwendet, sobald wir auf ihn blicken? Die Welt als bloße Vorstellung (mit ganz andern, dabei unablässig umdrängenden Kontinenten als denen der sichtbaren Gegebenheit) ist ein sehr natürlicher, ganz vorwissenschaftlicher Schreck; Berkeley, sozusagen, ist heutigen Menschen ihr primitiver Zustand.

Ein Andres macht die Dinge sogar bedenklich, während sie unter unserm Blick stehen. Ist man im Theater und brennen etwa die Kerzen im letzten Akt Walleinstein auf dem Tisch und Wallenstein unterschreibt den Vertrag mit Wrangel: so sind die Kerzen und der Tisch wirklich Kerzen und Tisch, schauspielern nicht. Sie waren nicht die selben, aber sind auch nicht anders Kerzen und Tisch gewesen, als sich der wirkliche Wallenstein dem wirklichen General verschrieben hat. Doch die jetzigen Menschen um Kerze und Tisch, kurz, die jetzigen Akteure sind Schauspieler; wieso entsteht also kein Riß, wieso fühlt der Zuschauer, Illusion hin oder her, keine verschiedenen Ebenen des Ernstes? *Schauspielern denn auch die Dinge?* – und auf der Bühne hat ihre »Verstellung«, weit davon entfernt, einen Riß zu erzeugen, grade homogenen Raum? Keine Maske hilft jedenfalls gegen die gesunde junge Frage, auch am »Welttheater«: ob nicht die Gebrauchsgegenstände, jenseits des Gebrauchs, einer immerhin queren Welt angehören, aus der noch keiner zu uns kam. Obst, Rosen, Wälder gehören auch ihrem Material und Lebensablauf nach zu den Menschen, aber die Kerze aus Stearin, selbst aus Wachs, der schöne Schrank aus Holz, gar aus Eisen, das steinerne Haus, die Glut im Ofen, gar in der elektrischen Birne gehören einer andern Welt, einer in die menschliche nur eingesprengten. Das Meer, dem wir unsre ganz verschiedenen Zwecke anvertrauen, und das sie sogar trägt, schlägt ungeheuer in der Nacht, die ihm keine ist; der Blitz, aus dem das Licht auf den Schreibtisch kommt, findet seinen Weg in der Nacht, in der man nichts sieht, und macht den Weg erst hell, während er ihn geht, fast gegangen ist. Das Leben hat sich unter und auf den Dingen angesiedelt, als auf Objekten, die keine Atmung und Speise brauchen, »tot« sind, ohne zu verwesen, immer vorhanden, ohne unsterblich zu sein; auf dem Rücken dieser Dinge, als wären sie der verwandteste Schauplatz, hat sich die Kultur angesiedelt. Deshalb konnte sich auch der Jugendeindruck von Wallensteins Kerzen und Tisch mit einem ganz andern »Phantasma« leicht verbinden, mit einem Märchen jenseits des Theaters, in der weiten Welt selbst, die wir bewohnen, mit dem Märchen Sindbads des Seefahrers und einem Motiv seines Unsterns. Hier markierte sich das abgewendete Gesicht der Dinge, ihr noch »irrationales« Eigenleben sogar drohend als das X, das es jenseits der Gebrauchsmasken ist. Das Gleichnis ist stark: wie Sindbad Schiffbruch erlitt, mit einigen Gefährten rettet er sich auf eine kleine, wohlbestandene Insel voller Früchte, Kokospalmen, Vögel, jagdbarer Tiere und im Wald ein Quell. Aber wie die Geretteten gegen Abend ein Feuer anzünden, um die Jagdbeute zu braten, krümmt sich der Boden und die Bäume zersplittern; denn die Insel war der Leib eines riesigen Kraken. Jahrhundertelang hatte er über dem Meeresspiegel geruht, nun brannte das Feuer auf seinem Rücken und er tauchte unter, »so daß alle Schiffer in dem wirbelnden Wasser ertranken«. Manche dieser und noch andre, vielleicht weniger unheimliche, doch ebenso sprengende Möglichkeiten stecken in der Vexierfrage, wie das Zimmer aussieht, wenn man es verläßt. Vorn ist es hell oder hell gemacht, aber kein Mensch weiß noch, woraus der *Rücken* der Dinge besteht, den wir allein sehen, gar ihre *Unterseite*, und worin das

Ganze schwimmt. Man kennt nur die Vorderseite oder Ober-
seite ihrer technischen Dienstwilligkeit, freundlichen Einge-
meindung; niemand weiß auch, ob ihre (oft erhaltene) Idylle,
Lockung, Naturschönheit das ist, was sie verspricht oder zu halten vorgibt.

GRUSS UND SCHEIN

Wie geht es, sagen wir, gut? Recht seltsam, daß wir so grüßen.
Daß man ohne weiteres annimmt, es gehe gut. Die Antwort
nimmt vorweg, damit man ja nichts andres höre.

Wir wissen doch, daß es uns selber meist nicht so gut geht.
Letzthin ertrügen wir ja auch schwer, wenn alle andern zufrieden wären, nur wir nicht. Es ist auch gar keine Güte in unserm
vorwegnehmenden Wunsch, sondern – was dann? Trotzdem
wollen wir bei keinem seine Sorge wahr haben, grüßen sie ihm
gleichsam weg: – weil wir sie nicht tragen wollen? In der Tat,
das wäre eine Erklärung, doch sie reicht nicht aus. Denn die
sonderbare Vorwegnahme hat grade wieder unter Dingen Pa-
rallelen, sogar ernstere. Manchmal grüßt da etwas wie von
einer *besseren* Welt oder glänzt sie still und äußerlich vor.

Nicht umsonst laden schon erleuchtete Fenster dazu ein, sie
wirken warm. Es strahlt der gedeckte Tisch, abendlich durch
die fremden, ja die eigenen Scheiben gesehen. Nichts merkwürdiger als der Blick von außen ins eigene Zimmer: wie da alles
hinter dem Glas verschönt ist, die Lampe leuchtet, der Sessel
wohnt, Bücher glänzen. Oder wir fahren mit dem Zug an stillen Häuschen vorbei, aus denen der zufriedene Rauch kommt,
an Dörfern und kleinen Städten, wo es noch eine Welt vor den
Toren gibt, mit Flüßchen, Platanenallee und Landhäusern aus
dem Biedermeier, hinter der edel verfallenen Mauer. Könnte
man dort drüben wohnen, unter den grünen Schatten, so wäre
alles am Ziel, inveni portum, spes et fortuna valete. Oder man
kommt zur Abendzeit an in der kleinen alten Stadt, hat den
Wein vor sich und ringsum den Marktplatz, der von bunten
und winkligen Häusern gebildet ist: dann hört man die Quellen
des Glücks springen, von Balkonen und Erkern, die wie Träume
von innen leuchten, den Frieden, der von den Häusern her-

atmet. »Aber in jenem da drüben«, sagt der Wirt, »sitzt eine Frau mit vier Kindern, und der Mann ist vorgestern durchgebrannt. In dem Eckhaus – ganz recht, in dem mit den grünen Läden – wohnte der Schneider Wilhelm, das war ein stadtbekannter Säufer, und als er eines Nachts wieder nicht nach Hause kam, lief die Frau durch alle Wirtschaften, auf die Wachtstube, wo er auch nicht war. Zu Hause hängt sie ihre Mantille in den Schrank, da hing auch ihr Mann unter den Kleidern und war schon seit dem Nachmittag tot. – Sehen Sie das Haus mit dem Erker dahinten, da ist jetzt noch ein Metzgerladen drin, aber der Metzger Wilker wohnt schon lange nicht mehr dort, der seinem Schwager das Geld gegeben hatte, dem Lump. Meine Frau bringe ich noch heute nicht dazu, dort Fleisch zu holen. Wie sie noch ein Kind war, wurde sie morgens einmal hingeschickt, da lief ein Blutstreifen die Treppe herunter und hinter dem Ladentisch lag der Metzger auf dem Klotz, hat sich selbst die Kehle durchgehackt.« So sprach der Wirt, doch die erleuchteten Fenster schienen nicht weniger warm. Der alte Platz war zwar von lauter Schauergeschichten zerrissen, die wahrer waren als er selbst, von armen Menschen und rohem Unglück; doch die Schönheit blieb, sogar die Idylle. »Eine gute Tat verläßt das Haus nicht, eine schlechte läuft meilenweit«, sagte der Wirt jetzt verblüffend. Das Böse mußte in der Tat weit gelaufen sein, zu den grünen Läden und dem glücklichen Erker war es jedenfalls nicht zurückgekehrt. Kleinstadt-Fassade und Kleinstadt-Wirklichkeit waren verschiedene Welten, die sich nicht einmal übereinander photographierten, auf dem »verträumten« Platz.

Hier wollen wir also nicht nur, daß es gut geht, sondern die Fenster scheinen es selbst zu sagen. Die Idylle kommt uns mit ihrem freundlichen Gruß deutlich zuvor; ihre Häuser versichern ein Glück (außer ihrer Schönheit), das sie doch nicht tragen. Der freundliche Gruß von Menschen, hin und zurück, die eilige Vorwegnahme des Wohlbefindens kommt vielleicht aus bloßer Konvention, die träge Distanz ist: man will nicht behelligt werden und nicht behelligen; auch sind die Ansprüche, welche man an das Wohlbefinden der andern stellt, ja meist sehr bescheiden. Aber an schönen Gütchen und stillen Häusern ist ein erster Glücksblick, der eben nicht einmal unser Blick ist, sondern wie von der scheinenden Sache selbst herkommt. Und wie das Bild der ersten Begegnung mit Menschen, Landschaften bleibt, auch wenn es sich später längst berichtigt hat: noch viel länger, vor allem höher bleibt der Idyllenglaube stehen; seine Entzauberung berührt ihn gar nicht. Es ist gleich, was der Wirt sagt, wir wissen auch selber *vergebens* genug von dem Elend in kleinen Städten. Wie in der Kleinstadt jeder Schicksalsschlag vom Donner des Klatsches umgeben ist, jeder Rohrbruch zur Katastrophe wird, die die Dächer abträgt und das Leid um die tausend neugierigen Augen vermehrt, die es nun so böse betrachten; – erst Klatsch, dann Selbstmord, dann Kolportage des Unglücks durch Generationen. Dennoch bleibt an den Häusern nichts haften, ebensowenig wie an der geheimnisvollen Lüge ihrer Antiquität, ihrer nicht nur schönen, sondern guten alten Zeit. Hinter diesen Fenstern wohnte früher nicht weniger Kleinstadtgraus (wie der Hausspruch oft versichert); und das Halbrund der Häuser garnierte den wöchentlichen Scheiterhaufen. Dennoch herrscht schiere Idylle, sie stellt sich – und nicht nur ästhetisch – vor die seiende wie die gewesene Wirklichkeit. An den alten Marktplätzen haben alle Regeln des Pessimismus ihre Ausnahme; sie scheinen ein Vorhof des Friedens.

Wieso glaubt man aber nur so leicht, ja verzaubert daran? Woher noch das seltsame happy end von der *vorderen* Seite? Dergestalt, daß man eine Sache auch gut beginnen, *gut scheinen,* – nicht nur fröhlich enden lassen will. Hier ist ein Bedürfnis nach Lustspiel, sozusagen, nach heiterer Fassade, nicht nur nach heiterem Ausgang, das die ganze Welt umrahmt hat. Ja, die heitere Fassade ist noch sonderbarer als das übliche happy end; denn das Schild, das die schönen Häuser aushängen, erscheint grade »wirklicher« im Schein als die Begütigung des Endes oder Grundes, in den sie angeblich gebaut sind. Wieso grüßt aber dieser Schein so freundlich, ja er lockt fast, und auch krittelige Naturen antworten ihm. Was ist der süße Geschmack, den die meisten Dinge beim Reisen abgeben, wo man eben ihre Parade hat; was bedeutet der verwandte Trug der Antiquität, die nicht nur schön ist, sondern selbst durch die Jahrhunderte zu uns hergereist und so begrüßt wird oder durch die Patina grüßen läßt. Schopenhauer erklärte einmal den Zauber des Reisens, höchst subjektivistisch, durch das Glück des Sehens schlechthin: es sei selig zu sehen, schrecklich zu sein. Aber an den schönsten Stellen möchte man ja gar nicht nur sehen, sondern bleiben, gar nicht reisen, weiterreisen, sondern wohnen; hier lockt das Glück als existierend, als an der *objektiven* Front existierend, nicht nur als betrachtet. Auch ist es nicht selig, alles zu sehen, etwa auch das fremde Unglück; es beglückt offenbar nur die abgeschnittene Fassade, die nichts davon annimmt. Also läßt sich psychologisch, nur psychologisch, einem Phänomen überhaupt nicht beikommen, das in den Objekten mindestens so fundiert sein dürfte wie im Beschauer. Dieser muß zwar da sein, und zwar als selber »schwärmender« (je mehr das einer ist, desto uferloser wird er auf das Scheinen reagieren, vor allem auf das schlechte, bloß stimmungshaft überschleiernde oder auf das dekorative); aber dem entspricht unter den Dingen erst recht Fassade, und die Einfühlung wirkt dann nur als Vehikel dazu hin. Auch »objektiv« ist der Wasserspiegel ein Spiegel des Himmels darüber, nicht der Fischtiefen darunter. Der See lächelt, indes seine Hechte andre Gesichter zeigen und die gefressenen Karpfen nicht an Gott glauben.

Wieso und noch mehr wozu glänzt also so viel Gutes vor einigen Dingen her? So viel gemütlicher Schein, nicht nur der gleißende, der lockt, der gefährliche, der hier noch nicht gemeint ist. Tout va bien, sagt mancher Anblick, als wäre diese Hilfskonstruktion auch den Dingen nicht unbekannt. Als gebrauchten sie diese Hilfskonstruktion genau an ihrer Fassade, der höflichen und abstrakten, die wenigstens daran guten Willens und nicht »falsch« ist. Dem Teppich fällt es leichter bunt zu sein als dem Bild, dem Bild leichter als dem Haus, dem Haus leichter als dem Leben darin: – so hätte man also auf Reisen den Anschein, als sähe man einen Teppich-Versuch, einen Versuch mit der schönen Fassade, die der Reisende ja vor allem sieht? Das wäre ein Betrug des Anfangs; es lebe dann immerhin sein feuriges Apéritif. Aber wird damit auch dem Reiseglanz die bloße Psychologie ausgetrieben, so vermenschlicht das tout va bien doch wieder zu sehr die Welt. Sie ist nicht so wohlgeordnet und in ihrem Sein dem Denken nicht so kongruent, gar einem Couéschen Denken des tout va bien, als wäre die Welt ein Hypochonder und der Himmel keep smiling, das sie sich vorsagt. Viele erlebte Dinggefühle haben wir grade hier, in diesem Kapitel, beschrieben, rein vorwissenschaftlich, und vielleicht etwas Phänomenologie von Dingaspekten daran gehabt. Am Feuer bedenkliche, am Baum trauernde, an Maschinen dunkle, am Haus des Freundes einklanghafte, am Haus des Tags erschreckende, am Sindbad-Gleichnis täuschende; – aber der Schein des Erkerhauses, dem nichts als selbst vorerst entspricht, zeigt das ganze Mischlicht, in dem so verschiedene Haltung möglich ist. Das Mischlicht, das die Welt hergibt, außer ihrem X, in das die Technik eingreift; das rätselhafte Licht der Naturschönheit im engeren Sinn. Am Schein wird jedenfalls etwas versprochen, das nicht gehalten zu werden braucht und oft fast teuflich ins Leere locken kann, das aber immerhin auch seinerseits, zuweilen, eine *Tendenz* auf tout va bien in den Dingen anzeigt. Sie enthält vieles, alle möglichen Elemente und Versprechungen einer noch verworrenen Fahrt, auch Fassadenmusik. Die Welt zeigt im bleibenden Glanz des Erkerhauses vor dem gleichfalls nicht weichenden Hackklotz ihr sonderbares Wetter, den April der Fassade; es ist eine Sonne in diesen Dingen, die Wasser zieht. Der Fremde pointiert nicht ohne Gefahr die Sonne, gutgläubig und hoffend, besteht auf seinem Schein, der doch auch der der Sache ist. Womit zuletzt sogar auf den falsch höflichen oder leichtfertig dummen Gruß zwischen Menschen etwas Wahrheit fällt. Vom Haus auf dem Marktplatz her, das den lumpigen Schwager und den Metzger auf dem Hackklotz sah, aber nicht daran glaubt.

MOTIVE DER LOCKUNG

Da sehnen wir uns und wieder auch nicht. Wollen etwas, an dem uns gar nichts liegt, aber wir sind schon mitten darin. Den andern erscheint es wunderlich, uns vielleicht leer. Doch verbost gehen wir weiter, wir selbst scheinen dies boshaft Beharrende zu sein. Schließlich kehrt man elend um, grade mit sich zerfallen.

So locken Dinge, an die man sich gewöhnte, man kann nicht von ihnen lassen. Sie rufen jene törichten Wünsche hervor, deren Erfüllung nicht freut, deren Sichversagen aber schmerzt. Es lockt ein Mensch, eine Gesellschaft, ein Abend; man weiß, so vieles dieser Art war nichtig, aber ein halber Drang läßt dennoch wieder danach greifen, stürzt von neuem ab, ohne recht zu lernen. Nicht eigentlich schwach sind wir diesen Lockungen gegenüber, sondern unruhig und phantasievoll, davon leben sie grade.

Erst recht lockt es zu andersartigen Wesen oder unbekannten Dingen, dorthin, wo wir nicht sind. Hier fließt und glänzt vielerlei Gestalt, mythisch gedacht, zieht das Wasser, das Irrlicht, zieht vor allem die schöne Weite in sich hinein, der Wald mit seiner grünen Tiefe, blickt uns unergründlich an. Es pfeift der Rattenfänger von Hameln und in der tieferen Sage singen die Sirenen; lauter großartige Lockungen, in unsre unruhigen Wünsche, in die Idolatrie des Unbekannten, auch in das überall noch Unentschiedene der Welt eingestreut. Aber ihr Same geht meist nur als Blendwerk auf, hinter dem Rattenfänger ist das Berggrab, hinter dem Wasser, erst recht hinter dem Sirenengesang warten tödliche Nymphen mit Geierkrallen, und die Insel ist mit dem Aas ihrer Gläubigen bedeckt. Es drängt, dies dauernd Erlebbare, mythisch Gedachte im Folgenden noch umgehen, in einigen einfachen, auch alten Stoffen zugrunde gehen zu lassen. Das sind vor allem »Dinglockungen«, maskiert; mit verschiedenen Farben der Lust und ebensolchen Phasen des Absturzes dahinter. Denn jede Lockung enthält den sirenisch gedachten Befehl zur Lust; erst dahinter, als einer verfolgten, erfahrenen, stürzt das verführte Subjekt ins »Gegenteil«. In den Schein, der eben *nicht* hält, was er verspricht, weil er zu schön ist. Glitzern der »großen Welt«, Glanz der Frauen, Seide, Steine und Uniformen, kurz, alle Aufreizungen der Kolportage würden dem noch besser dienen, wenn nicht die Mucker diese Art Scheinen schon gar zu sehr verdächtigt hätten – für ihre Zwecke, die überhaupt kein Leben haben. Kleine Fälle sind statt dessen in Folgendem erinnert, Kinder- und Volksstücke von Festmahl, Harem, Kriegsglanz, Erdrauch, stellvertretend für Lockungen des Objekts im Großen. Das Subjekt erfährt in der Lockung nur, was der verlockende Schein, der allemal merkwürdige, an Bösem, erst recht Bösem verbirgt und nicht etwa, was er meint oder unter seinem tout va bien-Glanz, wie im Treibhaus, bestrahlt.

Das fing schon frühe bei einem Knaben an. Der freute sich, wie schön das Essen morgen sein werde. Der Festtag kommt, alle Gäste sitzen um den Tisch, die Kinder sind weiß gekleidet. Die Suppe ging vorüber und es erscheint der große Braten, eine ganze Ochsenkeule auf dem Tischlein deck dich. Der Vater erhebt sich, spricht einige freundliche Worte und beginnt den Braten aufzuschneiden. Doch wie die Gabel hineinsticht, so zischt das Fleisch, eine kleine Säule von Eiter schießt hervor. Das Tier war krank, und da seine Keule im Stück gebraten worden war, hatte die Köchin nichts gemerkt. Erst der Tisch brachte alles an den Tag, der Knabe sah zum erstenmal hinter die Kruste. Wenn er nun hörte, daß man sich vor schlüpfrigen Dingen hüten müsse, so dachte er nicht mehr wie früher, das seien Frösche, sondern er wußte, wo und wie das lag. Mehr dahinter, und doch konnte man nicht einmal das immer wissen, wenn man nicht selber dahinter ging.

Oder ein Jüngling, wird anders erzählt, schlendert auf der Straße für sich hin. Da spricht ihn eine Alte an: »Warte ein wenig, mein Guter, und komme mit. Ich will dir zu etwas auf den Weg verhelfen, das dir schmecken wird.« Der Jüngling verstand und folgte nach, durch viele Gassen, bis zu einem prächtigen Haus, wo ihn eine Herrin empfing, reich geschmückt, jung und schön. Sie grüßte den Jüngling wie ihren Geliebten, von einer weiten Reise zurückgekehrt, und zog ihn auf die Polster zu sich hin. Sie tranken und scherzten, bis die Sonne des Weins in ihren Köpfen aufging, der Jüngling küßte das schwärmende Weib und drang auf sie ein. Doch mitten im Kuß sprang sie auf, aus dem Zimmer in den langen, dunklen, einsamen Flur, der Jüngling ihr nach, durch Gemächer zur Seite, aus denen ihre Stimme zu kommen schien, wieder zurück auf den Flur, in ein neues Gemach, wo er sie hinter Polstern und Tischen jagte, bis sie auf ein Lager in der dunkelsten Ecke floh und sich hinstreckte an den Pfosten der Wand. Noch mitten im Lauf stürzte der Jüngling auf die weichen Teppiche, in das Ampellicht über dem weißen Weib: – da gab der Teppich nach und der Liebhaber fiel splitternackt auf den vollen Markt, die Altane herunter in den Bazar der Gerber, die ihre Preise ausriefen, kauften und verkauften, um die Mittagszeit, im Sonnenschein. Und als sie ihn so sahen, betrunken und in diesem Zustand, schrieen sie und lachten aus vollem Hals, begannen mit Häuten auf seinen nackten Leib zu schlagen; er begriff immer noch nicht, was geschehen war, schließlich kam ein Bekannter hinzu, gab ihm Kleider und ließ ihn nach Hause schaffen. – So endete diese Schäferstunde mit einer Falltür ins ganz und gar Lächerliche, stürzte mitten aus diesem Märchen von Tausendundeiner Nacht ins gellend Nüchterne. Es ist noch beinahe ein Glück des Liebhabers, daß er von den Hintergründen der Dame, bei all dem Liebesspiel, so gar nichts ahnte, daß er Glück und Absturz nur nacheinander erlebte, nicht gleichzeitig und ineinander schillernd wie der andre Bursche, von dem nun zu erzählen sein wird. Hier kommt das Opfer kaum mehr mit dem Chok davon, sondern das Wechselspiel kitzelt ins Mark.

Dieser Bursche dient bei einem Bauern, hatte es nicht leicht bei ihm. Eines Tages kam ein Zug Landsknechte durch das Dorf, sie nahmen fort, was sie brauchten, marschierten johlend ab. Der Bursche ihnen nach und holte sie ein, in einem reichen Dorf, trat vor ihren Hauptmann: der sagte, im Troß könne er mitziehen, da könne er Fett ansetzen auf dem Marsch nach Welschland. Vor einer Scheune oben lag der ganze Trupp, zwischen Branntweinfässern; dorthin wurde der Knecht mit hinaufgenommen. Die Bauernkleider herunter und das bunte Landsknechtstuch übergezogen, so prahlte nun der Bursche und trank oder horchte auf das geile, von Blut und Weibern rumorende Mordgeschrei. Aber schon lange hatte ihn der Hauptmann betrachtet, ganz merkwürdig, und biß sich lachend in den Bart. Er rief jetzt ein Wort in den Haufen, gleich packten zwei Landsknechte den Burschen und der ganze Zug ihnen nach, mit den Pfeifern an der Spitze, in die Scheune hinein. »Die Zeremonie ist noch zu erfüllen«, sagte der Hauptmann und zog aus der Tasche einen kleinen Strick. Der halb betrunkene Knecht glaubte, daß er geschlagen werden solle, wie er davon gehört hatte, bei der Aufnahme, damit die Freunde eine Freude haben und er seine Mannhaftigkeit beweise. Selber zog er sein Farbenkleid herunter, damit man sehe, daß er sich nicht fürchte, sondern den ganzen Krieg hinnehme, mit allen Fleischwunden, wie es einem Landsknecht zukommt. Jetzt nahm der Hauptmann den Strick und zog das Ende über den Dachbalken; auf einen Wink rollte der Trupp ein altes Faß aus der Ecke herbei, mit zersplitterten Dauben, und stellte es unter den Balken. Es waren diese Männer aber gar keine Landsknechte, sondern Räuber, Kuhjungen genannt, dachten auch gar nicht daran auf ein Heervolk zu stoßen, sondern waren allesamt aus Kriegshaufen desertiert. »Komm einmal her, mein Bursche«, rief der Hauptmann in großer Ruhe, legte ihm das andre Ende des Stricks um den Hals und befahl ihm auf die Tonne zu steigen. »Das Ding könnte zusammenbrechen«, sagte der Bursche lachend und trat auf das Faß, die Schlinge um den Hals; jetzt zog der Hauptmann das Strickende am Dachbalken so fest an, daß es den Leib schon hoch hob. Der Bursche schrie grinsend und stellte sich auf die Zehen, doch der Hauptmann zog den Strick noch kürzer und die Landsknechte lachten. »Habe ich jetzt Mut genug?« brüllte der Jüngling und erbrach sich; da gab der Hauptmann dem Faß einen Stoß, daß die Splitter flogen, und der Bursche zuckt in der Luft, greift hoch, hält sich am Strick in der Schwebe. »Nun mein Troßknecht«, lachte der Hauptmann, »so gehts zu den himmlischen Heerscharen«, und der Jüngling versuchte noch mitzulachen, ächzend und rot wie ein Schlachthaus. Aber keiner hörte mehr auf die Witze, die der Bursche herauskeuchte, im Glauben, doch nur zum Kriegsstand getauft worden zu sein; der Hauptmann war schon aus der Scheune und die Kuhjungen ihm nach. Nur das Johlen von den Branntweinfässern drang noch in die sausende Stille. Vergebens, die Hand zwischen die Schlinge zu bringen, sich nach dem Balken hochzuziehen, mit den Zähnen riß er am Strick, brüllte um Hilfe und es war nur noch ein lachhaftes Krähen, dann ließ er los, der Balken knackte und der Bursche hing still. – Gesetzt nun, es gibt ein Leben nach dem Tod und der junge Landsknecht erwacht, so dürfte dieses gebrannte Kind weniger das Höllenfeuer als vielmehr den Himmelsglanz scheuen, den viel versprechenden. Der arme Bursche hatte zwar nicht den rechten Stern zum Kriegsdienst, wohl aber das Talent totgekitzelt zu werden, das sozusagen Zweideutige seiner Freunde auch auf *einmal und gleichzeitig* zu erleben, ganz anders wie der betrogene Liebhaber mit dem bloß überraschten Chok. Was dort die Dame allein genoß, das atmosphärische, unabgetrennte Zusammen von Lust und Schaden, hat der begeisterte Kriegsknecht selber an der Zeremonie erfahren, als einer, der es nun gründlich mit der Ironie des Ernstscheins, nicht mehr des Scheinernsts zu tun bekam. Die Dame von vorher ist nur auf der Etappe zum Hauptmann, doch beide bevölkern nicht übel die Kategorie der spaßhaften Raubmörder; wie denn ja auch die Sirenen der Sage nicht plötzlich die Verlockten zerrissen, sondern wohl noch länger oder ineinander Weib und Falltür, Begrüßung und Lebensgefahr, Musik und Zerfetzung mischten.

Starrer als Schoß und Krieg zieht an, was hinter dem vielen schönen verschlossenen toten Wesen sei. Eben hinter Steinen, Hügeln, Bergen, aus denen das Volk ja auch geheimere als Sirenenmusik tönen läßt. Eine Lockgeschichte unter so vielen dieser erdmythischen Art gehört hierher, Ibsen berichtet davon, als dem norwegischen Bauern Lars zugestoßen, auch Holzschnitzer und Spielmann. – Dieser kam einst von einem Weg, den er zur Alm gehen wollte, nicht mehr zurück. Als Wochen verstrichen waren, kleinere Mittel hatten nicht gewirkt, ließ der Pfarrer um Mitternacht die Glocke läuten. Mit dem ersten Schlag stand Lars in der Kirche, gab aber nur knappe oder gar keine Antwort. Erst nach und nach bekannte er, was ohnedies jeder wußte, daß er in den Hügel auf dem Weg gebannt worden sei, wisse nicht, wie das zugegangen. Von einer Stube erzählte er, voll nie gesehener Schnitzereien, aber während all der Tage, die er darin war, ließ sich außer einem Mädchen niemand blicken. Dort habe er sich auch die ganze Zeit über nicht geregt; bis ihm das Mädchen eine Geige brachte, wie er noch keine in der Hand gehalten, so künstlich gearbeitet, und hieß ihn spielen. Lange hätte er es nicht über sich gebracht, wie gerne er auch mochte; aber beim ersten Strich sang dann die Geige von selber, und wie er weiter spielte, fielen die Unterirdischen mit ein, als wären sie in der Stube, und sangen mit. Er selber begann zu singen, während er spielte, da schlug ein Glockenton mitten hinein, die ganze Stube war voll von Leuten, und wie er sich umsah, stand er in der Kirche. Diese Erzählung kam sehr stockend und erst viele Tage später; auch spielte Lars nie mehr wie früher am Sonntag zum Tanz auf, schien den Bann überhaupt nicht abzutun und zeigte sich schließlich immer seltener unter Menschen. Meist schnitzte er herum und versuchte nachzumachen, was er in jener Stube gesehen hatte, oder er schnitt Geigen, die der unterirdischen gleichen sollten. Tage und Nächte hockte er auf einer kleinen Bodenkammer, über und über gefüllt mit unfertigen Schnitzereien und mancherlei seltsamen Dingen, deren Zweck und Gebrauch niemand zu wissen bekam. Zuletzt schaffte er nur noch an der Verfertigung einer weiblichen Holzpuppe mit den Zügen des Mädchens, von dem er erzählt hatte; aber er brachte sie nie heraus, fing ratlos immer wieder von vorne an, schnitzte am Ende nur noch wenige Schnitte, warf den Stock weg, um an einem neuen Holz dieselbe Qual zu beginnen. Also verfiel Lars in immer menschenscheueren Tiefsinn; nach dem einen Bericht ist er wieder in den Berg zurückgewandert, nach dem andern, wahrscheinlicheren, fand man ihn, an einem heißen Sommerabend, in seiner Bodenkammer erhängt. Kurz: auch diesem Mann war das Blendwerk stark im Beginn und nahm heillos ab; er versuchte nachzuschaffen, woran er sich im Berg versehen hatte, und es mißlang ihm wahrscheinlich nicht deshalb, weil es zu hoch für sein Können gewesen wäre, sondern weil auch hier eine Falltür ins bodenlos Täuschende, ein Fallstrick ins Leere hing, weil auch die gesuchte Musik oder Weiblichkeit oder Weisheit des Berginnern beim Erwachen Asche war wie Rübezahls Gold am nächsten Tag. Der tödliche Irrsinn des Bauern Lars ist dem Fall auf den Markt der Gerber, der Enttäuschung des erstickten Kriegsknechts (außer dem, was sonst darin sein mag, an Vergaffung) in einer sehr hohen Sphäre verwandt; in der Sphäre der Melancholie und des chthonischen Zaubers, des leeren christlosen Grübelns nach unten und innen, des heillosen Grabens nach einem Schatz, den es in den Lockungen solch äußerer Tiefe gar nicht gibt. In verwandten Sagen werden die Vergafften, die ins Uralter des Bergs Vergafften nach drei Tagen achtzig Jahre, ihr hingegan-

genes Leben war, daß sie einem Glühenden im Berggloch zuge-
hört haben, das schnarrt, als ob es »sich tiefer Weisheit be-
rühme«; der Weise war freilich nur der glutäugige Uhu und die
Weisheit des Bergfelsen war nur die Sackgasse eines riesigen
irren, stereotypischen Tods – als des »Grunds« der Berge und
der verlockenden Natur.

Doch nicht alles Locken führt so ausweglos ins Leere. Sondern
die Welt ist auf dem Marsch, eben im Mischlicht, und die Probe
hat den Glanz erst zu bestehen, gegebenenfalls zu scheiden.
Manches Blendwerk ist noch keines für immer; umgekehrt hat
noch jede Art von »Erfüllung« ihr mögliches Blendwerk im
Tornister. Vor allem mischt sich an Mahl, Weib, Krieg, Grübelei jedesmal die bloße Lockung mit dem Glänzen der wirklichen
Sache, die hier *gärt* und noch nicht heraus ist; weder als Nichts
(wie beim bloßen Blendwerk und Absturz) noch aber bereits
als Etwas. Unterschiede des Wegs, gar seiner letzten Teile sind
zwar zu fühlen: an der bloßen *Lockung* lebt die Lust, die man
büßt, jene überall »dämonische« Gier und Neugier, welche dem
breiten Weg zur Hölle vertraut, der sich so rasch zum schmalen
Schlund zusammenzieht. Umgekehrt überwiegt am Zug der
Substanz die saure Mühe des Beginns, die überraschende Rettung des Endes; ihre Zeichen oder Pfänder sind anfangs schmal
und wachsen erst mit dem arbeitenden Fortgang als dem Reifen
und Hervortreten der Sache selbst. Aber diese Unterschiede
sind nicht so sicher, daß man sich den Weg ersparen könnte
oder das Probieren der Sonne, die alles erst an den Tag bringt.
Lockung und Substanz können auch unterwegs lange genug ge-
mischt auftreten, im Maß der selber noch unentschiedenen
Welt, die nicht so sauber geordnet ist, daß sich Sirenengesang
und Wagnersche, selbst Bachsche Musik oder die einzelnen
Grade der Grübelei ohne weiteres von vornherein unterschei-
den lassen. Das Urteil der Zeit hat sich oft genug darüber ge-
täuscht, auch Sokrates oder Christus galten als »Verführer«;
vor allem arbeitet hier eine Dialektik, eine ringende und eben
erst im *Prozeß* verfolgbare, die auch die Substanz ganz eng in
die Nähe der Lockung, das »Wirkliche« in die Nähe des »Blendwerks« bringen kann, weil eben beides noch nicht völlig ent-

schieden ist. Weder was Wirkliches noch was Blendwerk sei; oft geht das Eine mit dem Anderen ineinander, in der gärenden Welt. Die Lilie duftet betäubend und ist doch zugleich das Bild der Reinheit; das Weib, um das es immer gärt, auch phosphoresziert, ist gleich der Musik sowohl das Höchste wie das Unentschiedenste der Welt; das Geheimnis der Berge ist noch nicht am Tag, geschweige denn an der Nacht. Selbst das offensichtliche Blendwerk äfft wenigstens nach oder nimmt mit ruchloser Setzung einen Glanz vorweg, in lügenhafter Weise, der dennoch irgendwie in der Tendenz des Lebens, in seinen bloßen, aber immerhin noch vorhandenen »Möglichkeiten« angelegt sein muß; denn an sich selber ist das Blendwerk unfruchtbar, es gäbe nicht einmal Fata Morgana ohne Palmen in der zeiträumlichen Ferne. Derart kann das Blendwerk sogar ein Zeichen werden, wider seinen, aber nicht wider unsern Willen; dann dringt man nicht machtlos, gar bis zum bitteren Ende ein, weicht aber erst recht nicht völlig aus, sondern sein Schein ist da, um besiegt und seine Spiegelung, um konkret beerbt zu werden. Auch dieses ist in einer Sage wunderbar vorgedacht (in einer griechischen von der Art, die Aristoteles meinte, als er sagte, ein Liebhaber der Weisheit sei auch jedesmal ein Freund der Sagen und Märchen). Als sich nämlich Odysseus an den Mast binden ließ, wich er den Sirenen noch aus, kapitulierte also vor der Lockung von vornherein; aber als *Orpheus* vorüber fuhr, und die Sirenen sangen, schlug er selber die Leier, seine Musik zwang die Sirenen zu schweigen und zuzuhören, ihre Lockung hat er nicht nur überstanden, sondern besiegt und mit weißem Zauber überboten, das Argonautenschiff fuhr unbetört vorüber, ja, die enterbten Sirenen stürzten sich ins Meer und wurden Felsen. Im Weib, Meer, Fels, in der leeren Höhlen-, auch Weiten-Lockung sind sie freilich geblieben, in dem ganzen noch »bodenlosen«, mindestens unentschiedenen, doppeldeutigen Geheimnis der Natur. Ihres Frühlings, der ebenso äußerlich wie beinahe unsrer ist, ihrer Bergmusik und Sonne, die ebenso ein unbegreiflicher Glutkörper ist, um die die Erde gerade noch »richtig« kreist, ohne hineinzufallen, wie sie – ohne schon die menschliche Sonne zu sein – das überall widerscheinende Symbol des »Lichts« darstellt.

Sich rein zu halten ist darum etwas andres als rein zu sein. Junge Menschen kennen das heiße, dunkle Irren durch Felder oder in der Stadt. Es glänzen die bunten Frauen und die eine verborgen unter ihnen, es zerreißt die fruchtlose Begegnung, der rasche Blick ohne Gegenwart und Zukunft, ohne Entführung, sich verlierend im Vorüberschreiten; es ruft hinter allem das Heimweh des dunklen, tiefen Traums. Kaum ist bereits bekannt, wo hier der Wille vom Weg getrieben wird, wo die Irrlichter beginnen oder wo die gebahnte Straße des Ziels – ausscheidend, definiert und klar – durch all den wetterleuchtenden Glanz hindurchführt. Der Himmel ist noch hoch und der Zar noch weit: die Flucht vor der Lockung ist nicht immer die Entdeckung von Licht und sicher nicht dasselbe wie das Licht zu suchen. Die schlechthinige Umgehung des diffusen Lichttriebs kann auch Fahnenflucht sein, an der Existenz des *Prozesses* gemessen, an der Notwendigkeit, grade seiner gemischten Unruhe, ja noch den Karikaturen des Blendwerks das Original abzugewinnen. Es sagte ein chassidischer Meister: wer die Gebote erfüllt, kommt wohl ins Paradies, aber weil er die Wonne und das Brennen nicht kannte, fühlt er auch die Wonne und das Brennen des Paradieses nicht. Und es erhellt: nur als versuchender, versuchter kann er wirklich fromm sein, er kennt die mystischen Lichter durch die Welt, doch auch die Narben des bestandenen Blendwerks zu ihnen hin.

ANHANG: DAS NIEMANDSLAND

Manche sind vor allem toten Dingen sonderbar nah. Dem Glas, zwar zerbrechlich, aber klar, den Steinen, so fest und schweigend. Gerade ein junges Gefühl zieht dazu hin, anders als das sammelnde des mittleren Alters. Wie das geizige greisenhafte, dem das Leben gleichgültig geworden ist und das Starre übrig bleibt, aber nicht aufgeht. Auch von Geräten sprechen wir hier nicht, denn wir beleben sie ja und sie scheinen etwas davon anzunehmen. So sind sie immerhin mehr Hunde als Katzen, sie scheinen treu und man ist es auch ihnen, nicht mehr als das.

Dagegen können wirklich fremde tote Dinge merkwürdig in

sich ziehen. Kristalle haben Gesichter, von denen man nicht loskommt, strahlig, in kleinen Türmen, die nicht bei uns stehen. Ihre Farben sind aus der Tiefe, wo niemand sieht; das Licht macht sie bunt oder grell, aber sie halten noch etwas zurück. Nur das Blau auf altem Email hat etwas von dieser Nacht am Tag; sonst sind Kristalle so fern und zugleich so schlagend nah, daß man sie, zum Unterschied von Orchideen und Schlangen, nicht einmal als dämonisch empfand. Viel gröber, aber vielleicht noch umarmender, lockender, erdrückender ist die *große* Landschaft außer uns, besonders wo »Totes« in Massen fließt oder in die Höhe geht und den Blick hinaufreißt. Junge Menschen fühlen sich davor oft sonderbar abgesetzt, nicht mit einem Nichtsgefühl vor ihresgleichen oder Höheren, sondern die Entwertung geht grade auf alle, auf das Menschliche an sich. Vor Bergen und Sternen kann unser ganzes Tun gering scheinen; selbst dem menschlichen Geheimnis und dem Geheimnis unsrer Ziele ist hier alles so abgewandt. Menschliche Größe und Werke dagegen auszuspielen scheint erst recht sinnlos, ganz eigentlich nicht am Platz; denn schon die Anschauung Größe kommt von draußen, unterliegt sofort vor dem hohen Berg, gar dem unendlichen All. Die Kämpfe des Lebens erscheinen dann wie die im Wassertropfen; ein Komet mit Blausäure im Schweif reicht hin, das ganze schmale Bewußtsein zu löschen, das in einem kleinen Winkel geglimmt hat, und es war selber nur eines von Rätseln, sowohl in dem, daß es ist, wie in dem, was es sieht. Jede Spur von Erdentagen ist von riesiger Nacht eingerahmt, rückwärts wie vorwärts, individuell wie vor allem kosmisch. Ein Achtzehnjähriger hat kurz vor seinem Selbstmord einen Brief ans Weltall geschrieben – den kann man gut verstehen; die Gegensätze zwischen dem zwergenhaften Leben und der riesenstarken Ruhe, in der fast alles ist, außer den paar Pflanzen, Tieren und Menschen. Pan warf den Achtzehnjährigen ruhend, ruhig nieder, sein Blick kann gorgonisch sein. Gewiß frischen wir an ihm auch die Leiber auf, an der Fläche zwischen Leib und Hochalpen kommt eine merkwürdige Gesundheit, als wäre das für uns gebaut; die Weite reinigt von den vier Wänden. Aber grade die ganzen Naturfreunde ziehen auch ganz ins Tote; wie in Entwertete, in starr Berauschte tritt es dann ein. Der Bann des bloß menschlichen Inhalts: die schlimme Lage, die austraglose Verwicklung, er ist, wie er ist, er maskiert sich nicht, man kann dagegen rebellieren. Jedoch der Achtzehnjährige eben hatte einen ganz andern Bann: den des Sternrahmens, nicht des Inhalts; ein riesiger Erlkönig lockte, das ganze Leben wurde sinnlos davor. Und vor allem ist hier genau die umgekehrte Furcht wie im Erlkönig, nämlich Anziehung; Sturm, Nebelstreif, alte Weiden ziehen in sich hinein, gar das Werdenwollen wie Fluß, Heide, Berg, Meer, Tod, Sternhimmel, Niemandsland. Die Menschen haben gegen dieses Ungeheure alles getan, damit es sie nicht verschluckt; sie haben ihm heidnisch geschmeichelt und christlich ein Kind darüber gesetzt. Dennoch betäubt die große Zahl, auch wenn man sie durchschaut: die Inflation der Lichtjahre, die in Gold noch kein Stück Brot kaufen lassen; das Nichts, das mit der dünnen Bergluft schon anfängt und eigentlich erst unendlich ist, nämlich immer wieder nichts.

Erinnerung: Als einer zu seinem weisen Freund sagte: unsere Gespräche mögen fein und tief sein, aber wie stumm sind die Steine und wie unbewegt bleiben sie von uns; wie groß ist das Weltall und wie armselig steht die »Höhe« unserer Peterskirchen davor; was müßte erst die Erde selber zu sagen haben, wenn sie einen Mund von Lissabon bis Moskau öffnete und nur wenige Urworte donnerten, orphisch; – da erwiderte der weise Freund, als Lokalpatriot der Kultur: eine Ohrfeige ist kein Argument und die Erde? sie würde vermutlich lauter Unsinn reden, denn sie hat weder Kant noch Platon gelesen.

EIN RUSSISCHES MÄRCHEN?

Folgendes wurde blank erfunden, scheint auch nicht recht möglich. Auch nicht in einer Zeit, wo Herzen und dergleichen verpflanzt werden. Dennoch hat der fabelhafte Bericht es an sich, immer wahrer zu klingen, indem er nicht auf seine Engländer beschränkt bleibt. Auf den Bericht jener jungen Forscher, die indische Höhlen auf ausgestorbene Tier- und Pflanzenarten untersuchen wollten, die darin vielleicht noch vorhandenen.

So fuhren die Sucher längs der Küste mit wechselndem Glück dahin. Bis ihnen wieder ein Eingang in die Augen fiel, vielversprechend durchaus, auch vor der Flut geschützt. Ihr Motorboot ließen sie wegen der Klippen auf offener See stehen, ruderten herüber und wurden wirklich vorgeschichtlich empfangen. Nämlich vom Geheul eines nie gesehenen Ungeheuers, das im Schlaf gestört war. Es erschien wie ein Polyphem, hatte gleichfalls das Stirnauge der Saurier, ein letzter Saurier selber. Der schlug sogleich einen jungen Engländer, legte sich quer vor den Ausgang der Höhle, verspeiste sein Opfer zum Nachtmahl. Und so fort am nächsten Tag; das Ende der jungen Forscher war abzusehen. Da kam ihnen zu Hilfe, daß Polyphem, nachdem er gleich zwei Opfer geschlagen hatte, das andere, das noch Lebenszeichen von sich gab, liegen ließ bis später, und sich wohlgesättigt ausstreckte. Die Engländer hatten neben einigen kleinen Messern und Schaufeln, mit denen sie sonst vorsintflutliche Reste herauskratzen und ausheben wollten, auch ein Fäßchen Sprit mitgenommen, um die Funde sogleich zu konservieren. Diesen Sprit setzten sie nun der verdauenden Bestie vors Maul, sie soff ihn auch hintereinander leer. Unterdessen aber hatte einer der Männer seinem sterbenden Kameraden beim letzten Atemzug den Schädel trepaniert, das Gehirn herausgenommen, während ein anderer bei dem Ungeheuer, dem vom Sprit betäubten, das gleiche tat, das menschliche Gehirn dann in die leer gemachte Kapsel einsetzte. Polyphem hatte sich überhaupt nicht von der Stelle bewegt, der Ausgang blieb versperrt, aber nach geraumer Zeit kamen aus dem Rachen die alten entsetzlichen und doch nicht gleichen Heullaute, sondern es erschien allmählich fast, als ob sie Worte zu bilden versuchten. Englische, fast verständliche, und die verständlicher werdenden kamen endlich sogar mit deutlichem Oxfordakzent heraus. Es war nun ihr Freund, der hier sprach, so schrecklich transplantiert, und sie konnten sich fast schwer von ihm trennen, selbst nachdem er ihnen den Ausgang freigegeben hatte. Solange bis er sie beschwor, ihn doch zu verlassen, er fühle, daß die alten Säfte des riesigen Tierleibs begännen, das menschliche Gehirn in ihm allmählich abzubauen. Erst aber als die Worte des Freunds, mit denen er beschwor, immer heulender, unkenntlicher, ja zugleich drohender wurden und die Augen immer stärker die des vorigen Sauriers, flohen die Männer hinaus auf ihr Boot vor der Höhle, und sie erreichten eben ihr Schiff im tieferen Wasser, als sie die wohlbekannte Bestie ihnen nach sich zwischen die Klippen stürzen sahen. Im sich entfernenden Schiff hörten sie noch lange das Polyphemische vom Strand her, desto unheimlicher als sie immer noch andringende, untergehende, auflebende Stimmen wie die des toten Freundes und Forschers darin zu hören glaubten. Wären nun die jungen Gelehrten nicht nur in Urgeschichte firm gewesen, dann hätten sie vielleicht auch an das Geschick von sehr viel größerem Humanum in unüberwundener, wieder vordrängender Reaktionsbasis aus neuerer Geschichte denken können. Aber ihr Gleichnisdenken kam nicht ganz bis dahin, wie sollte es auch bei solch fiktivem Vorfall, gar vom Ausgestorbenen her? Doch wäre man nicht an der Küste Indiens, sondern etwa vor dem altgeübten Scheiterhaufen, wohin es den Johannes Hus gebracht hat, auch in Neusibirischem insgesamt, dann wüßte man ohnehin besser, was es mit neuem Wein in alten Schläuchen auf sich haben kann. Als sie später genauer mit dem Sextanten arbeiteten und ihnen die Kopeke gefallen war, sahen sie ohnehin, daß sie sich nicht nur an der indischen Küste befunden hatten.

DER WITZIGE AUSWEG

Schwache kriechen gern unter oder fliehen beiseite. Der Starke schlägt Raum, doch der ist oft weniger neu als das schlanke Daneben, wohin sich einer rettet.

Das Maushafte daran kann ekelhaft sein oder das Hasenhafte windig, traurig, unedel. Muffige Löcher gibt es genug und sind schon bekannt; auch die Finte rechts oder links ändert nur die Richtung, nicht das Feld. Es gibt schlechte Formen dieser Art (vor allem weiblich und jüdisch); wir aber meinen hier – gegen den Bann der Lage, des zugezogenen Endes, der Dinge – wirklich neue Entdeckungen, schmale Kontinente nebenbei, auf die nur der Schwache kam. Dort wachsen dann Beeren eines Witzes (im alten Wortsinn), die auch hernach, als gepflückte, erzählte, als Witze im neuen Wortsinn, befreiend wirken. Leider hat es der Witz an sich, nur als Rohkost gut zu sein; gesprochen ist er oft vortrefflich, aber geschrieben, also gekocht ist er fast nichts mehr. Er läßt sich geschrieben nicht zubereiten oder gleichsam nur à la tartare, mit fremdartig scharfen Zutaten und barocken Umschreibungen, worin Kleist Meister ist. Doch läßt sich immerhin die *Landschaft* des Auswegs beschreiben und ihre Flora geht abzubilden, so daß sich der Phantasievolle an die Rohkost erinnert.

Weiblich, sagten wir, ist der Ausweg oft schlecht. Die Trugfrage der Frau, als die Suppe zu heiß war: »Soll ich sie eiskalt auf den Tisch bringen?«, taugt nichts. Doch bei einer andern Frau horcht man schon auf, beim »Witz« der ertappten Ehebrecherin, die dennoch leugnet. Die dem rasenden Mann sagt, in dieser Lage, mit dem nackten Freund im Bett: »Wenn du deinen Augen mehr traust als meinen Worten, wo ist dann deine Liebe?« – Dieses Weib verstand, das Beispiel für seine Behauptung recht neu, recht verwirrend zu wählen. Und der Mann sieht nicht mehr um diese Ecke; er könnte auch in ruhigerer Stunde nicht nachfolgen.

Der jüdische Ausweg ist häufiger, führt auch schon ganz unten richtiger beiseite. Er ist nicht so läppisch oder so unzugänglich wie oft der weibliche, sondern frivol, formalistisch, gerissen, kann jedoch, mit seiner Verstandeshelle oder seinem Glaubensdunkel, eben in ein bedeutendes Nebenbei bringen. Hier findet man erst recht (aber mit Hintergründen) Kollegen der schlauen, mehr als schlauen Ehebrecherin und Bewohner ihres »Lands«. Eine Geschichte gehört hierher oder vielmehr die Erzählung von dem Mann selber, der durch Nordsibirien fuhr; von Wölfen erzählt er, durchgehenden Pferden, Einbruch im Eis, der ganze Schlitten herunter in den See – und? fragen die gebannten Zuhörer, wie der Mann nicht weiter spricht, kein Wort mehr vorbringt, den ganzen Mund hat er voll Wasser, er ist ja schon längst ertrunken – »und?«, sagt der Reisende und atmet auf: »Was tut Gott, die ganze Geschichte ist nicht wahr.« Also holte der Lügner auf, aber schöner ist auch noch kein Träumer aufgewacht, besser wurden keiner Lüge die kurzen Beine gesund und lang gebetet. Wird Gott hier nicht zum Vater des Lügners, ja der Lüge, aber auch des Endes der Lüge, daß das Labyrinth wahr sei? Und nun halte man dazu die andre, mehr umgekehrte Ausweg-Geschichte, von dem Rabbi, der Gottes Werke gepriesen hatte, und wie vollkommen doch alles auf seiner Welt eingerichtet sei, wie schön und klug. Da tritt ein Buckliger nach Schluß der Predigt auf ihn zu und sagt: »Rabbi, ihr habt so wunderbar gesprochen, von Gottes Werken und wie schön doch alles sei, wie sinnvoll und klug. Aber seht mich an: bin ich so schön und sinnvoll und klug?« Der Rabbi sah den Mann in der Tat an und sagte: »Für einen Buckligen bist du schön, sinnvoll und klug genug.« Also nimmt der Rabbi nichts zurück, denn der Bucklige ist wie eine geschaffene Form, die vollkommen ist, wenn sie so ist, wie sie ist. Der Rabbi nimmt vieles zurück, in Gott selbst zurück, der die Vollkommenheit nur getrübt, nur in Rationen schuf, aber an der Empörung des Buckligen das Zurückbehaltene ahnen läßt. Nicht allzuweit darf man »Witze« pressen; immerhin: in diesem und hundert ähnlichen oder andren stecken Philosophien, die nie gedacht worden sind. In ihnen ist nur ein kleiner Ausweg, mauschelnd und zu skurril, um zur Heerstraße eines schöpferischen Gedankens werden zu können, aber nicht zu unbedeutend. Ihr sonderbares witzig ernstes Novum unterscheidet grade diese Art Auswege von dem unproduktiven Ausweg durch Dummheit oder Reinheit aus Dummheit, der nur dem andern als Witz wirkt, freilich ebenfalls als verwirrender. Einen solchen Weg geht etwa die Geschichte von dem Mönch, einem sehr frommen und einfältigen Mann, dem nur sein Trieb viel zu schaffen machte. Geißel und Kasteiungen halfen nichts: da schlüpfte eines Abends ein Weib in seine Zelle, unter dem Vorwand zu beichten; eine stadtbekannte Hure, im Übergang zur Betschwester, also der Lage sehr gewachsen. Wie nun der Bruder gegen Morgen erwachte, aus einem Schlaf, den er seit seiner Kindheit nicht mehr gekannt hatte, so süß und satt, mit einer Ruhe, die nichts mehr als fromme Gedanken im Sinn hatte, warf er sich nieder und dankte Gott, daß er ihm endlich ein Mittel gezeigt habe, den Stachel los zu werden. – Der Erzähler dieser sehr alten Schnurre fügt hinzu, daß der Prior, als er von der Sache erfuhr und auch davon, daß der Mönch aus reinster Dummheit das Gelübde gebrochen, ja, das Evangelium verwirrt habe, ihm verziehen und für ihn gebetet hat: damit er mit den Eseln dereinst ins Paradies gelange.

Wie anders wieder, wie listig ernst, wenn weibliche und jüdische Flucht zusammen gehen. Die Eva, von der in diesem Sinn zuletzt zu erzählen ist, war die zweite, ganz junge Frau eines Rabbi, der in hohem Alter noch einmal geheiratet hatte. Nach mehreren Jahren glücklicher Ehe wurde der Rabbi krank, zum erstenmal in seinem Leben, und sagte zur jungen Frau: »Von diesem Bett werde ich nicht mehr aufstehen, Hannah. Über kurz oder lang kommt der Engel des Todes und holt mich zu meinen Vätern.« Hannah weinte und rief: »Sprich nicht solche Worte, mein Rabbi, ich kann es nicht hören. Alle Türen und Läden werde ich vor dem Engel des Todes verschließen. Oder kommt er doch, so werde ich sagen: Engel des Todes, lasse meinen Rabbi leben und nimm mich an seiner Statt.« Der Rabbi nahm ihre Hand: »Das wirst du nicht sagen, Hannah, du wirst dich nicht versündigen an deinem jungen Leben.« Aber als Hannah nicht aufhörte zu klagen und sich zu verschwören, sprach der Rabbi nichts mehr, sondern legte sich wie vor großer Müdigkeit gegen die Wand und schloß die Augen. Die junge Frau wachte bei ihm bis gegen Abend, wo sie in die Stadt ging einzukaufen; und kaum war sie vor dem Haus, so erhob sich der Rabbi, ging in die Küche, wo hinter einem Verschlag zwei Gänse gemästet wurden. Er öffnete das Gitter, streute Brotkrumen vom Verschlag über den Flur bis ins Schlafzimmer vors Bett und legte sich grade im rechten Augenblick, als die Haustür ging und Hannah in das dunkle Zimmer zurückkehrte, zu dem Kranken, der schlief. Mit einem Mal hörte man, von der Küche her, ein eigentümliches Geräusch, ein Tappen wie von leisen, harten, unmenschlichen Füßen, auch der Rabbi fuhr hoch. »Hörst du«, sagte er zu Hannah, »hörst du den Todesengel, wie er kommt?« – und Hannah zitterte. Jetzt waren die Schritte schon an der Tür, in der Stube, jetzt dicht am Bett, wo Hannah saß. Und wie das Tappen an ihre Füße streifte, schrie sie und deutete auf den Rabbi: »Engel des Todes, hier liegt er!« Da schlug der Rabbi Licht, die Gänse pickten, der Rabbi sprach: »Nun, meine Hannah, was hast du gesagt? Hast du gesagt:

Engel des Todes, nimm mich an seiner Statt, lasse meinen Rabbi leben, das Licht meiner Augen?« – Hannah sah auf die Gänse, auf ihren Mann und antwortete: »Wäre es der richtige Engel des Todes gewesen, so hätte ich es auch gesagt. Aber daß ich es zu einer Gans sagen soll, wirst du doch nicht meinen.« – Und auch dieses ist ein Beweis, schloß der Erzähler, dem man diese Geschichte verdankt, höchst überraschend, daß sich die Juden nicht mit Tieren befassen sollen. Nach einer andren Wendung soll Hannah gesagt haben: soll ich mich genieren vor dieser Gans? – der Ernstfall war der Frau nicht da.

Ist er nirgends da, wohin schlugen sich dann die Schwachen, die so witzig waren? Da es Auswege sind, gehen sie in ganz verschiedene Richtung, doch immer in ein Drittes, auch wo alles versperrt zu sein scheint. Von nun an, sagte so ein chinesischer Weiser, dem sein Diener jeden Morgen aus drei Haaren den Zopf flocht, und es geschah nach einiger Zeit, daß dem Diener erst das eine, dann das andre der drei Haare in der Hand blieb, er warf sich vor dem Herrn nieder, doch der Weise sagte ruhig: von nun an werde ich mein Haar offen tragen. Zwischen den Sätzen Hannahs, der christlichen Ehebrecherin, des Sibirien-Reisenden, des Rabbi und des Buckligen, zuletzt noch des chinesischen Weisen gibt es freilich wenig oder noch wenig inhaltliche Zusammenhänge. Als Tat ist die Kühnheit der Schwachen nicht viel wert, als Gedanke oft frivol; auch bergen sie sich nicht immer in der schönsten Gestalt, und Abrahams Schoß sieht anders aus. Dennoch fehlt das Sesam nicht und es zeigt sich auch: dem Suchen des Auswegs, so schief er ist, kommt in der Welt, so eisern sie ist, doch etwas Unentschiedenes, auch Poröses und stellenweise Durchgesägtes entgegen. Der schöne Schein, der dunkle Grund: aber dem Witzigen ist noch nicht aller Tage Abend und das Ganze des Witzes, auf das es hier ankommt, ist nicht selber nur witzig, im frivolen Sinn. »Was tut Gott? die ganze Geschichte ist nicht wahr« –: kein übler Satz für einen Lügner, kein schlechtes Weltmotto, würden es Bessere sagen. Man muß sowohl witzig wie transzendierend sein, um eins von beiden sein zu können.

Man hat anderes erwartet, und meist mehr als das. Das Mindere verstimmt dann, doch nicht immer, es gibt etwas her, wenn es einen nichts angeht. Oder auch an sich selber harmlos ist wie ein Witz, der ja gleichfalls dadurch erheitert, indem er verpufft. Das heißt, indem er sozusagen Berge kreißen läßt und ein Mäuslein gebiert. Wie das zum Beispiel in jener Zirkusszene der Fall war, das Maul sehr voll nehmend, die Erwartung immer mehr steigernd. Die Manege war ganz geräumt, nichts Geringeres angekündigt als: das Streitroß Bukephalos. So hieß auch das Leibpferd Alexanders des Großen, bereits das mächtige Eisenseil war vielversprechend, womit der Direktor den Hengst in die Manege ziehen wollte. Freilich nur wollte, das Widerspenstige am unsichtbaren anderen Ende zog ihn selber am Seil zurück, nach draußen, wo man nur stampfen und wütend wiehern hörte. Ein, zwei, dann drei besonders stämmige Männer kamen dem Direktor zur Hilfe, zogen geschult mit, vergebens, brachten das Seil bestenfalls zum Stehen. Bis ein vierter dazu kam und mitgriff, ein ganz schwerer Boxer, aus der nächsten Nummer zur Hilfe gerufen, und er jetzt endlich das Seil ein wenig, dann mehr und mehr vom Stillstand ins Herholen, Herziehen brachte. Ein letzter Ruck, vereinte Kräfte, man hörte von draußen das Donnern mächtiger Hufe, Triumph – und ein Holzpferdchen am Ende des Seils ward sichtbar, rollte auf vier Rädern in die Manege. Das Publikum lachte denn auch aufatmend bei so viel optisch gewordenem Witz, lachte sogar herzlich, wie man zu sagen pflegt. Und gar nicht enttäuscht über so einen Bukephalos am Ende. Sogar objektiv war das etwas humoristisch befreit, vielleicht auch, weil es ja nicht bloß glückliche Erwartung gibt, sondern viel mehr furchterregende – und siehe es war nichts dahinter. Wenigstens im Märchen nichts, oder wenn auch nicht so Kindliches kommt, herauskommt wie ein Holzpferdchen, so meinen doch Märchen, Zirkus bis hin zur Posse: die Suppe werde nie so heiß gegessen wie sie gekocht ist. Während im obwaltenden Leben, das wir noch haben, unter den herrschenden Köchen, die uns es zumuten, die Suppe meist noch viel heißer gegessen werden muß.

Einmal vielleicht wird es auch äußerlich, ganz außen besser stehen. Dann kehren die harten Dinge zu uns zurück oder wir zu ihnen, gleichviel. An sich stehen sie schief oder verwirrt zu uns, aber ein guter Griff und sie passen genau in die Lage, die Fromme meinen. Darüber gibt eine Geschichte manches zu denken, die Herrn Schotten aus Mainz vor mehr als hundert Jahren zustieß.

Der war ein Mann wie andere auch, kam eben mit dem Seinen zurecht. Handelte mit Seide und ging jährlich auf die Reise, die er mit einem kleinen Umweg nahm. Denn er versäumte nie, einige Tage bei dem Rabbi von Michelstadt zuzubringen, in frommem Gespräch. Dieser galt als Wunderrabbi und wurde Baalschem genannt, wie es deren manche, gegen Ende des achtzehnten Jahrhunderts, auch in Deutschland gab. Als nun Herr Schotten wieder einmal den Baalschem besucht hatte, vor einer Einkaufsreise nach St. Gallen, und die Kutsche stand schon draußen, sagte er: »Rabbi, es ist mir sonderbar zumute, heute gehe ich ungern auf die Tour. Ob ich einen schlechten Traum hatte oder mich sonst eine Ahnung plagt, aber es ist mir, als käme ich nicht gesund zurück.« Der Rabbi sah Herrn Schotten seltsam an, schüttelte den Kopf und sagte nichts. »Rabbi«, begann Herr Schotten wieder, »tut mir den Gefallen und gebt mir einen Talisman mit, damit ich ruhiger fahre.« Der Rabbi schwieg weiter und rührte sich nicht von der Stelle, sah sich mit gekräuselten Lippen um, peinlich und fast nervös; der Tisch war schon abgeräumt, nur eine gelöschte Kerze stand noch darauf. »Nehmt dieses, wenn ihr wollt«, sagte der Rabbi endlich, »man muß Gott für alles danken, was er uns bestimmt.« Herr Schotten verwahrte die Kerze sorgfältig, der Baalschem gab ihm seine Segenswünsche mit auf die Reise und gut ging sie vonstatten. In St. Gallen suchte Herr Schotten gleich den gewohnten Gasthof auf, die Goldene Traube, wo er seine Geschäftsfreunde zu treffen pflegte, Herrn Bacharach aus Koblenz und Herrn Goldstikker aus Frankfurt. Aber das ganze Haus war besetzt, und Herr Bacharach, sagte man, sei bereits in den Halben Mond gegangen, Herr Goldstikker noch gar nicht angekommen.

Herr Schotten ging in den Halben Mond, wo ihn der Wirt sogleich mit einem Gruß von Herrn Bacharach empfing; der war schon zur Ruhe gegangen, erwarte aber den Herrn morgen früh. Der Hausknecht wies Herrn Schotten sein Zimmer an, viele Treppen im obersten Stock, stellte das Licht auf den Tisch und wünschte dem Herrn eine gute Nacht. Der Seidenhändler wollte grade zu Bett gehen, da klang in seinen Ohren ein sonderbarer Eindruck nach: wie? hat nicht der Hausknecht den Schlüssel umgedreht? Herr Schotten probierte die Tür, sie war von außen verschlossen, er ging ans Fenster, es war verquollen, die Scheiben vergittert, und jetzt merkte er auch die drückende Luft im Zimmer, den schwadigen Geruch, und fuhr zusammen im höchsten Schreck: dies war der Geruch im Traum, das ganze Zimmer, genau so, hatte er schon im Traum gesehen. Vom Bett schien der Geruch zu kommen, Herr Schotten kehrte sich um, aber fast sah er schon das Bett nicht mehr im trüben Licht, das Stümpfchen auf dem Tisch flackerte nur noch, wenige Züge und es brannte aus. Da schlug sich Herr Schotten auf die Brust und griff die Kerze des Baalschem, brachte sie an den zuckenden Docht; das Licht brannte hell. Jetzt ging Herr Schotten vor: unter dem Bett war niemand; er warf das Oberbett beiseite, nichts; die Matratze: über ausgehobene Dielen war sie gelegt, über eine Mulde, und in dieser wohl ein halbes Dutzend Leichen, obenauf, mit frisch eingeschlagenem Schädel, Herr Bacharach aus Koblenz. – Lange Zeit saß Herr Schotten stöhnend da und sein Leib bebte, er sprach das Gebet der Rettung aus Lebensgefahr und das Licht des Baalschem brannte hell, allmählich verstand er den Rabbi und wußte, was zu tun sei. Den toten Freund schaffte er aus der Mulde aufs Bett und deckte ihn zu, als ob er schliefe; er selber kroch in die Gruft zu den Leichen, den Kopf hervor, lange Stunden, es rührte sich nichts. Jetzt drehte sich leise der Schlüssel in der Tür, Männer schlichen ans Bett, spalteten mit drei, vier Axthieben Herrn Bacharach zum zweitenmal den Schädel, schleiften den Koffer vor die Türe und schlossen von draußen wieder zu. Bestimmt den Hausknecht, vielleicht auch den Wirt glaubte Herr Schotten an den Stimmen zu erkennen. Endlich stieg er aus der Gruft hervor, zu dem vergitterten Fenster, wo ihm mit großer Sorgfalt gelang, eine

Scheibe aus dem Kitt zu heben. Wartete den Tag dort draußen ab, spähte sehr vorsichtig, ob sich niemand zeige auf der kleinen Straße hinter dem Haus. Marktleute kamen zuerst und Herr Schotten wollte ihnen schon zurufen, doch der Wirt konnte ihn hören, vielleicht waren auch Mordhehler in dem Volk dort unten. Da erblickte Herr Schotten Schlag sechs Uhr, in der Morgensonne, Herrn Goldstikker aus Frankfurt, wie er um die Ecke bog, dem Mordhaus zu, seine Geschäftsfreunde zu besuchen. Herr Schotten rief nur wenige Worte hinunter, in der heiligen Sprache, damit ihn kein andrer verstehe, und der Freund kehrt um, Minuten vergehen, die Stube wird hell, Polizei trabt an, die Treppen herauf, die Türen gesprengt und Herr Schotten trat vor, daß Wirt und Hausknecht das Leugnen verging. Nur noch solange blieb er in der Stadt als seine Zeugenschaft nötig war; fünf Wochen danach stand er wieder im Zimmer des Baalschem. »Ihr seid erstaunt, Baalschem, mich wiederzusehen, mit weißen Haaren?« – und erzählte seine Rettung. »Aber wozu brauche ich euch das alles zu berichten? Ihr wußtet doch genau, was ihr tatet, als ihr mir die Kerze gabt. Sonst läge ich jetzt neben dem armen Bacharach und ihr sprächt mir das Totengebet.« – Der Rabbi nahm die Kerze, stellte sie ohne alle Umstände wieder in ihren Halter auf den Tisch und sagte: »Ich weiß nur, daß der Herr erretten kann, wen er will. Die Kerze half euch wie die heilige Sprache und bleibt doch bloß eine Kerze; die heilige Sprache half euch wie die Kerze und bleibt immer ein Wunder. Gott macht es nicht einfach, wofür wir ihm danken sollen.« –

Darum sagten wir: einmal, vielleicht, wird es grade äußerlich, ganz außen besser stehen. Das Erzählte ist blutig, aber es leuchtet darin, die Kerze leuchtete darin und brannte richtig. Der Rabbi macht gar kein Aufhebens davon, weder vorher noch nachher, weder von sich noch von der Kerze. Er will weder gezaubert noch hellgesehen haben, erst recht ehrt er die zufällige, wenn auch bedeutend zufällige Kerze nicht als »Talisman«. In der scheinbaren Zaubergeschichte herrscht ein sonderbar nüchterner Geist, ja, der schweigsame Rabbi ist dem wundergläubigen Herrn Schotten gegenüber fast ein Skeptiker, jedenfalls ein schwer durchschaubarer Ironiker. Genau der Baalschem von

Michelstadt ist »aufgeklärt«, und es ist jene besondere, entschieden jüdische Art von Aufklärung, die am Spuk nicht etwa zweifelt, daß es ihn gibt, sondern die nicht anerkennt, daß es ihn vor dem Menschen und seinem undämonischen Gott geben darf. So ist in der Schauergeschichte ein merkwürdiger Griff, der sie löst oder vielmehr ein Moment, das auch heute noch lebendig, ja schon jedem Geschäftsmann bekannt ist: nämlich *die glückliche Hand*. Die praktische Intuition, die die Dinge nicht riesig umstellt, sondern nur ein wenig richtig greift und an den Ort bringt, mit dem stillen Tastsinn dieses Organs. Sie läßt sich vom Glück fassen, vom selben, das verschüttet ist, doch dem Frommen in seiner Welt dunkel zugrunde liegt. Hier ist selbstverständlich keine »Technik« in irgendeinem rationalisierbaren Sinn, aber auch keine alte »Magie«, in die die Technik ja sonst oft hereinreicht. Sondern greift der Rabbi, peinlich und höchst lehrreicher Weise nervös, in die Dinge dieser Welt, um einen »Talisman« herauszubrechen, so vertraut er keineswegs kosmischen Kräften und Ordnungen, die der Welt bereits innewohnen. Er bewährt vielmehr seine sonderbare, fast messianisch wählende Hand, um die Dinge aus ihrer »Zerstreuung« herauszubringen, sie gleichsam kurze Zeit edenhaft zu machen. Dann muß allerdings die Kerze »zum Besten dienen«, sie paßt immer gerade in das Bedürfnis der Lage, wie es auch sei, in umgekehrter, glücklicher Ironie des Schicksals: so hätte die Kerze im »Paradies« gebrannt, als kein Ding, sondern als Gut. Also hielt es der Rabbi und schließlich auch Herr Schotten, als er die Kerze richtig gebrauchte, ja sogar aus der heiligen Sprache, im gegebenen Augenblick, einen *Kassiber* machte. Als er lediglich das an ihr pointierte, daß sie kein Marktmann verstand. Hier werden die Mittel geheiligt oder entheiligt, je nachdem; sonderbar in der undeutlichen Welt. Kein Ding ist an sich schlecht, keines schon gut; es kommt auf den Griff an, der in Richtung bringt, der vielleicht sogar, manchmal, ins Dunkle, Verstellte und Ungewisse der Hintergründe vordringt. Und ein andrer Rabbi, ein wirklich kabbalistischer, sagte einmal: um das Reich des Friedens herzustellen, werden nicht alle Dinge zu zerstören sein und eine ganze neue Welt fängt an; sondern diese Tasse oder jener Strauch oder jener Stein und so alle Dinge sind nur ein wenig zu verrücken. Weil aber dieses Wenige so schwer zu tun und sein Maß so schwierig zu finden ist, können das, was die Welt angeht, nicht die Menschen, sondern dazu kommt der Messias. Dabei hat auch dieser weise Rabbi, mit seinem Satz, nicht der krauchenden Entwicklung, sondern durchaus dem Sprung des glücklichen Blicks und der glücklichen Hand das Wort geredet.

MOTIVE DES WEISSEN ZAUBERS

Soll man tun oder denken? Man kann auch fragen, ob der Denkende überhaupt etwas tue. Er hebt etwas ab von dem, was ist, indem er es schreibt. Er sucht einige Dinge heller zu machen, indem er zeigt, wohin es mit ihnen geht.

Dieses Fenster überhaupt hat das Denken zu schlagen. Damit die Dinge wirklich verändert werden, die Menschen wirklich berichtigt werden oder schließlich sich selbst berichtigen. Keinen Hund, sagt man, lockt die Philosophie hinterm Ofen hervor. Aber wie Hegel dazu bemerkt, ist das auch nicht ihre Aufgabe. Und sodann könnte die Philosophie auch ohne diese Aufgabe bestehen, aber nicht einmal diese Aufgabe ohne Philosophie. Das Denken schafft selbst erst die Welt, in der *verwandelt* werden kann und nicht bloß gestümpert. Vordem gab sich diese Richtung als Anspruch auf Zauberei kund; die Faustsage hat davon den letzten Anschein. Und die Ahnung von solch höchstem Amt der Weisheit klingt oft in Märchen nach. In ihnen lebt (nicht nur im Witz des Kasperle, des schlauen Hänsel, des teufelbetrügenden Soldaten) ein antimythischer Zug oder der Wille, die gebannte Welt in unsre Angeln zu heben. Ein deutsches sei zunächst ausgewählt, aus den aufgeklärten Händen des Musäus entgegengenommen, sodann ein Märchen aus Tausendundeiner Nacht, und auch darin ist die eigentliche Materie der Erregung, Bedeutung, die gleichsam theologische Handlung nochmals herausstellbar. Das deutsche Märchen enthält bei Musäus manche schön und parallel laufende Schnörkel, die aber den Mehrwert, das Gleichnis verdecken und folglich, um andrer Linien willen, die da umgehen, sachlich zu verändern sind.

Vor langem lebte einmal, so wird hier erzählt, ein Graf still und weitab von allen. Kein Armer ging ungespeist davon, doch waren sie fast auch die einzigen Gäste auf der Burg. Allmählich wuchsen drei schöne Töchter heran, die spannen und sangen, besorgten mit den Mägden das Haus.

Einst zog nun der Graf, an einem schönen Herbstmorgen, zur Jagd, nahm den gewohnten Weg durchs Holz. Doch kaum tat er einige Schritte, so richtete sich ein riesiger Bär vor ihm auf, zerschlug mit einem Hieb den erhobenen Jagdspieß, verlangte die älteste Tochter; die wolle er am nächsten Morgen holen. Kaum hatte sich der wehrlose Mann erhoben, so rauschte ein gewaltiger Adler von den Wipfeln nieder, schlug dem Grafen die Fänge in die Schulter, verlangte als Lösegeld die zweite Tochter; die wolle er am nächsten Morgen holen. Der Graf hatte den Wald verlassen, da berührte sein Fuß unter dem letzten Baum ein Wirrsal verdorrten Reisigs, pfeifend fuhr eine Schlange daraus hervor, hatte im Augenblick seinen Leib umschlungen, und der züngelnde Kopf wollte zufahren: da rief der gebannte Mann selber den Namen seiner jüngsten Tochter, kaufte sich los noch um diesen Preis; und am nächsten Morgen wollte ihn die Schlange holen. Der Graf jagt in die Burg zurück, hieß die Zugbrücke aufziehen und verwahrte alle Eingänge genau, die Töchter schloß er ein, in Spinnstube, Kemenate, die jüngste in eine Kammer des Bergfried, hochgebaut unter der Zinne, und wohlvermauert. Kaum dämmerte jedoch der Morgen, so sprengte ein glänzender Zug von Reitern den Hügel hinauf, saß ab vorm Schloßtor, die Riegel schoben sich, die Zugbrücke fiel, drei junge Ritter drangen in die Burg, kehrten zurück, die bebenden Mädchen im Arm, und ehe der Graf mit seinen Knechten nur die Glieder regen konnte, war die prächtige Kavalkade den Burghügel schon wieder herabgebraust und entschwand in die Ferne, dem gespenstischen Wald zu.

Der völlig gebrochene, gewissenszerquälte Graf verbrachte seit dieser Zeit fast alle Tage in Buße und Gebet, eingeschlossen in der Burgkapelle, erheiterte sich auch nur wenig an den Spielen eines Sohnes, der ihm kurz nach dem Verschwinden der drei Gräfinnen noch geboren worden war und der Mutter das Leben gekostet hatte. Der Knabe nun blieb sich selbst überlassen und träumte dem nach, was er gehört hatte und was ihm der Vater nicht verschweigen ließ. Und wie er heranwuchs, das Haus wurde immer stiller, trieb es den Junker, seine verschwundenen Schwestern zu suchen und zu befreien. Vergebens suchte ihn der alte Graf zurückzuhalten, drängte ihm, als er den unbeugsamen Willen sah, wenigstens Geleit, Pferde, Schildknappen, Troßbuben auf, doch der Junker ahnte, daß hier Gefahren höherer Art zu bestehen seien, und so zog er leicht und einsam, an einem schönen Frühlingsmorgen, in den verzauberten Wald. Schon war er tief in die Wildnis eingedrungen, verwachsene Schlingpflanzen sperrten überall den Pfad, oft mußte er sich mit dem Schwert erst Raum schlagen, endlich lichtete sich der heillose Weg, und Graf Reinald zog in ein langes stilles Tal, einer Hütte entgegen, vor der drei Frauen saßen und spannen. Die Frauen schrien auf, als sie den Ritter erblickten: »Mein Jüngling, welches Unglück führt dich in diesen Wald! Hier hausen schreckliche Tiere, der Bär, der Adler, die Schlange, gegen Abend kommen sie zurück und du siehst den Morgen nicht mehr, wenn sie dich treffen.« Da wußte Graf Reinald, wo er war und gab sich seinen Schwestern zu erkennen, auch daß er gekommen sei, den Bann zu lösen, der sie gefangen halte. Die Frauen staunten den Ritter mit stummer Verwunderung an, dann umarmten sie ihren Bruder, küßten ihn im Übermaß der Freude, aber ihre Kniee zitterten vor Furcht wegen der offenbaren Gefahr. Es war aber der Zauber, der nicht nur die Schwestern, sondern – wie Reinald in dem stillen Waldtal erfuhr – auch ihre Männer gefangen hielt, so beschaffen, daß an jedem nächsten Tag Bär, Adler, Schlange wieder zu Menschen wurden, zu edlen und glänzenden Rittern; in dieser Gestalt hatten sie ihren Brautzug vollführt, die Brautnacht gefeiert. Doch mit dem folgenden Tag mußten sie in ihre Tiergestalt zurück; so hatten sie den alten Grafen angefallen und mußten heute den Grafen Reinald treffen. Schon war der Abend angebrochen, jeder Schritt im Wald war der gewisse Tod; zitternd bereiteten die Frauen dem Bruder ein Versteck im hintersten Winkel der Hütte, hinter scharfriechenden Kräutern und Wurzelwerk. Mit einbrechender Nacht kamen die Tiere, der Graf hörte sie heulen und schreien, ganz nahe wühlte der Bär mit seinen Tatzen in dem dünnen Wurzelstoß, die Schwestern schmeichelten und sangen, dann wurde es still in der dumpfen Kammer, und der Graf schlief ein.

Als er erwachte und sich eben hochrichtete, durch sein Versteck zu spähen, fand er sich auf weichen Kissen, wohl ausgeruht. Die Morgensonne schien freundlich in ein reich geschmücktes Gemach, am Bett stand ein Page und reichte dem Grafen prächtige Kleider. Verwundert trat er aus der Türe in einen hohen Saal und sah nun seine Schwestern, von aufwartenden Edelknaben, Läufern und Heiducken in Menge umgeben, an ihrer Seite drei Ritter von fürstlichem Ansehen, die Reinald umarmten und brüderlich willkommen hießen. Wie erstaunte erst der Graf, als er ins Freie trat und die völlig verwandelte Gegend sah: statt der Hütte stand ein Jagdschloß da, in mäßiger Entfernung sah er die Bergfeste des Ritters vom weißen Adler, und, in einiger Tiefe gelegen, zeigte ihm der Schlangenritter sein Wasserschloß am See. Als Reinald all dies sah und den Bann begriff, den er seit seiner Kinderzeit im Wald geahnt hatte, ruhte er nicht, bis er von den Rittern das Geheimnis ihrer Verzauberung erfahren hatte und den Schlüssel, der es brechen konnte. Seine Bitten, das Geheimnis zu verraten, waren stürmischer und hielten länger an als die brüderlichen Bedenken der Ritter. So erfuhr er bald, welchen Weg er einzuschlagen habe und nahm mit dem sinkenden Tag Abschied, um dem Bann entgegen zu ziehen.

Sieben Tage durchstrich er nun den endlosen Wald, immer gegen Osten zu, wo er den Schlüssel finden sollte. Bis sich am achten Tage die Bäume lichteten und Reinald sah einen Felsen vor sich, ein Portal in den Fels gehauen, und davor ein Ungeheuer mit dem Leib einer Schlange, Adlerflügeln und dem Haupt eines Bären. Reinald schritt auf das schweigsame Bauwerk zu und die ruhelos spähende Chimäre, welche sich, wie sie den Grafen erblickte, brausend erhob, um ihn von den Lüften her zu zerfleischen. Aber als Graf Reinald den ersten Hieb gegen den Bärenrachen über seinem Kopf führte, ging das Schwert mitten hindurch wie durch Luft und die Chimäre hing unbeweglich; als der Graf zum zweiten Mal vorsprang um einen Schlag zu tun, löste sich das Ungeheuer langsam in seinen

Umrissen auf, dämonisierte sich wieder, als er sich entfernte, verschwand völlig, als er in den Nebel hineinstieß, und die Tür in dem finstern Portal sprang von selber auf. Eine Treppe lag dahinter und Reinald stieg die Windungen herab, bis in einen langen Gang, der in ein offenes kerzenbeschienenes Zimmer führte. Der Raum war völlig leer, nur eine Säule stand halbhoch in der Mitte und auf ihr eine steinerne Tafel, die mit wenigen unverständlichen Zeichen beschrieben war. Vor der Chimäre draußen hatte sich Reinald nicht gefürchtet, aber hier war ihr Blick, und ein namenloses Grauen überkam den tapferen Grafen in dem starrenden Gemach. Ein Wille war hier lebendig von intensiv schöpferischer Gewalt zum Bösen; Reinald fühlte, daß auf der Tafel der Talisman eingegraben war, der alle Zaubereien des Waldes in Gang erhielt. Mit aller Kraft packte er die Tafel und stürzte sie vom Postament auf das Pflaster herab, wo sie lautlos auffiel und in Stücke zerbrach. Schreiend verließ Reinald das Zimmer, stürzte den Berggang zur Tür hinauf, die weit offen stand, in der der helle Himmel lag und das Wipfelgebirge des verlassenen Walds. Aber wie Graf Reinald dort hervortrat, erhoben sich aus den grünen Tiefen Freudenrufe; nicht lange, so brachen drei Geschwader aus dem Waldrand hervor, an ihrer Spitze die Ritter mit Reinalds Schwestern, und jubelnd zogen sie zum Schloß des alten Grafen, der sie in die Arme schloß und alle Schuld vergeben sah. Graf Reinald aber nahm Abschied von allen und zog ins heilige Land, wo er verschwand. Nur ein Pilger, der weit herum gekommen war, wollte ihn zuletzt noch als Tempelritter gesehen haben, im innersten Asien, beim Priesterkönig Johannes.

Wo er verschwand – in der Tat mußte Reinald noch weiter ziehen. Er hat erst gestürzt und die Tiere sind Menschen geworden, aus solchem Stoff, der vergeht; die Welt bleibt, der *gewohnte* Bann bleibt, den niemand hört, weil er immer ist. Aber alchymisch steigt aus dem ritterlichen Wesen das *andre*, das *orientalische* Märchen jetzt hervor, von Geburt an als *philosophisches* Märchen, das nicht nur Charaktere zerstört, sondern die Sphäre des Steins der Weisen selber bedeutet.

Eine schöne Dame, wird hier erzählt, war allein im Garten,

pflanzte Blumen ein. Ihr Herr, Prinz Bahman, war hinausgeritten, auf die Jagd, wollte nicht vor Abend zurück sein. Da trat eine alte Frau an die Tür, eine Einsiedlerin und Fromme. Die Prinzessin bat sie einzutreten und mit ihr das Gebet zu sprechen, da es die vorgeschriebene Stunde war. Die Frau sah den glänzenden Garten, staunte, bewunderte viel und sprach: »Gewiß, hohe Herrin, diesem Garten fehlt nichts als drei Dinge; hättest du die, so wäre er vollkommen.« Sie schwieg, doch als die Prinzessin Perisadah immer heftiger in sie drang, ihr die Dinge zu nennen, so fuhr die Fromme zögernd fort: »Ich spreche vom goldenen Wasser, vom sprechenden Vogel, vom singenden Baum. Zwanzig Tagreisen von hier, im Land Hind, ist das alles zu finden. Wer die drei Dinge sucht, frage den ersten Mann, dem er am zwanzigsten Tag begegnet.« Als die Fromme gegangen war, blieb die Prinzessin in Unruhe zurück wie nie zuvor, und wirren Gedanken. Heftig schrak sie zusammen, als sie die Schritte des Prinzen hörte, der zurückkam von der Jagd. Aber kaum hatte sie dem Geliebten ihre Wünsche erzählt, so grämte sich auch dieser wie um einen Verlust, und schwor, die drei Wunder zu gewinnen.

Ruhelos verbrachte er die Nacht, mit dem Grauen des Tags brach er auf. Nahm von der Geliebten zärtlich Abschied und ritt ins Morgenrot gegen das Land Hind, nur von seinem Leibsklaven begleitet. Immer weniger trafen sie Menschen, und schließlich begegnete ihnen niemand mehr in den verlassenen Tälern und Steppen, auf den verwehten Karawanenstraßen durch die beginnende Wüste und den Paßsteigen zu dem Eisgebirge hinauf. Bis am Morgen des zwanzigsten Tags der Prinz einen Derwisch sah, starr in sich versunken, an der Seite eines Bergwegs, und er verstand hier die Worte der Alten. Er verneigte sich tief und grüßte den Heiligen mit ehrfurchtsvollem Gruß, doch der Derwisch antwortete nicht. Der Prinz flehte Allahs Segen auf ihn herab, doch der Derwisch dankte nicht einmal; er bat um seinen eigenen Segen, aber der Derwisch gab kein Zeichen, daß er den Reiter auch nur höre oder sehe. Der Prinz war unschlüssig, ob er den Marabut, der bei Allah war, nach dem Weg fragen solle; da antwortete der Heilige von selbst, mit unbewegter Stimme und wie aus tiefer Ferne:

»Kehre um, reite den Berg nicht hinauf. Es schlägt dir ein Gewirr von Stimmen ans Ohr, die dich mit Furcht füllen oder betäuben. Hüte dich, und wieder sage ich, hüte dich, das Haupt zu wenden. Kommst du dennoch zum Gipfel, so findest du auf einem Felsen den sprechenden Vogel. Der wird dir den Weg zum goldenen Wasser und singendem Baum zeigen. Der Weg ist gefährlich, und die schwarzen Steine sind der Tod. Kommst du an einem Tag nicht zurück, so kommst du an keinem.« Der Derwisch sank wieder in seine Entrückung, doch der Prinz, ohne Lust, in den Sinn der dunklen Worte einzudringen, saß augenblicklich auf, hieß den Sklaven auf ihn warten, einen Tag, und sprengte davon, über weichendes Geröll den öden Berg hinauf. Es war totenstill und je weiter der Reiter kam, desto dichter zeigte sich der Berg mit Felsen bestreut, von schwarzer und seltsamer Gestalt. Schon war der Gipfel zu erblicken, und das Herz des Mannes spürte keine Furcht, da erhob sich plötzlich, mit einem Blitz rings um den Weg und rückwärts im totenstillen Raum, ein Pfeifen und Zischen, als wäre die Luft voller Schlangen und Würmer, dazu ein brüllender Wirrwarr vieler Stimmen, wie es der Derwisch verkündet hatte. Der Prinz ritt festen Herzens vor und hörte nicht auf die Zauberrufe, die ihn mit Stimmen aus seiner Kindheit, mit den Stimmen toter Freunde bei Namen nannten, blieb taub gegen den ehernen Wagen, der dicht neben ihm aufzufahren schien. Schon spürte er das Wiehern der überrennenden Rosse, der Peitschenknall schlug an sein Gesicht und wütend fuhr der Prinz um, als wäre er von der Peitsche getroffen, aber noch während er den Kopf zur Seite drehte, dachte er an die dunklen Worte des Derwischs – vergebens, die Nacht sank, der Prinz erstarrte augenblicklich zu schwarzem Stein.

Einen Tag oder zwei erwartete ihn der Sklave, dann ritt er zurück, wie ihn sein Herr geheißen hatte. Die Prinzessin hörte die sichere Botschaft des Todes, als der Sklave von den Worten des Derwischs erzählte, und sie trauerte in höchster Trauer. Aber bald begann sie wieder zu zweifeln, in einer Liebe, die nicht sterben wollte, und sie beschloß selber aufzubrechen, ihrer Geliebten zu suchen. Ungeleitet schlug sie den gleichen Weg ein, den ihr Geliebter genommen hatte; die Worte des Derwischs während des einsamen Ritts wohl überdenkend, lange und genau. Am zwanzigsten Tag erblickte auch sie den Heiligen, stieg ab, verneigte sich tief vor ihm, der leise die Hand erhob, und schritt ohne Frage den Weg hinauf auf den schreienden Berg. Aber die Prinzessin vernahm keinen Laut in ihrer tiefen Versunkenheit, in der bitteren Sehnsucht nach dem Geliebten, den sie zum Tod geschickt hatte; es ließen ihr Leid, Schuld, übermächtige Liebe gar nichts andres zu hören übrig: nur dies Eine, nach dem sie selber schrie, mußte sie beim sprechenden Vogel erfahren. Schon sah sie den Vogel in einem Käfig auf der höchsten Felsenspitze, die Prinzessin ergriff das tobende Tier. Da brach völlige Stille ein und der Vogel sprach: »O tapfere Herrin hoher Geburt, sei guten Muts, dir soll nichts Arges widerfahren. Dir gehöre ich, dein Befehl auf mein Haupt und meine Augen, sage mir, was ich tun soll, damit ich deinen Wunsch erfülle.« Da antwortete die Prinzessin: »Ich will von meinem Herrn und Geliebten hören, ob er tot ist oder lebendig sei, und wo ich ihn finden kann.« Da antwortete der sprechende Vogel: »Hören ist Gehorchen, nimm diese Flasche und gehe auf die andre Seite des Berges. Dort fülle die Flasche mit dem goldenen Wasser, und du wirst die Zweige des singenden Baums über dem Wasser erblicken. Eher kannst du deinen Geliebten nicht finden, denn er ist weder tot noch lebendig.« Die Prinzessin folgte den Worten des Vogels und stand bald unter Blumen und Büschen vor einem kleinen, bedeutend schönen Kuppelgehäuse; in dem sprang ein Springquell aus trinkbarem Gold, über der Kuppel wölbte sich ein Baum mit einer Krone, die selber leuchtete, und alle Zweige sangen. Prinzessin Perisadah füllte ihre Flasche bis zum Rand aus der magischen Quelle, brach einen Zweig von dem Baum, so daß sie nun alle drei Wunder besaß, von denen die alte Frau gesprochen hatte, aber sie achtete auf nichts und sehnte sich, ihren Geliebten zu erblicken. Da sprach der Vogel weiter: »O große Herrin, gehe jetzt den Berg wieder herab, sprenge ein wenig von dem goldenen Wasser auf die Steine, die umherliegen, und durch seine Kraft wird jeder wieder zum Leben erstehen, die andern sowohl wie dein Geliebter.« Jetzt erst kehrte die Prinzessin um, goß von dem goldenen Wasser auf jeden Stein, auf das finstere Felsgeröll rings um den Weg: und wie der erste Tau fiel, so standen die Menschensteine auf, ihr Geliebter erhob sich, der fast Verlorene, und umarmte sie, das Tal war erfüllt von Menschen und Erwachten. Viele hundert Jahre hatten die einen geschlafen, die andern nur wenige Tage, alle Zeiten und Alter standen auf dem traumlosen Berg, aber jetzt waren sie einer dem andern gleich, in der Gnade Allahs, häuften Ruhm und Ehre auf das Haupt der Prinzessin. Diese führte die Erweckten den Berg herab, im Triumph des zweiten Lebens, zum heiligen Derwisch, an ihm vorüber. Aber wie sie den Platz erreichten, war der Derwisch verschwunden, und nur das Wasser in der Flasche wallte auf. Von den Erweckten ritt jeder nun seine Straße, der eine hierhin, der andre dorthin, Prinz und Prinzessin aber kehrten den alten Weg zurück, erreichten am Morgen des zwanzigsten Tags mit ihren Wundern den Palast. Dem sprechenden Vogel gaben sie seine Wohnung im Garten; die magische Quelle tönte in dem Becken, in das sie gegossen wurde, ihre Strahlen und Garben kreisten von selber in die Höhe; so war der Gang des Wassers ununterbrochen und stets sich selber gleich. Der geheime Zweig schlug Wurzel, steckte neue Zweige und Knospen, wurde augenblicklich wie der Lebensbaum des geheimen Berggartens selber; und sein Singen klang zum Kreislauf des Quells, zu den Sagen des Vogels vom Bergzug der Helden und der überstandenen Gefahr. Am siebten Tag gedachte Prinzessin Perisadah der frommen Frau und ließ sie rufen, führte sie unter die gedrängten Wunder. Da staunte die Heilige in höchstem Staunen, warf sich nieder und sprach die Sure: »Der niedersandte Wasser vom Himmel, mit dem wir das Gefild erweckten, das tote, nach diesem Maß werdet ihr dereinst hervorgehen, am Tag der Scheidung, aus euren Gräbern.« Die Prinzessin bat die Heilige, ihre letzten Tage bei ihnen zu verbringen, und sie blieben verbunden in der Weise der Anbetung. Noch lange hörten sie auf den Fall des Wassers, den singenden Baum, die Sagen des sprechenden Vogels, bis auch zu ihnen der Tod kam und sie von allem irdischen Trost wegnahm, zu der Fülle des Paradieses.

Soll man tun oder denken? wurde gefragt. Wir haben einige

Märchen gehört, in denen weiß gezaubert wird. Uns kommt das nicht mehr zu, doch im alten Raum des Verwandelns sind auch wir, mit andern Mitteln. In den Märchen wird nur »gedacht«, um zu tun, um dadurch allein das Rechte zu tun; das Denken geht dem Tun vor, das Tun bewährt das Denken. Wenn also grade metaphysisches Denken nichts von jenem »Lebenswasser« mit sich führt, an das das orientalische Märchen so wunderbar erinnert, dann ist es nichts nütze, denn es ist zu nichts nütze. Und von hier aus bedurfte zuletzt das orientalische Märchen, eben weil die Prinzessin weiter zieht als der Graf Reinald vorher, einer Erinnerung des Ursprungs, vielmehr des frischen Traums, in dem das heute noch lebt, trotz seiner alten Sprache und Landschaft. In mehreren Fassungen liegt oder lag ja Tausendundeine Nacht vor; darin mischt sich schon das Gespräch einfacher Kameltreiber mit dem Vortrag von Rhapsodien am Kalifenhof und stellenweise mit einer bedeutenden alchymischen Kultur. Auf diese weist unverkennbar diese unsre überlegte »Geschichte von den beiden Schwestern, die ihre jüngste Schwester beneiden«, wie das Original des erzählten Märchens heißt; viel leichtere Züge sind jedoch im Original, die Schwester Prinzessin (denn hier ist sie eine Schwester zweier Brüder, deren jedem das Gleiche auf dem Berg geschieht) – die Schwester Prinzessin also stopft sich, im bunten Rock, Baumwolle in die Ohren, so daß sie nur hin und wieder ein Echo der tödlichen Stimmen auffängt und unbeirrt vorankommt, wo so viel tapfere Ritter vor ihr zugrunde gegangen waren. Selbst der Derwisch muß hier herzlich lachen, als er von der Weiberlist erfährt, und wirklich reiht sich diese, im Original des Märchens, all den heiter genauen Auweglisten an, die dem dummen Teufel in vielen Märchen gegönnt werden, mittels derer die neue, schmale Kraft der Freiheit und des menschlichen Verstands das böse Prinzip, wenn nicht besiegt, so ihm doch nach unbekannten, den alten Mächten unzugänglichen Regionen ausweicht. Indes steht bereits das seltsam, ironisch kapitulierende Motiv des Verstopfens der Ohren, aus der Odysseus- und Sirenensage bekannt, ersichtlich in andrer Reihe als die bloßen, an sich nichts bedeutenden Listhandlungen von Kindern und Soldaten gegen Hexen und dumme Teufel; erst recht wird in dem orientalischen Errettungs-Märchen das böse Prinzip ja nicht etwa subjektiv, mit verstopften Ohren umgangen, sondern der Substanz nach orpheushaft, ja orphisch besiegt. Hier ertönt also, mitten zwischen »lustiger Person« und »Alchymie«, ein Märchen höchstens, der Epopöe des Errettens zugewandten Stils; es ist eine schöpferisch konstitutive, nicht bloß listige Kraft in der Taubheit der Prinzessin, in ihrer tiefen Taubheit der Liebe, die strenger gerichtet, radikaler eingedenkend ist als die Kraft des bloßen Besitzenwollens oder gar der leeren, alle Eitelkeit der Kreatur offenlassenden Neugier. Die vorigen Bergfahrer und Prinz Bahman kannten nur diese Greiflust, diese Neugier, höchstens noch die edle, aber gleichsam rein theoretische Betroffenheit von der Kunde der Alten; den Vogel, den Quell, den Baum, diese nahen Verwandten zur blauen Blume, sehnten sie sich nur zu *erblicken*, nur zu *besitzen*. Prinzessin Perisadah jedoch kennt ihre erste Neugier nicht mehr, auch kein bloß abstraktes oder wie immer unaussprechliches Verlangen von endloser Unbestimmtheit des Zwecks, des Sinns, des Inhalts. Ihr Herz ist voll konkreten Willens wiedergutmachender Liebe, und in diesem Integralen schrecken sie die abseitigen Stimmen nicht, ist sie taub gegen alle Verlockungen des bloß neugierigen Interesses, ja selbst noch der wissenwollenden Lebensangst. Liebe wird hier das wesentliche Instrument des Findens oder wie ein rabbinisches Gleichnis dazu sagt, auf das Pathos der Prinzessin wohl anwendbar: »Wer Weisheit besitzt ohne Menschenliebe, gleicht einem Mann, der den Schlüssel zum innersten Gemach besitzt, aber zum äußeren verloren hat.« Die Prinzessin war aller bloß wissenwollenden Neugier so fern wie der Derwisch geworden; so ist ihr auch das eitle, ungezielte Sich-Umsehen erspart, das entspannt und tötet, wie Lots Weib, und das in allen Mythen der Vergaffung zum Tod und der Steinwerdung führt, als dem Lohn der Neugierde und des vergessenen Jerusalem. Ein Element der Eva selber kehrt in der Prinzessin um; wie denn dieses bedeutende Märchen nicht nur vom Tod als der Sünde Lohn erfüllt ist, sondern auch vom Gegentod des weißen Zaubers, kurz, vom Lösegeld der Erkenntnis, vom Lebenswasser gradeaus, gegen Salz- und Steinsäulen rückwärts.

Allerdings, zwei Menschen gehen auch hier nur, nach großen Zeichen, in einigem Alltag zu Ende. Wie im Tun des Grafen Reinald, so wird im (viel tieferen) Tun der Prinzessin doch nur die vorige Gestalt aus dem Bann zurückgewonnen. Hierin begreift sich auch das *letzthin* noch Problematische am Ausgang beider Erzählungen, schließlich selbst der positiv magischen und orientalischen. So werden Vogel, Baum und Quell zum bloßen Gartenschmuck eines behaglichen Daseins; es sei denn, daß sich die Geschwister im Original *als ausgesetzte Königskinder* erkennen, daß sie der sprechende Vogel zum Sultan, ihrem Vater, *zurückführt*. Aber ob die Sure des Lebenswassers oder die *Rück*kehr zum Vater erscheint: das alles ist doch nur eine allegorisch schlichte, vornehm unzulängliche, abstandshaft ehrliche Umkreisung des letzten, hier gesetzten Sinns; denn in der Tat sind doch die drei Schätze, der sprechende Vogel wie das goldene Wasser wie der singende Baum, *alchymische* Symbole reinster Art. Folglich wären sie zur Bildung eines zweiten Lebens *verpflichtet,* eines wirklich ganz Andern und Wunderbaren, wie es nicht nur aus dem Stein hervorholt und zu einem irdischen Königssohn restituiert, sondern dazu gehalten ist, grade den Schatten des Wandels und den Tod an seinem Ende zu überwinden, die reelle Sohnschaft des höchsten Königs, ja das Werden wie Allah *und hinter Allah* zu exekutieren. Nur bis zur sultanischen Schwelle leitet das Original, trotz aller erkennbar mystischen Bedeutung; auch im Original hilft der Vogel nur bis zur Königskindschaft, die doch auch noch zu dieser Welt gehört. Das Lebenswasser, das das höchste unter den drei Schätzen ist, schließt seine Verwandlung damit ab, daß es Steine wieder zu den Menschen macht, die sie vorher waren; es verwandelt den zurückgenommenen Prinzen selber nicht, gar die Steine, die keine Prinzen waren, der *ganze* Berg bleibt noch verschlossen. Er treibt in seinem Becken geometrische Figuren bloßer »Natur« und macht nur sich selbst sich selber gleich. Das durchleuchtende Nichtwissen dieses Schlusses fundiert folglich das Problematische, das offenbar Unvollendete, ja eben das bedeutend Unbefriedigende am Ende dieser kleinen Heilsgeschichte: mit dem Tod noch im Ausblick, als wäre nichts, noch nichts geschehen. Der Quell möchte aber anders springen, der singende Baum enthält die Musik andrer Sphären, der sprechende Vogel meint im Märchen das Lösewort, das die Menschen ganz und alle Steine frei macht. Die Prinzessin hat den Prinzen allerdings wieder gefunden und am Ende vielleicht die »Fülle des Paradieses« (das ihr ebenfalls schon fertig da ist); doch das Lebenswasser meint mehr. –

Coda: Wie sehr das Wasser andres meint, läßt sich überall messen, wo es das Hiesige weg gewaschen zu haben scheint. Wenigstens mit Bildern und Gesichtern, die so erlebt sind, als wären sie schon drüben und erzählten von dem, was uns erwartet. In der »Fahrt zum Hades« singt Schubert mit bleichem und ernstem Ton, so still erschüttert, als sei er an der Stelle, die Worte: »Schon seh ich die blassen Danaiden, den fluchbeladenen Tantalus.« Setzt man diesen Fall nun wirklich, daß man nach dem Tod oder am Ende der Zeit die Danaiden wirklich erblickt, es gibt sie dann nicht nur, als hätte man das erwartet (*»schon* seh ich«), sondern sie und das ihnen Verwandte, auch hellere Stellen aus der griechischen Mythologie sind das Einzige, was bleibt: dann wären die Sagen des klassischen Altertums auch der genaueste Führer durch die Welt nach dieser Welt oder vielmehr, für die christlich Gläubigen, die Sagen von Hölle und Himmel, falls nicht die Walhallamythen, wider alles Erwarten, der bessere Cicerone wären oder auch das mohammedanische Paradies. An diesem Fall ist aber nicht nur die Wahl, die er einem gibt, sondern er selber blasphemisch; und er ist noch mehr, bis ins Unfaßliche, skurril als blasphemisch: denn was wäre oder geschähe in der Tat, wenn man Danaiden und den fluchbeladenen Tantalus oder Teufelsheere und lobsingende Engel wirklich am Ende erblicken würde, so real wie hier Bäume und viel realer. Die Verblüffung wäre unsagbar, auch die Frömmsten und grade diese wären irre daran, den Katechismus zu finden, und noch größer wäre das Entsetzen, daß damit schon alles Ende zu Ende sei. Der heutige massive Unglaube ans Unsichtbare, vielmehr noch Unsichtbare ist zwar ebenso irr wie der massive Glaube an himmlisches Fleisch und Bein; aber es ist in ihm doch auch ein Ungenügen an diesem räumlichen Dingsein noch einmal, ja eine Ahnung, daß die Bilder des letzten Erwachens, kurz des wirkenden Lebenswassers nicht Danaidensieb oder Olymp oder Krone sein könnten, wenn es wirklich dieses Erwachen gibt und wenn es das letzte wäre. Schlichtes Staunen über Unscheinbares zeigt uns heute tiefer an, was metaphysisch umginge, wenn das »lebende und tote Gefild« erweckt wäre; diese Lichter sind freilich immer augenblicklich oder beiläufig, zeigen das unverdinglichte, un-gebannte, letzte Heimweh in allem an und haben keinen gro-ßen Ort. Der bloße Prinz Bahman, wenn auch als Königssohn, ist nicht darin, ebensowenig der Palast, in den die Geliebten mit halbem Lebenswasser und äußeren Gartenwundern zurück-reisen, eben doch nur *zurück* reisen. Der Blick auf solche Dinge, wenn auch Götter-Dinge, geht das letzte im Menschen noch gar nichts oder nichts mehr an. Jedoch – ein Garten aus dem, was die Menschen zuweilen staunen, ja erschauern läßt und was die Prinzessin selber hatte, als es so unruhig und streng aus den Worten der alten Frau klang: von diesem könnten eben Un-gläubige des überlieferten »Endes« glauben, er wäre in Men-schen und Steinen noch darin, alles fragend, lösend und unge-funden.

»Denken Sie nur. Zuweilen sehe ich die blaue
Fliege. Ja, das hört sich alles so dürftig an, ich
weiß nicht, ob Sie es verstehen.« – »Doch, doch,
ich verstehe es.« – »Ja, ja. Und zuweilen sehe ich
das Gras an und das Gras sieht mich vielleicht
wieder an; was wissen wir? Ich sehe einen einzelnen Grashalm an, er zittert vielleicht ein wenig
und mich dünkt, das ist etwas; und ich denke bei
mir: hier steht nun dieser Grashalm und zittert!
Und ist es eine Fichte, die ich betrachte, so hat sie
vielleicht einen Zweig, der mir auch ein wenig
zu denken gibt. Aber zuweilen treffe ich auch
Menschen auf den Höhen, das kommt vor ...« –
»Ja, ja«, sagte sie und richtete sich auf. Die ersten
Regentropfen fielen. »Es regnet«, sagte ich. »Ja,
denken Sie nur, es regnet«, sagte auch sie und
ging bereits.   *Hamsun, Pan*

Ja, denken Sie nur, es regnet. Die das fühlte, plötzlich darüber
staunte, war weit zurück, weit voraus. Wenig fiel ihr eigentlich
auf und doch war sie plötzlich an den Keim alles Fragens ge-
rückt. In der Jugend sind wir doch häufig so leer und rein gestimmt. Wir sehen zum Fenster hinaus, gehen, stehen, schlafen
ein, wachen auf, es ist immer dasselbe, scheint nur in dem sehr
dumpfen Gefühl: wie ist das alles doch unheimlich, wie übermächtig seltsam ist es, zu »sein«. Sogar diese Formel ist schon
zu viel, sieht aus, als ob das nicht Geheure nur am »Sein« läge.
Denkt man sich aber, daß nichts wäre, so ist das nicht weniger
rätselvoll. Es gibt keine rechten Worte dafür oder man biegt
das erste Staunen um.

   So vor allem später, wenn man grade viel genauer fragt,
scheinbar, und aufmerkt. Wenn man zu wissen glaubt, wieso
eine Blume blüht und die ganz Bedürftigen sogar zu Hell-
sehern gehen und von Elfen reden, die das Blühen besorgen
oder sind. Die Wissenschaft ermattet erst recht das fragende,
das bodenlose Staunen, »erklärt«, wie dieses oder jenes entstanden sei, wie dieses wieder zu jenem komme, macht mit post hoc

und propter hoc ihr abstraktes Rennen. Die theosophischen Lückenbüßer greifen außer zu Elfen gar zu Erzengeln, zu allerlei hoch benannten Werdekräften; und aus der Morgenröte des bebenden Anfangs wird die Hoteltunke eines fatalen Mysteriums. Ja, selbst die Elfen, die Erzengel so hypothetisch wie unwillig zugegeben: sind sie etwas andres als nun noch eine Art zu »sein«, neben, über dem andern »Seienden«? Ist es nicht genau so dunkel, wenn sie wären, wie der Grashalm oder der Ast einer Fichte? Gibt der Ast nicht nach wie vor genau so namenlos viel zu denken, dies Stück Alles, das man nicht nennen kann? Hängt er mit seinem »Sein« nicht genau so gut ins »Nichts« über, in dem er nicht wäre oder nicht so wäre, und das ihn doppelt befremdend macht? Geht die Frage des schlichten Staunens nicht ebenso in dies »Nichts« hinaus, in dem sie ihr All zu finden hofft? – mit dem Chok, wie unsicher und dunkel der Grund der Welt ist, mit der Hoffnung, daß grade deshalb noch alles anders »sein« kann, nämlich so sehr unser eigenes »Sein«, daß man keine Frage mehr braucht, sondern diese sich im Staunen völlig stellt und endlich »Glück« wird, ein Sein wie Glück. Die Philosophen sind hierin etwas betroffener als richtige oder okkulte Wissenschaft, das Staunen ist ihnen seit Platon eine ausgemachte Sache oder der Anfang: aber wieviele haben auch hier die Wegweisung des Anfangs behalten? Fast keiner hielt das fragende Staunen länger an als bis zur ersten Antwort; niemand hat die »Probleme«, sich konkret ergebend, fortdauernd an diesem Staunen gemessen, sie als dessen Brechungen oder Verwandlungen gefaßt. Erst recht gelang es schwer, im Staunen nicht nur die Frage, sondern auch die Sprache einer Antwort, das mittönende »Selberstaunen«, diesen gärenden »Endzustand« in den Dingen zu vernehmen. Immerhin war der Anfang philosophisch nie ganz auszutreiben; er klingt in den großen Systemen bedeutend nach, ist, was den Metaphysiker von den bloßen Rechnungsräten der Welterklärung unterscheidet. Auch verbindet er Philosophie immer wieder mit der Jugend, macht Metaphysik an jedem Punkt wieder unruhig, gewissenhaft: Weisheit des Alters in der frühen, unbetrüglichen Frische siebzehnjährigen Urstaunens. So möchte man die paar beiläufigen Worte zwischen dem Mädchen und dem Mann durchaus, von

Zeit zu Zeit, als eine Art morgendlicher Übung des Instinkts meditieren. Dann werden die vielen großen Rätsel der Welt ihr eines unscheinbares Geheimnis nicht gänzlich zudecken.

DER BERG

Ein Jäger mit Namen Michael Hulzögger, berichtet ein Volksbuch aus der Gegend, ging an einem Sommertag des Jahres 1738 in den Forst am Untersberg. Er kam nicht wieder, ließ sich auch nirgends anderswo blicken. Man hielt endlich dafür, er habe sich verstiegen oder sei über eine Felswand abgestürzt. Nach mehreren Wochen ließ sein Bruder auf der Gmain, wo sich in der Nähe des Bergs eine Wallfahrt befindet, für den Verlorenen eine Messe lesen. Aber noch während dieser trat der Jäger in die Kirche, um Gott für seine wunderbare Rückkehr zu danken. Von dem jedoch, was er erlebt und im Berg erfahren hatte, sprach er kein Wort, sondern blieb still und ernst und erklärte, daß die Leute wohl kaum Genaueres erfahren würden als was Lazarus Gitschner davon geschrieben habe; auch den Enkeln und Urenkeln dürfte schwerlich mehr mitgeteilt werden. Dieser Lazarus Gitschner aber hatte nichts gesehen als einen Stollen unter dem Königssee und den Kaiser Friedrich, wie er einst auf dem Welserberg verspukt wurde, auch ein Buch mit Prophezeiungen und was sonst in die Sagen schon eingegangen war. Andres brachte man aus dem Jäger nicht heraus, ja, sehr zum Unterschied von seinem früheren Wesen verstummte er bald völlig. Der Erzbischof Firmian von Salzburg hatte ebenfalls von dem rätselhaften Verschwinden und Wiederkehren des Jägers gehört und ließ ihn rufen. Aber Hulzögger blieb auch vor dem Kirchenfürsten stumm, antwortete auf alle Fragen, daß er über seine Erlebnisse nichts sagen dürfe und könne; nur die Beichte sei ihm erlaubt. Nach der Beichte legte der Bischof sein Hirtenamt nieder und schwieg bis an sein Ende. Das ist beiden bald gekommen, es soll friedlich gewesen sein.

Wäre alles lebendig, so könnte nichts um uns dauern. Es würde insgesamt welken wie die Blumen, würde verwesen, den Weg alles Fleisches gehend. Es gäbe keinen Stein, der über so lange Zeiten hinweg fest bauen ließ, kein Erz für Bildsäulen, auch keine Bücher würden durch festes Papier über Jahrhunderte getragen. Man kann zwar einwenden, daß auch Holz, dieser so schöne reichlich dauerhafte Stoff, immerhin vorher einem Baum angehörte, bevor er gefällt wurde, also lebendig war. Dasselbe gilt für die Wolle, aus der gutes und besonders haltbares Papier, erst recht die so bunt wie lang erfreuenden Knüpfteppiche hergestellt werden, wie sie ohne ein früheres Leben unterhalb des Pelzes nicht da wären. Doch auch diese Stoffe wirken dauerhaft erst nach dem Tod ihrer Träger und enthalten kein Stück mehr von deren früherem Leben. Was uns überwiegend umgibt, ist ohnehin doch sogenannt Totes, meist ohne je gelebt zu haben, und der Stock des Großvaters bleibt jedenfalls länger als der selber, vom Berg, den er bestieg, zu schweigen. Was wirklich im Steinernen ist, steht dahin, tritt sicher nicht zu seinem Tag vor, wenn wir nicht selbst dahinter gehen. Da ist manches Gold, das glänzt und doch nicht gehoben ist.

DIE PERLE

Auf dem Weg von innen nach außen und umgekehrt läßt sich nichts überfliegen. Und der Rat: Verlasse alles, dann findest du alles, er ist nicht nur innerlich falsch, auch fürs Handeln. Ein König, wird indisch erzählt, verlor eine sehr schöne Perle, ließ im ganzen Land nach ihr suchen. Soldaten wie Weissager, alle zusammen wurden in Trab gesetzt, vergebens, die Perle kam nicht zurück. Bis der König sie eines Tages von selber fand, nämlich, wie gesagt wurde, auf dem Wege der Absichtslosigkeit. Gerade der Untätige also, der seine Wünsche vielleicht vergaß und den sie zu nichts mehr antrieben, um sie zu erfüllen, sah sie erfüllt. Soweit die alles zeithafte Handeln verlassende Fabel, gleich wie wenn das Draußen schon soweit wäre, daß es das Unsere von selber gibt. Und es nur dann schenkt, wenn wir nichts dazu tun; was entschieden zu schön wäre, um wahr zu sein, und zu steril, um Frucht zu entwickeln. Verwandtes wurde weiterhin, statt vom zeithaften Handeln, vom raumhaften Gewordensein des Draußen an und für sich und seinem zerstreuten Nebeneinander behauptet, dergestalt als ob es gar nichts Zerstreutes wäre. So gibt es die Geschichte von einem sehr weisen Mann, dem die Welt bereits derart zu sich gekommen und aus dem Schneider der Vielheit heraus war, daß er, wie gemeldet wird, immer von Zeit zu Zeit eine Brille aufsetzen mußte, sonst sah er alle Dinge als Eines. Nun aber, es wird einem auch diese Perle nicht geschenkt, schon deshalb nicht, weil neben ihr dann ja überhaupt nichts mehr als diese Eine wäre. Wenigstens nach mystischer Meinung, wie sie freilich auch die banalsten Ableger in pensionierten Ruhewünschen oder auch der Wiederkehr des immer Gleichen aufweisen kann. Doch wie höhnisch oft und gerade wieder wie zahlreich sieht sich der Wunsch nach Ende des Treibens, der Zerstreutheit, Zerstreuung nicht durchs Eine, sondern nur durch Eintöniges erfüllt, also nicht verneint, sondern betrogen. Man sieht auch hier: wie es keinen rechten Weg gibt ohne Ziel, so auch kein Ziel ohne die Kraft eines Wegs zu ihm hin, ja eines im Ziel selber aufbewahrten. Sehe man drum jetzt und hier sich um, mit tätig gesetzter Zeit im tätig umgebauten Raum; die Spuren des sogenannten Letzten, ja auch nur wirtlich Gewordenen sind selber erst Abdrücke eines Gehens das noch ins Neue gegangen werden muß. Erst sehr weit hinaus ist alles, was einem begegnet und auffällt, das Selbe.

Ernst Bloch
Gesamtausgabe in 16 Bänden

Die Gesamtausgabe der Werke Ernst Blochs
liegt auch vor als:
werkausgabe edition suhrkamp
Ernst Bloch, Gesamtausgabe in 16 Bänden. 1977.

Ernst Bloch
in den suhrkamp taschenbüchern wissenschaft

Geist der Utopie. 1973. Band 35. 351 S.
Das Prinzip Hoffnung. 3 Bände. 1973. Band 3. 1658 S.
Naturrecht und menschliche Würde. 1972. Band 250. 372 S.
Subjekt-Objekt. Erläuterungen zu Hegel. 1977. Band 251. 544 S.
Vorlesungen zur Philosophie der Renaissance. 1972. Band 252. 159 S.
Tübinger Einleitung in die Philosophie. 1977. Band 253. 204 S.

Ernst Bloch
in den suhrkamp taschenbüchern

Atheismus im Christentum. Zur Religion des Exodus und des Reichs.
1973. Band 144. 320 S.

Ernst Bloch
in der edition suhrkamp

Avicenna und die Aristotelische Linke. 1963. Band 22. 116 S.
Christian Thomasius, ein deutscher Gelehrter ohne Misere. 1967.
Band 193. 72 S.
Durch die Wüste. Kritische Essays. 1964. Band 74. 160 S.
Pädagogica. 1971. Band 455. 152 S.
Über Karl Marx. 1968. Band 291. 178 S.
Über Methode und System bei Hegel. 1970. Band 413. 142 S.
Widerstand und Friede. Aufsätze zur Politik. 1968. Band 257.
112 S.
Vom Hasard zur Katastrophe. Politische Aufsätze aus den Jahren
1934–1939. 1972. Band 534. 450 S.
Das antizipierende Bewußtsein. 1972. Band 585. 350 S.
Über Ernst Bloch. Beiträge von Martin Walser, Ivo Frenzel, Jürgen
Moltmann, Jürgen Habermas, Fritz Vilmar, Iring Fetscher, Werner
Maihofer. 1968. Band 251. 150 S.
Ästhetik des Vor-Scheins 1. Herausgegeben von Gerd Ueding. 1974.
Band 726. 350 S.
Ästhetik des Vor-Scheins 2. Herausgegeben von Gerd Ueding. 1974.
Band 732. 350 S.
Gespräche mit Ernst Bloch. Zusammengestellt und herausgegeben von
Rainer Traub und Harald Wieser. 1975. Band 798. 180 S.
Tagträume vom aufrechten Gang. Sechs Interviews mit Ernst Bloch.
Herausgegeben von Arno Münster. 1977. Band 920. 200 S.
Die Lehren von der Materie. 1978. Band 969. 252 S.